道
DAOSHAN
善

道 善 則 得 之

易经说什么

刘君祖 —— 著

团结出版社

图书在版编目（CIP）数据

易经说什么 / 刘君祖著 .—北京：团结出版社，2021.11
ISBN 978-7-5126-9179-7

Ⅰ．①易… Ⅱ．①刘… Ⅲ．①《周易》—研究 Ⅳ．① B221.5

中国版本图书馆 CIP 数据核字（2021）第 189142 号

出　版：团结出版社
（北京市东城区东皇城根南街 84 号 邮编：100006）
电　话：（010）65228880　65244790（出版社）
（010）65238766　85113874　65133603（发行部）
（010）65133603（邮购）
网　址：http://www.tjpress.com
E-mail：zb65244790@vip.163.com
fx65133603@163.com（发行部邮购）
经　销：全国新华书店
印　装：北京天宇万达印刷有限公司
开　本：155mm×230mm　16 开
印　张：26.25
字　数：328 千字
版　次：2021 年 11 月第 1 版
印　次：2021 年 11 月第 1 次印刷
书　号：978-7-5126-9179-7
定　价：68.00 元

（版权所属，盗版必究）

自序

扫一扫，
听刘君祖诵经

我和《易经》结缘甚深，从青年拜师启蒙、朋友讲习，到登坛讲论、著作等身，忽忽数十载光阴流逝，所思所想、做人做事，几乎都在这部经典的理气象数中打转。如今回头整理撰写这本《易经说什么》，还是花了不少心力字斟句酌，希望能为有志一探《易经》奥秘的初学者提供参考，平实介绍一些必须知道的基本概念、卦爻符号的象征意义、全经六十四卦的卦义解析，以及关联密切的卦与卦间的贯穿印证。

《易经》为华夏最古、最早也是最博大高明的经典，其他经典与诸子百家思想皆受其影响，现代人欲了解中华文化的精髓，必须尝试攀登这如珠穆朗玛峰般的战略高地，才能彻底明了统系源流，以及未来应有也可有的正确走向。古印度佛法东传，经上千年的吸收辩证，已融入中国文明与民众生活。近世西方文明的强势入侵，在吾族一代接一代仁人志士救亡图存的奋发努力下，吸收精华，弃其糟粕，更成其大，亦可乐观预期。而作为华夏思想源头的《易经》，肯定已有也必有更精彩卓越的贡献。

《易经》不只是学院高深研究之事，也不止于商场政坛称王争霸之术，广大庶民阶层若有缘楔入，无论是对个人养生、感情婚姻还是对人际酬酢、职场生涯规划等，都可运用无尽。再有就是千锤百炼、长于探测未来趋势走向的种种神奇方术，因应事变总能超前部署，趋吉避凶。以各种科学理论与技术方法研究其中所蕴含的自然法则，落实运用可有类似大数据库的查询搜索功能，这也是个值得开发精进的方向。

本书还有个不易做到并做好的特色，就是花了大功夫将全部《易经》经文，以及七种、十篇著名的《易传》逐字逐句地用白话翻译出来。当然，现代人也做过这种努力，但或囿于理解不到位，或根本敷衍了事，真正值得参阅的很少。这是引导现代人了解《易经》必经的程序，我今日回头来做，觉得很有意义，希望功不唐捐。

《易经》观卦的《大象传》称："风行地上，观。先王以省方观民设教。"一套思想观念或文明教化要风行天下，必须因时因地制宜，看对象而决定倡导传播的方式，再高深的道理最好都能深入浅出，让更多的人了解而受惠。佛教著名的观世音菩萨所谓的"现身说法"，与观卦宗旨全同。

近七十年前，福建乘愿而去的慈航法师在台湾汐止的弥勒内院讲经说法，先师爱新觉罗·毓鋆也曾与会听经。慈老圆寂三年后开缸，肉身不坏宛然如生，众皆惊叹。毓师曾赞叹法师生前与不识字的乡下老妪以闽南语讲说"唯识"大意，能令对方听了哈哈大笑，这点值得效法。我数十年前买了《慈航法师演讲全集》揣摩体会，确有所悟。当然，通俗并非媚俗，前者是方便法门助人提升，后者恰相反，是降格沉沦，个中分际的拿捏掌握非常重要。

现代人读古典往往有错，为更便利初学者，除了全部经传的白话翻译外，还亲力亲为录制了经传原文诵读的音频，本书版面上有相关设计，可直接扫码收听，希望读者满意。

目 录

扫一扫，
听刘君祖诵经

一、《易经》概念导引 / 001

1. 什么是《易经》？ / 003
2. 认识卦爻符号 / 009
3. 十篇精彩的《易传》/ 017
4. 十二消息卦与气运流行 / 019
5. 爻际关系与卦的变动 / 023
6. 迷人的易占 / 029
7. 多年师友生涯 / 033

二、白话六十四卦 / 041

乾卦第一 ䷀ / 043

坤卦第二 ䷁ / 050

屯卦第三 ䷂ / 055

蒙卦第四 ䷃ / 058

需卦第五 ䷄ / 061

讼卦第六 ䷅ / 064

师卦第七 ䷆ / 067

比卦第八 ䷇ / 070

小畜卦第九 ䷈ / 073

履卦第十 ䷉ / 076

泰卦第十一 ䷊ / 078

否卦第十二 ䷋ / 081

同人卦第十三 ䷌ / 083

大有卦第十四 ䷍ / 086

谦卦第十五 ䷎ / 088

豫卦第十六 ䷏ / 090

随卦第十七 ䷐ / 093

蛊卦第十八 ䷑ / 095

临卦第十九 ䷒ / 098

观卦第二十 ䷓ / 100

噬嗑卦第二十一 ䷔ / 103

贲卦第二十二 ䷕ / 105

剥卦第二十三 ䷖ / 107

复卦第二十四 ䷗ / 109

无妄卦第二十五 ䷘ / 112

大畜卦第二十六 ䷙ / 114

颐卦第二十七 ䷚ / 116

大过卦第二十八 ䷛ / 118

坎卦第二十九 ䷜ / 120

离卦第三十 ䷝ / 123

咸卦第三十一 ䷞ / 125

恒卦第三十二 ䷟ / 127

遁卦第三十三 ䷠ / 129

大壮卦第三十四 ䷡ / 131

晋卦第三十五 ䷢ / 133

明夷卦第三十六 ䷣ / 135

家人卦第三十七 ䷤ / 137

睽卦第三十八 ䷥ / 139

蹇卦第三十九 ䷦ / 142

解卦第四十 ䷧ / 144

损卦第四十一 ䷨ / 146

益卦第四十二 ䷩ / 149

夬卦第四十三 ䷪ / 152

姤卦第四十四 ䷫ / 155

萃卦第四十五 ䷬ / 157

升卦第四十六 ䷭ / 160

困卦第四十七 ䷮ / 162

井卦第四十八 ䷯ / 165

革卦第四十九 ䷰ / 168

鼎卦第五十 ䷱ / 171

震卦第五十一 ䷲ / 173

艮卦第五十二 ䷳ / 176

渐卦第五十三 ䷴ / 178

归妹卦第五十四 ䷵ / 180

丰卦第五十五 ䷶ / 182

旅卦第五十六 ䷷ / 185

巽卦第五十七 ䷸ / 187

兑卦第五十八 ䷹ / 189

涣卦第五十九 ䷺ / 191

节卦第六十 ䷻ / 193

中孚卦第六十一 ䷼ / 195

小过卦第六十二 ䷽ / 197

　　既济卦第六十三 ䷾ / 200

　　未济卦第六十四 ䷿ / 202

三、白话《系辞传》/ 205

　　1. 系辞上传 / 207

　　2. 系辞下传 / 221

四、白话《说卦传》《序卦传》《杂卦传》/ 235

　　1. 白话《说卦传》/ 237

　　2. 白话《序卦传》/ 243

　　3. 白话《杂卦传》/ 248

五、《易经》卦义解析 / 251

　　1. 泰极否来——泰卦与否卦 / 253

　　2. 剥极而复——剥卦与复卦 / 255

　　3. 八月之凶——临卦与观卦 / 257

　　4. 旧怨新欢——姤卦与夬卦 / 259

　　5. 莽撞青春——遁卦与大壮卦 / 261

　　6. 天地玄黄——乾卦与坤卦 / 263

　　7. 情是何物——恒卦与咸卦 / 265

　　8. 纵横天下——师卦与比卦 / 267

　　9. 夫妻反目——睽卦与蹇卦 / 269

　　10. 密云不雨——解卦与小畜卦 / 271

　　11. 履险如夷——履卦 / 273

　　12. 草创新生——屯卦与蒙卦 / 276

　　13. 饮食宴乐——需卦与讼卦 / 278

14. 类族辨物——同人卦与大有卦 / 280

15. 自昭明德——晋卦 / 283

16. 黑暗之心——明夷卦 / 286

17. 天地之心——复卦 / 288

18. 憧憧往来——咸卦 / 290

19. 肉身成圣——艮卦 / 292

20. 苦节不可贞——节卦与涣卦 / 294

21. 养生主——颐卦 / 296

22. 爱与死——大过卦 / 299

23. 大明终始——离卦与坎卦 / 301

24. 不家食——大畜卦与无妄卦 / 303

25. 三人行——损卦与家人卦 / 305

26. 未占有孚——革卦 / 307

27. 正位凝命——鼎卦 / 309

28. 政权保卫战——震卦 / 311

29. 借壳上市——巽卦与兑卦 / 313

30. 改革开放——蛊卦和临卦 / 315

31. 割喉竞争——噬嗑卦 / 318

32. 三权分立——贲卦、丰卦与旅卦 / 321

33. 天地人鬼神——观卦与豫卦 / 324

34. 群众运动——萃卦、豫卦与谦卦 / 326

35. 理财正辞——益卦 / 329

36. 高增长的神话——升卦 / 332

37. 功亏一篑——井卦 / 334

38. 成败之际——既济卦与未济卦 / 336

39. 飞鸟遗音——中孚卦与小过卦 / 338

40. 雁行团队——渐卦 / 340

41. 残疾联盟——归妹卦 / 342

42. 倾城倾国——泰卦与否卦 / 344

六、《易经》的深层智慧 / 347

1. 大中小——强者与弱者的处世之道 / 349

2. 天时、地利、人和——认清局势 / 354

3. 三不朽——功成名就的代价 / 357

4. 不言之象——《易经》的微言大义 / 363

5. 策略人生——灵活变通，化解危机 / 367

6. 过去、现在、未来——随卦与时间的函数 / 371

7.《易经》动物园——《易经》的丰富意象 / 377

8.《易经》植物园——困卦与自然的启示 / 382

七、《易经》的现代意义 / 387

1. 情色易——人之大欲 / 389

2. 价值链——企业经营的策略 / 392

3. 危机管理——成败关键点 / 394

4. 大易君王论——领导的智慧 / 396

5. 奇妙的数字——未知的还很多 / 399

6. 君子和小人——提升生命的格局 / 401

7. 易学的未来 / 404

一、《易经》概念导引

扫一扫，
进入课程

1. 什么是《易经》?

《易经》是中国流传最古老的一部经典,名列四书五经之首,有"群经之王"的称号。经文本身才四千多字,对中国文化的影响却无比深远,几乎中国所有的学问和技艺,都直接或间接受其启发。《易经》中有神秘的易占、易数,透过术数之学的推广,和传统的平民生活也密切相关。自古迄今,论述《易经》的文字当以亿计,而且随着时代的演变,还不断产生崭新的诠释和应用,好像易海无涯,取之不尽,用之不竭。

《易经》属于集体创作,从传说的伏羲画卦开始,可能经过周文王姬昌修订卦、爻辞,到孔子经传思想的集大成,长达四千多年才定稿。书中充满了历代圣贤丰富的生活经验和深沉的思想智慧,后浪推动前浪,义理愈研愈精,在各方面都达到了难以企及的高峰。

人类文明的发展,可视为一系列发掘问题、解决问题的历程,《易经》的结构也是如此。六十四卦、三百八十四爻就象征各种类型的宏观及微观的问题,而卦、爻辞即是最好的答案。熟习易占的人都知道,占卦基本上就是一问一答的互动,问得愈深入,答得就愈精彩。

卦、爻辞的文字相当精简,通常都是描述现状、预测未来,并告知行动准则,以谋趋吉避凶。人生任何决策,总得以相当的预测为基础,往前看得愈远、愈准,成功的概率自然就比较高。

《易经》的"易"字,主要是指"变易",成住坏空、生老病死,面对宇宙间不断变动的现象，人应当如何适应、理解及运用呢？"易"又指"不易"，变动的表象背后，自有永恒不变的法则，只要我们深入掌握，再去处理事情就能化繁为简，以简驭繁，故"易"又有"简易"的含义。

佛教有三法印之说，即"诸行无常""涅槃寂静""诸法无我"，这和《易经》变易、不易、简易的说法相通。

"简易"是悟道之后的境界，表示修行的过程中得节制嗜欲，无私无我。庄子说："嗜欲深者天机浅。"（《庄子·大宗师》）反过来说，嗜欲浅者，天机必深，天机深，才能彻悟大道。

"变易"是随时间流逝而产生的变化，要研究"变易"，就得理解时间的本质，《易传》中处处强调"时"的重要，可谓其来有自。《论语》开宗明义第一章："学而时习之，不亦说乎！"孟子推崇孔子为"圣之时者"，人生所有的学习必须与时俱进，才能发挥实效。

甲骨文的"学"字，有小孩子双手玩爻之象。

"学"字的甲骨文，就是小孩子双手玩六爻之象（如图），说明了启蒙得从《易经》开始，学易才能有所见，而这就是觉悟的"觉（覺）"字。"习"字是小鸟练飞之象（如图），下半的"白"字有二说：一为"自"，也就是得靠自己体会；一为"日"，代表必须天天勤练。

"习"字上半部的"羽"，状如小鸟拍翅学飞。

《易经》中的坎卦（☵）称"习坎"，小过卦（䷽）则取象小鸟练飞，表示人生必须经历坎险的磨炼，才能学到东西，不断在尝试错误中成长。

时间一去不回头，时间是人生最宝贵的资源，而时机、时势的变化尤需精确掌握，机敏回应。形势比人强，个人很难跟大环境对抗，所以在形势形成初期的酝酿阶段，就得见微知著，早做准备。《易经》各卦、各爻所言，其实就在教人知机应变。

　　人的禀性有刚有柔，资源有多有寡，所处环境有顺有逆，如何应事合宜，还得讲究"时中"之道。"中"是阴阳和合、刚柔互济的概念，恰到好处，无"过"与"不及"，"中"才能生，才可超越及化解世事与人性中充满的矛盾。"时中"表示中道不是一成不变，而是因时因地制宜，在每一情境中寻求最高明的办法。

　　万物皆分阴阳，而且阴中有阳、阳中有阴，彼此并非绝无融通的可能，任何一边扩张过度，还会阳极转阴、阴极转阳，造成戏剧性的形势逆转。这种思维模型切合太极图的意涵，称为"太极思维"，在《易经》卦、爻中处处体现。

　　因此，任何形式的阴阳互动，皆以和为贵，一旦产生激烈冲突，必然两败俱伤。《易经》中以"雨"字象征和合，以"血"字象征冲突，提醒人处于和战之际得审慎思量。例如坤卦尚柔（六爻全阴，☷），本宜顺势包容，若走极端，和乾卦（六爻全阳，☰）象征的强权对抗，上爻爻辞即称："龙战于野，其血玄黄。"小畜卦（䷈）

太极图。混沌的宇宙有无限大，故称"大极"或"太极"，其中分出性质对立的阴与阳，并发生交互作用。太极图将阴与阳的互动关系，以极简的形式呈现。图中黑色与白色分别代表阴与阳。白色中有黑点，代表阳中有阴；黑色中有白点，代表阴中有阳。

的唯一阴爻处于众阳之间，以小搏大，生存压力很大，卦辞称"密云不雨"，第四爻爻辞且出现"血"字，看来最好还是谋求和解。到了上爻，爻辞称"既雨既处"，终于相安无事。

《易经》中的解卦（䷧），讲求"赦过宥罪"，冤家宜解不宜结，传文中即有一场倾盆大雨的景象："天地解而雷雨作，雷雨作而百果草木皆甲坼。"所谓"渡尽劫波兄弟在，相逢一笑泯恩仇"，这才是处理人事最高的解法。

多年学《易》，我把易学的核心要义整理成十二个字："至诚如神，敬慎不败，唯变所适。"诚信为立身之本，精诚所至，金石为开，易理之精确、易占之神准，皆系于此。真心为"慎"，人于所爱所重，必然全力维护，先求立于不败之地，再等待取胜的良机，《孙子兵法》称："知彼知己，百战不殆。"《易经》也是如此，绝不盲动、躁动。世事变动不居，无可拘执，养成随时创新、灵活应变的能力最重要。"唯变所适"是《系辞下传》第八章上的话，前接"不可为典要"一句，彻底打破迷信教条的心态。六十四卦、三百八十四爻，告诉我们那么多应事的法门，最后又一句将之解消，这才是《易经》最圆融高明之处！

易学小教室

"易经"名词的解释

（一）易

《易经》的"易"字解释有很多，归纳起来有以下几种。

1. 上日下月为易。"易之为字，从月从日阴阳具矣。""易者，日月也。""日月为易，刚柔相当。"

2. 金乌，大日，生命。"易，飞鸟形象也。"

3. 化繁就简则为易。《简易道德经》："简则简，易则易。简则简之易，易则易之简，万物皆在一简一易中矣。"

4.《系辞》则说："生生之谓易。"

5. 清代的陈震《周易浅述》中则将"易"的定义分为两种。

（1）交易：阴阳寒暑，上下四方之对待是也。

（2）变易：春夏秋冬，循环往来是也。

6. 此外，"易"历来有一名含三义的说法。

（1）简易，即"易"虽包罗万象，但有一个最简化的公式或模式，一切事物和现象都可以用这个模式来说明，即"大道至简是也"。

（2）变易，即"易"是讲变化之道的。

（3）不易，即"易"虽讲变化，但变化之"道"是永恒不变的，也即"以不变应万变"。

（二）经

"经"字的本义是指织布的纵线，跟"纬"相对。如《文心雕龙·情采》云："经正而后纬成，理定而后辞畅。"意即经线正，纬线才能成；文章的内容定好了，文辞才能流畅。后来用"经纬"之义引申为南北东西，即南北为"经"，东西为"纬"，如《考工记·匠人》云："国中九经九纬。"因为没有"经"正，也就没有"纬"成。所以"经"是主要的。人体气血通路的主干也就称为"经"，如"经脉""经络"等。正因为"经"的重要，所以记载最高思想或道德标准的书籍、具有权威性的著作或宣扬某一宗教教义的书籍，就称为"经典""经书"等。这一点在《唐书·经籍志》中体现出来："四部者，甲乙丙丁之次也，甲部为经。"另外，"经"又通"径"。

由此可见，"经"字在"易经"二字中所蕴含的意义很明显。首先是通"径"字，路径、途径、门径。即辨别、反映、揭示、掌握事物发展变化的轨迹、规律之方法。其次是对事物发展变化之轨迹、规律的认识、心得体会。最后是论述事物发展变化之轨迹、规律的主要的思想理论、经典。

《易经》的产生

关于《易经》的产生年代，目前说法不一，据学者们考证，应该是五千年前，也有人说是七千年前，而成书的年代则是在商末周初。而关于《易经》的起源，传统上则一般认为《易经》起源自《河图》《洛书》。传说在远古时代，黄河出现了背上画有图形的龙马，洛水出现了背上有文字的灵龟，圣人伏羲因此画出了"先天八卦"。殷商末年，周文王被囚禁在羑里（今河南省汤阴县北），又根据伏羲的"先天八卦"演绎出了"后天八卦"，也就是"文王八卦"，并进一步推演出了六十四卦，并作卦辞和爻辞。《易传》是春秋时期的孔子及其弟子所作。所以《易经》又有"人更三圣，世历三古"的说法。意思是说：《易经》的成书，经历了上古、中古、下古三个时代，由伏羲、文王、孔子三个圣人完成。

历史上的《易经》，据说有三种，即所谓的"三易"。一曰《连山》，产生于神农时代的《连山易》，是首先从"艮卦"开始的，象征"山之出云，连绵不绝"。二曰《归藏》，产生于黄帝时代的《归藏易》，则是从坤卦开始的，象征"万物莫不归藏于其中"，表示万物皆生于地，终又归藏于地，一切以大地为主。三曰《周易》，产生于殷商末年的《周易》，是从乾、坤两卦开始，表示天地创始，万物并生。《连山易》和《归藏易》已经失传，我们看到的《易经》也就只有《周易》一种了。

2. 认识卦爻符号

《易经》和古今中外许多经典不同之处，在于它有一整套卦爻符号的表意系统，远在文字发明以前就已创立。若依传说伏羲画卦的说法，六七千年前已有了八卦。

"卦"字从"圭"、从"卜"，"圭"为信物，"卜"以求信，似乎切合卦的本意。卦亦通"挂"，上古结绳为治，遇到生活上有重大疑难，一时思索不通，绑个绳结高挂在日常出入之处，朝思暮想，想通了就把它松开解下来，再挂上另一个新结。不断提出问题，不断寻求解答，本来就是《易经》的基本结构。

"爻"字为《易经》所独有，字形很可能就是两个绳结，小问题搞个小结，大问题搞个大结，上下合看又有绳索交缠之状。人生面对一些悬而未决的难题，始终思绪交缠，牵挂在心，大概就是卦和爻的本义吧！

爻分阴阳，是《易经》最基本的单元符号。阳爻一实线（—）、阴爻一虚线（--），明显即从男根女阴的生殖器官取象。"易"有生生不息之义，伏羲当年画卦，从人体直接悟道，小宇宙和大宇宙皆蕴自然之理。

积三爻成八卦，三爻上为天、下为地、中为人（天、地、人称为"三才"），代表空间的布局。由初爻而上，一"始"、二"壮"、三"究"，则象征时间变化的历程，也就是说，任何事态的演变，皆可取三个点代表之：开始、结束及中间发展最壮盛的高点。

八卦两两相重，成六十四卦，始、壮、究接着始、壮、究，代表终而复始之义。六画卦中，三才之位又有了新的安排：初、二爻为"地"位，三、四爻为"人"位，五、上爻为"天"位，于是三才亦分阴阳。六画卦确立后，《易经》以时空合一的象征系统已然完备，九画、十二画全无必要，六十四很可能是宇宙中的一个常数，像人体基因DNA的配置就是4^3，即64种。

基因密码有排序，六十四卦也有排序。《易经》分为上、下经，上经从乾、坤到坎、离，共三十卦，代表宇宙从开天辟地、生命源起到人类文明登上舞台的自然演化历程；下经从咸、恒到既济、未济，共三十四卦，阐明人类社会从恋爱、婚姻到事业成功失败的奋斗经验。

前人学《易经》，首先得背会三首卦歌：《八卦取象歌》《分宫卦象次序》（又称"京房八宫卦序"），以及《上下经卦名次序歌》。滚瓜烂熟之后，才算进入《易经》的符号世界。中国经典的背诵功夫很重要，自然熏习，心会神通，这一点电脑没法代劳。

八卦有其基本特性，不论象征什么实物，其功能不变，学《易》者亦需牢记：乾健、坤顺、震动、巽入、坎陷、离丽、艮止、兑悦。

乾卦（☰）取象于"天"，天体健行不已，所有刚强劲健、勇猛精进的东西，都可用乾来象征，例如乾为君、乾为马。

坤卦（☷）取象于"地"，大地柔顺包容，坤为母，坤为民众，坤为牛。"坤"字从土、从申，有草木深根入土、顺势茁壮之意。人生需善用土地及民众的资源，以务实奋斗。

震卦（☳）取象于"雷"，雷鸣时惊天动地，人生种种行动，皆以震卦象之。震卦亦有生机、主宰之义。人生需确立内在生命的主宰，发为外在积极的行动。

巽卦（☴）取象于"风"，风行无孔不入，所有低调、沉潜、深入的活动，皆以巽卦象之。

坎卦（☵）取象于"水"，水行于地面低洼之处。江湖险，人心更险，稍有不慎即陷溺其中。

离卦（☲）取象于"火"，也有孔目相连的网罟之象，火光闪耀，照亮一切，结绳作网，以行渔猎，都是人类文明史上重要的发现和发明。"离"即"丽"，有附丽、亮丽之意，火需依附于物件上才能燃烧，个人得依附于社会群体，在纵横交织的人际网络中找到定位，才能生存。"丽"（麗）字本系两头鹿相依相偎，靠在一起，所谓伉俪情深，情景十分动人。

艮卦（☶）取象于"山"，横亘阻隔于前，不得不止。人心欲望无穷，也得调节克制，适可而止。

兑卦（☱）取象于"泽"，开口向上，内积多了，必然向外宣泄。"兑"字加"言"成"说"，加"心"成"悦"，加"金"成"锐"，加"肉"成"脱"，都有可能伤人伤己，故兑卦又有毁折之象。

八卦的属性阴阳各半，《易传》中也赋予其拟人化的象征：乾为父，坤为母；震为长男，巽为长女；坎为中男，离为中女；艮为少男，兑为少女。男女两性在不同的年龄阶段，展现各异的生命特色。

一卦六爻的结构，可以将之立体化成金字塔式的组织形态：初爻象征广大基层，五爻代表最高领导，一般定义为君位。下三爻组成下卦，上三爻组成上卦，上下卦的互动，就像在朝和在野、中央和地方、政府和民众、管理阶层与员工一样，关系的好坏足以影响全局的安危。上卦的领导班子，除代表君位的五爻外，四爻代表执行政务的管理高层，上爻代表退休的大佬，提供咨询以利施政。这个科层化的模型非常有用。人在社会中不可能不过组织生活，组织中各种层级关系的互动，绝对影响个人的前途发展。

下卦又称"内卦"，上卦又称"外卦"，由下而上，由内而外，人生事业的发展往往如此，内外的关系也可由上下卦的互动看出。

易学小教室

八卦的名称及基本意义

八卦和六十四卦都是由阳爻（—）和阴爻（- -）两种符号所组成。由阳爻和阴爻组成的三画卦，共有八种变化，是为八卦。宋朝学者朱熹编了一首《八卦取象歌》，让初学者在学《易》时，更容易记诵八卦的卦形：

乾三连☰　坤六断☷
震仰盂☳　艮覆碗☶
离中虚☲　坎中满☵
兑上缺☱　巽下断☴

乾、坎、艮、震、巽、离、坤、兑各卦，分别取象于天、水、山、雷、风、火、地、泽。初学者亦需记诵，以方便背诵六十四卦卦名，以及掌握卦的要义：

乾为天　坎为水　艮为山　震为雷
巽为风　离为火　坤为地　兑为泽

八卦特性

《说卦传》称："乾，健也；坤，顺也；震，动也；巽，入也；坎，陷也；离，丽也；艮，止也；兑，悦也。"这一段说明八卦各自的特性。

"乾，健也"，为纯阳之卦，其象为天。乾卦之德为刚健，刚强而健全，起主导作用，表示天体运行、春夏秋冬四时更替，任何力量都难以改变。

"坤，顺也"，是纯阴之卦，其象为地。天为气之父，地为物之母，天主动、地从之。坤德柔顺,顺从大自然的规律而产生万物,有吸收一切能量的特性。

"震,动也",两阴爻在上,一阴爻在下,其象为雷。秋冬间潜于两阴之下的阳气,春天便开始向上向外发展,驱阴邪、震万物而萌发。震卦之德为震动,表示阳刚不愿被阴邪所压制而奋起,不甘落后,主动性强。

"巽,入也",一阴爻潜入二阳爻之下,其象为风。有一种深入向下、向内发展的趋势,故为风。巽卦之德为进入,不管有多小的间隙,都能在其间存在,在其中运行,并能运载各种能量。

"坎,陷也",两阴爻在外,一阳爻在中间,其象为水。外柔顺内刚健,内动而外静。坎卦之德为下陷,水总存陷于低洼之处,有危险。

"离,丽也",上下两爻为阳爻,中间一爻是阴爻,其象为火。表示由中心向外发展,外刚健而内柔顺。外动内静,如火向外部释放能量,有离散之意。离卦之德为附丽,如同日照作用,使得万物茁壮而生。

"艮,止也",一阳爻在上,二阴爻在下,其象为山。上小下大,呈向下向右发展的趋势,表示直接发展有阻碍、困难,上实下虚。一个事物发展到了顶点,必须谨慎。所以艮卦之德为阻止,上到山顶再往前走就要下坡,所以必须停住脚步,谨慎思考下一步。

"兑,悦也",二阳爻在下,一阴爻在上,其象为泽。上虚下实,上有缺损,呈向上发展的趋势。正因为外虚内实,容易与周围事物沟通,所以兑卦之德为喜悦,兑又为秋,正是秋收季节,故有喜悦之感。

六十四卦的组成和名称

八卦两两相重,可推演出六十四种变化,形成六十四卦,每一卦都有专属的名称。《分宫卦象次序》方便学习者记诵六十四卦的组成和卦名:

	不变	一变	二变	三变	四变	五变	游魂	归魂
乾宫	乾	姤	遁	否	观	剥	晋	大有
震宫	震	豫	解	恒	升	井	大过	随
坎宫	坎	节	屯	既济	革	丰	明夷	师
艮宫	艮	贲	大畜	损	睽	履	中孚	渐
坤宫	坤	复	临	泰	大壮	夬	需	比
巽宫	巽	小畜	家人	益	无妄	噬嗑	颐	蛊
离宫	离	旅	鼎	未济	蒙	涣	讼	同人
兑宫	兑	困	萃	咸	蹇	谦	小过	归妹

分宫卦象次序

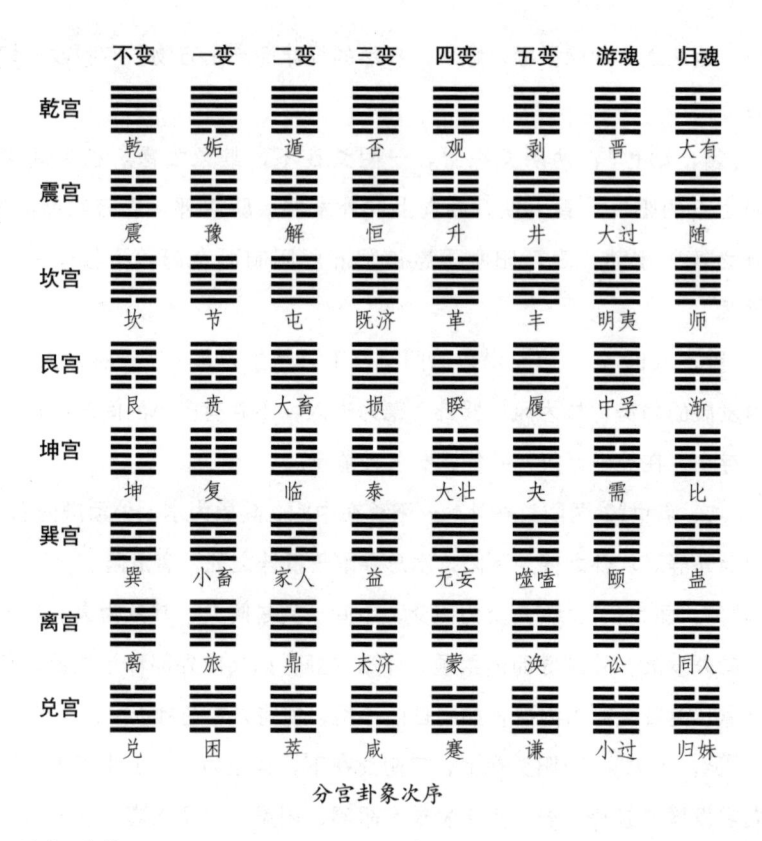

认识爻位

在六画卦中，上方的三爻称为"上卦"或"外卦"，下方的三爻称为"下卦"或"内卦"。每个爻的位置都有固定的称呼，由下而上，分别称为初、二、三、四、五、上。此外，还需以九和六分别代表阳爻和阴爻。例如，阳爻在初爻位置，称"初九"，阴爻在上爻位置，称"上六"，以此类推（如图）。

	位置	阳爻	阴爻
上卦（外卦）	上 五 四	上九 九五 九四	上六 六五 六四
下卦（内卦）	三 二 初	九三 九二 初九	六三 六二 初六

卦的时空意义

解读卦的意义时，可依空间的布局，将爻位分成天、地、人，由下而上为地地、人人、天天。若以时间变化的历程来看，可分为一始、二壮、三究，由下而上为始壮究、始壮究，有周而复始之意。

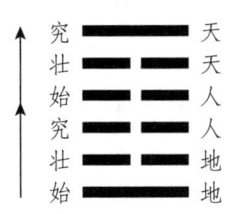

```
↑  究 ▬▬▬▬▬  天
   壮 ▬▬▬▬▬  天
   始 ▬▬▬▬▬  人
   究 ▬▬▬▬▬  人
   壮 ▬▬▬▬▬  地
   始 ▬▬▬▬▬  地
```

卦辞与爻辞

《易经》中的每一卦都有卦辞和爻辞，卦辞是对全卦的占断，可用来解说卦的整体意涵。爻辞则针对六个爻，由初爻开始，分别解说。

以蒙卦为例：

卦辞：

蒙。亨。匪我求童蒙，童蒙求我。初筮告，再三渎，渎则不告。利贞。

爻辞：

初六。发蒙，利用刑人，用说桎梏。以往，吝。

九二。包蒙，吉。纳妇，吉。子克家。

六三。勿用取女，见金夫，不有躬。无攸利。

六四。困蒙，吝。

六五。童蒙，吉。

上九。击蒙，不利为寇，利御寇。

上经与下经

《易经》六十四卦分为上、下经，上经有三十卦，下经有三十四卦，且有固定的排序。上经始于乾、坤，终于坎、离；下经以咸、恒为首，至既济、未济为止。上经言天道，阐述自然演化的奥秘；下经重人事，探索人情人性的幽微，离合悲欢，爱恨情仇。《上下经卦名次序歌》方便学习者记诵卦的顺序，内容如下：

乾坤屯蒙需讼师，比小畜兮履泰否；
同人大有谦豫随，蛊临观兮噬嗑贲；
剥复无妄大畜颐，大过坎离三十备。
咸恒遁兮及大壮，晋与明夷家人睽；
蹇解损益夬姤萃，升困井革鼎震继；
艮渐归妹丰旅巽，兑涣节兮中孚至；
小过既济兼未济，是为下经三十四。

六爻的金字塔结构

一卦六爻之中，上、下卦的互动，就像在朝和在野、中央和地方、政府和民众、管理阶层和员工。六爻也可以用来比拟金字塔式的组织结构（如图）：初爻代表基层，四爻代表执行者或管理者，五爻代表最高领导，上爻代表退休的大佬。许多人生问题，往往涉及组织和层级关系，这一金字塔结构，可帮助解读层级之间的互动关系。

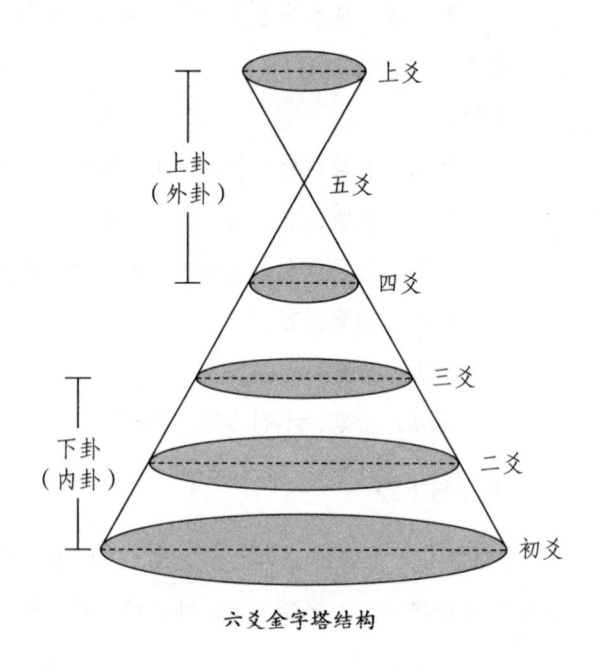

六爻金字塔结构

3. 十篇精彩的《易传》

《易经》的经文包括卦的符号、卦名、卦辞及六爻爻辞。卦辞是总论，六爻爻辞则是各阶段、各立场的分论，文字都很精简，六十四卦总共才四千多字，每卦平均不到一百字。

《易传》是最早解释《易经》的权威性文献，和孔子关系密切，依上、下经的编排，共分七种十篇，总字数约两万多，称为"十翼"。"翼"是辅助之意，鸟有了翅膀，才能飞高行远；经有了传的解释，得以发扬光大。易学研究的核心内容，就是这些两万五千字不到的经和传。

《彖传》附于每卦卦辞之后，解释卦辞的意义，分析卦体的结构，凸显其中最主要的爻的地位，以及和其他爻间的关系，有时还超越了卦辞的范畴，将道理讲得更圆融而精深。这其实也是《易经》的精神——后来居上，创意无穷，《易传》受经启发，本来就可以有新的想法。"彖"是《易经》特有的字，据说是一种古代的巨兽，牙很刚利，能咬断又粗又硬的绳索，故取为刚断之义。《彖传》的行文风格也是如此，气势雄劲，断言斩钉截铁。

《象传》分为《大象传》《小象传》。《小象传》附于每卦六爻爻辞之后，解释爻辞的意涵，寥寥数字，一语中的。《大象传》一般附于《彖传》之后，专就上、下卦的互动关系，申论人事的应对之道。"象"是草食性的动物，体躯虽大，温和稳重，和"彖"的刚断不同。《大象传》的风格宽和内敛，任何自然现象都引导为人事的修行，乾卦"天行健，君子以自强不息"，坤卦"地势坤，君子以厚德载物"，即为显例。

《彖》《象》二传皆依上、下经次序，分成上、下传各二篇。

《系辞传》也分为上、下传二篇，但与上、下经的编排无关，通常编附在经文后独立成篇。上传十二章、下传十二章，共二十四章，总篇幅四千多字，和经文字数约略相当。

《系辞传》内容丰富，文辞优美，学术价值极高，在"十翼"中也是最接近论述体的文章。二十四小章中，从各个角度阐发《易经》的宗旨、特色、价值及应用，也有专章介绍占法，里面还引述了许多孔子论《易》的见解，确实高明得很。

《文言传》专论乾、坤二卦，以师生课堂问答的方式，不厌其详地解释卦辞及爻辞的意义，而且偏重在组织人事的运用上，通篇"子曰"到底，完全反映孔子经世致用的精神。乾、坤二卦最基本，其他六十二卦皆由其衍生而出，基本稳固了，全《易》即纲举目张，得心应手矣！

《说卦传》专论八卦的来历、先后天方位、功能特性、彼此间的互动关系，以及其基本象征、推广运用等。

《序卦传》将六十四卦的排序方式做了一番说明，前因后果、来龙去脉，都有简洁的交代。

"十翼"的压轴是《杂卦传》，将卦序又全部打乱，拆解重组，并对每卦加以极精简的解释，甚至少到只有一个字。《杂卦传》的作者必然深通《易经》，透过卦序的重新安排，呈现出他心目中崭新的人文世界观，自成篇以来，一直深深吸引易学研究者的注意，其中奥秘还有许多未明，值得后继者深入挖掘。全传才两百五十字，却是"十翼"中的盖顶之作，对易理的弘扬，价值绝不容轻估。

4. 十二消息卦与气运流行

《易经》内容有所谓理、气、象、数的说法，理即义理，象为卦爻的象征符号，数和占卜有关，至于气则争议较多，虽然有所谓"卦气图"，将一年中的气候变换配上六十四卦，但完全接受的人并不太多。

人事的荣枯盛衰，与自然天候的节气变换是否有关？这个问题似乎不能说全无，也不好说全有，天候固然影响人的身心状况，但对已处于资讯时代的现代人来说，应该已相当有限。

不过，卦气中有"十二消息卦"的说法，仍值得重视。《易经》中有十二个卦，依卦中六爻阳长阴消、阳消阴长的顺序，分别代表阴历的十二个月份，或二十四节气的中气那天。各卦中六爻的阳长阴消及阳消阴长现象，恰与季节的变化相对应。

举例来说，复卦（☷☳）五阴下一阳生，相当于冬至，也就是一年中白昼最短、黑夜最长的一天。其后阳气渐长、阴气渐消，白昼愈长、黑夜愈短。姤卦（☰☴）五阳下一阴生，相当于夏至，其后昼愈短、夜愈长。节气是以阳历计算，若按阴历，则复卦为十一月、姤卦为五月。

一阳复（☷☳）之后，为二阳临（☷☱），临卦为十二月，俗称"腊月"，表示一年已到尽头，面临新旧交替的时节。临卦之后为三阳开泰（☷☰），泰卦为正月，新的一年开始。二月为四阳大壮卦（☳☰），阳气更盛；三月为五阳夬卦（☱☰），阴寒之气将尽；四月为六阳乾卦（☰☰），而后接五月一阴生的姤卦（☰☴）。姤卦之后为二阴生的遁卦（☰☶），时当六月；

三阴否卦为七月卦（☷☰），四阴观卦（☷☴）为八月卦，五阴剥卦（☷☶）为九月卦，此时阳气将尽，草木黄落。六阴坤卦（☷☷）为十月卦，然后又回到一阳生的复卦。

易学小教室

十二消息卦

消息卦是指同性爻由下而上，与异性爻不相交错的卦，共有十二个卦，也称作十二辟卦、十二月卦、十二候卦。消者，消退；息者，成长；万物此消彼长，恒在变化之中。

十二消息卦分为两组，一组是阳爻由下而上，如复卦、临卦、泰卦、大壮卦、夬卦、乾卦。分别代表的月份是农历十一月、十二月、正月、二月、三月、四月。另一组为阴爻由下而上，如姤卦、遁卦、否卦、观卦、剥卦、坤卦。分别代表农历五月、六月、七月、八月、九月、十月。如下所示：

复（十一月） 临（十二月） 泰（正月） 大壮（二月） 夬（三月） 乾（四月）

坤（十月） 剥（九月） 观（八月） 否（七月） 遁（六月） 姤（五月）

复卦相当于农历的十一月。复卦是五阴一阳，阳爻居初位，此时一阳来复，阳气始升，将会打开新局面。

临卦相当于农历的十二月。临卦卦象已有二阳，说明天气虽冷，但春天即将来临。临卦卦辞为何说"至于八月有凶"呢？因为临卦为十二月，经过八个月，正好是八月的观卦，成为临卦的综卦，并且显然是阳消阴长，所以说"有凶"。

泰卦相当于农历的一月（正月）。泰卦卦象为三阳在下，说明春天开始了，万物就要复苏，新的生命就要破土而出了。

大壮卦相当于农历的二月。大壮卦六爻已有四阳在下，说明阳气已经战胜阴气，此时万物都开始活动，草木生长发芽，动物开始繁衍。

夬卦相当于农历的三月。夬卦六爻已呈现五阳之象，天地间只有一阴气残余，阳气最是充足时期。

乾卦相当于农历的四月。此时卦象六爻纯阳，天气已没有一丝寒意，人们可以穿单衣，正是草木茂盛季节。

姤卦相当于农历的五月。姤卦卦象显示底部出现一阴爻，天地之气阳极阴生，说明由于温度过高，出现潮湿天气。

遁卦相当于农历的六月。遁卦卦象底部已有两个阴爻，阳动阴藏，天气因阴气的加重更加闷热而潮湿，人和动物躲藏起来，以避暑气。

否卦相当于农历的七月。否卦卦象已有三个阴爻在下，正所谓泰极否来。此时阴气已经变得很强盛，也就是说，天气虽然很热，但是还是容易着凉。多事之秋意即如此。

观卦相当于农历的八月。观卦卦象已经是四个阴爻了，说明天气渐冷，正是秋风萧瑟，农作物的生命已到尽头，已经成熟。

剥卦相当于农历的九月。剥卦卦象已有五个阴爻，仅一阳爻在上，说明阴气强盛，连一点余阳都要排挤掉。此时万物凋零，落叶纷飞，天地间生气被剥夺。

坤卦相当于农历的十月。坤卦卦象六爻纯阴，阴气最盛，此时万物隐藏起来，动物开始冬眠，天地闭塞成冬，一年到了终点。

在消息卦之外的五十二卦，大部分在谈到卦变（一卦如何变成）时，都会参考消息卦的资料。在许多易占的实例中，十二消息卦往往相当精确，尤其在疾病占测方面，除了借卦象分析病情外，也同时揭示可能病愈或病故的期限。例如占到复卦，阴历十一月里有望康复，倘若占到剥卦，病情岌岌可危，甚至阴历九月就会过世。

天候影响病情，尚可理解，若说也能影响经济景气或国家盛衰，就有些匪夷所思了。但这种状况在易占实例中，不是没有出现过。公元2000年，台湾地区的经济大崩跌，年初的预测中就有剥卦的象，而当年阴历九月，确实是逆转的关键期。

　　《易经》临卦的卦辞中，有"至于八月有凶"的警示，依消息卦的说法，临卦时值十二月、观卦当八月，到阴历八月就有凶事，这是什么意思呢？临、观二卦关系密切，临卦卦形颠倒即成观卦，有做得过火而致形势逆转之意。临卦君临天下，观卦寓意为老天有眼，明察秋毫。人君施政失当，会导致天怒人怨、自然灾害及人事凶祸不断。1999年9月21日台湾地区南投大地震，2001年9月11日纽约遭恐怖攻击，2008年9月15日纽约金融风暴，皆为阴历八月，依《易经》原理，正是典型的八月之凶。

5. 爻际关系与卦的变动

《易经》有六十四卦、三百八十四爻，卦代表大环境，爻为其中的构成单元，卦又代表组织的层级结构，六爻分占不同的位阶。爻的动向和卦有关，有如个人必受所属大环境影响，组织中的人际关系，足以决定个人的前途，所以辨别爻际关系的良窳，可以帮助我们了解爻辞的意涵。

首先，爻本身在卦中的地位最重要。若阳爻居于初、三、五的奇数阳位，或阴爻处于二、四、上的偶数阴位，称为"当位"或"得位"，或简称"正"，表示量才适性、摆对了位置，工作表现称职。反之，若阳爻居于阴位，或阴爻居于阳位，则不当位或不正，绩效就等于打折扣。另外，二爻居下卦之中，五爻居上卦之中且为全卦君位，称为"得中"，资源条件优厚，比得位的状况还好。简单来说，中大于正。按卦的形成原理，始壮究始壮究，二、五爻本来就是发展最壮盛的位置。

"中"跟"正"的观念结合，就分出四种不同的等级：中正、中而不正、正而不中、不中不正。若阳爻居君位，阴爻居二位，称为"中正"，爻位最占优势。

然后再检讨爻际关系：一卦中相邻的两爻，下对上为"承"、上对下为"乘"，象征组织中直接督责的隶属关系。阳爻若乘于阴爻之上，代表有实力者领导没实力的，天经地义，关系稳定；反之，若阴乘阳、柔乘刚，官大学问小，不足以服众，对待关系即有危机。

另外，初跟四、二跟五、三跟上爻的呼应关系也很重要，代表下卦和上卦间的互动，有如政府与民众、中央和地方必须协调沟通。相应的两爻若为一阴一阳，虚实互补、刚柔相济，可以充分合作，称为"相与"；若同为阴或同为阳，只能有限度配合，称"应而不与"。

承、乘、应、与的交际关系，加上爻本身是否中或正的地位条件，差不多已可决定爻辞的吉凶，但仍不尽然，长远还得视卦与卦的关系而定。人生无法遗世而独立，个人所属的组织得和外面的其他组织互动，而这也会对其前途造成影响。

至于卦际关系就更复杂了！《序卦传》所呈现的前因后果是其中一种，而卦序中又包含"相错"及"相综"的关系。例如乾卦六爻全变，成为坤卦，性质虽彻底相反，却又有互补配合的可能，称为"相错"。师卦（䷆）六爻上下翻转，成为比卦（䷇）。师卦劳师动众，对立抗争，比卦比附结盟，纵横捭阖，军事和外交为一体两面，可交相为用，称为"相综"。

一卦六爻若局部变动，其中一到五个爻阳变阴或阴变阳，会变成其他卦，这种因个体变动而引发整体变动的现象，称为"爻变""卦变"，总共有64×64=4096种，真是千变万化，复杂到了极点。

一卦中四到五个爻重新排列组合，容许其中一到二爻重叠，可变出五个卦，藏在原卦中，发挥潜在的影响，称为"卦中卦"或"互卦"。举例来说，离卦（䷝）象征光辉灿烂的人类文明，其中二到五爻重组，以二、三、四爻为下卦，得巽卦（☴），三、四、五爻为上卦，得兑卦（☱），三、四两爻重叠，可组合成泽风大过卦（䷛）。"大过"为行动过度，负荷过重，可能崩溃毁灭。离卦中含有大过卦，表示人类文明发展可能过头，让生态系统难以负荷，而造成毁灭性的大浩劫，值得世人深深警惕。

《易经》就是通过如此错综复杂的爻际关系、卦与卦的变动情况，从内外各层面、各角度去全方位探究事情的真相，然后写出综合考量的爻辞，以争取该爻所处时位的最大利益。用心之深，思维之密，真是令人叹为观止。

易学小教室

爻位的"正"与"中"

解读《易经》时，必须能从多角度诠释卦和爻的含义，其中爻位之间的关系错综复杂，耐人寻味，可用以决定爻辞的吉凶。

得位、当位：六爻中奇数的初、三、五爻属"阳"，称"阳位"，偶数的二、四、上爻属"阴"，称"阴位"。依据《易经》的概念，如果阳位上为阳爻，或阴位上为阴爻，就称该爻为"得位"或"当位"，或简称"正"。如果阳爻位于阴位，或阴爻位于阳位，则称为"不当位"或"不正"。例如，既济卦的六爻皆正，未济卦的六爻皆不正。如下所示：

既济卦六爻皆正　　　未济卦六爻皆不正

得中：根据卦的形成原理，二爻和五爻是全卦中发展最壮盛的位置，五爻更有"君位"之称。因此在二、五爻称为"得中"。

爻位间的应与关系

解读卦爻时，常需论及爻与爻之间的关系。一卦中相邻的两爻，下对上称为"承"，上对下称为"乘"。其中初爻和四爻、二爻和五爻、三爻和上爻会产生呼应的关系，称为"相应"。

相与：一卦中相应的两爻如果为一阴一阳，表示刚柔互济，称为"相与"。如果同阴或同阳，则称"应而不与"。例如随卦的二爻（阴）与五爻（阳）为"相与"；三爻（阴）与上爻（阴）为"应而不与"。如下所示：

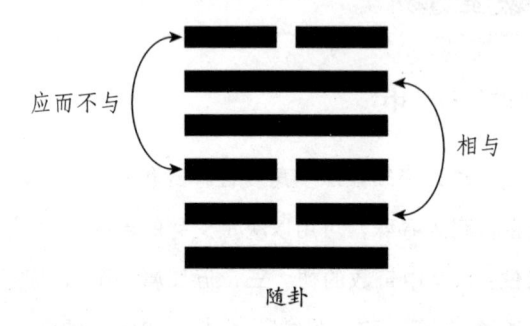

随卦

解读卦际关系

《易经》注重变易与变动，因此卦和爻都不是静态的，会随时空环境的变换，发生错综复杂的变化。

爻变：一卦六爻中，如果有一至五个爻由阴变阳或由阳变阴，就称为"爻变"。例如，泰卦的二爻和五爻"爻变"，就成了既济卦。如下所示：

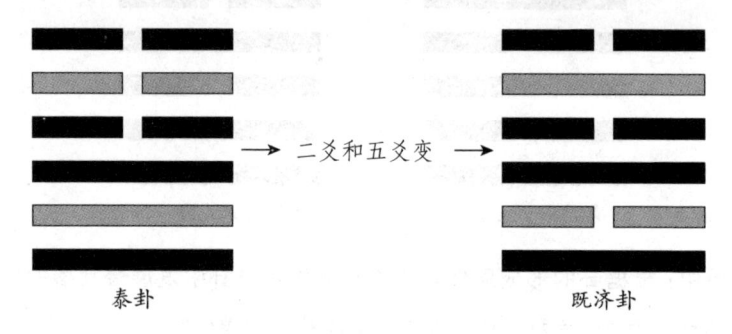

泰卦　　二爻和五爻变　　既济卦

相错：当一卦中的六爻全变，形成另外一个卦，性质彻底相反，称为"相错"。例如，贲卦的六爻全变，阳爻变阴爻，阴爻变阳爻，形成困卦。这样的两个卦称为彼此的"错卦"。如下所示：

贲卦　　→ 六爻全变 →　　困卦

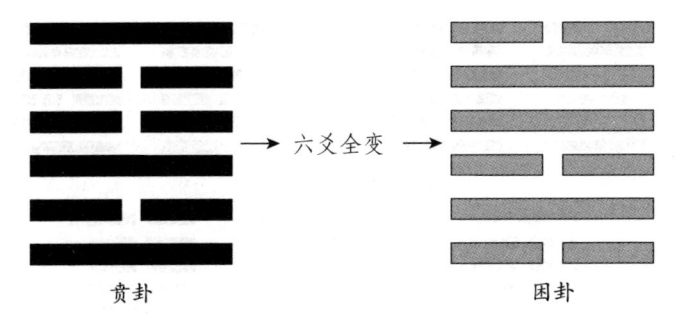

相综：一个卦如果上下翻转，会形成另外一个卦，可解读为事物的一体两面，称为"相综"。例如，将益卦上下翻转，形成损卦。这样的两个卦称为彼此的"综卦"。如下所示：

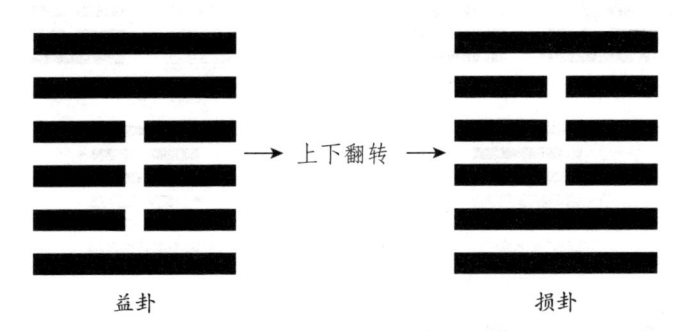

益卦　　→ 上下翻转 →　　损卦

卦中卦（互卦）：以一卦中的四到五个爻重新排列组合，形成另外一个卦，称为"卦中卦"或"互卦"。例如以屯卦中的二至五爻重组，就形成剥卦。依此原理，一卦之中可藏有五个卦中卦。如下所示：

① 屯卦→二、三、四爻为下卦，三、四、五爻为上卦→剥卦
② 屯卦→初、二、三爻为下卦，二、三、四爻为上卦→复卦
③ 屯卦→三、四、五爻为下卦，四、五、上爻为上卦→蹇卦
④ 屯卦→初、二、三爻为下卦，三、四、五爻为上卦→颐卦
⑤ 屯卦→二、三、四爻为下卦，四、五、上爻为上卦→比卦

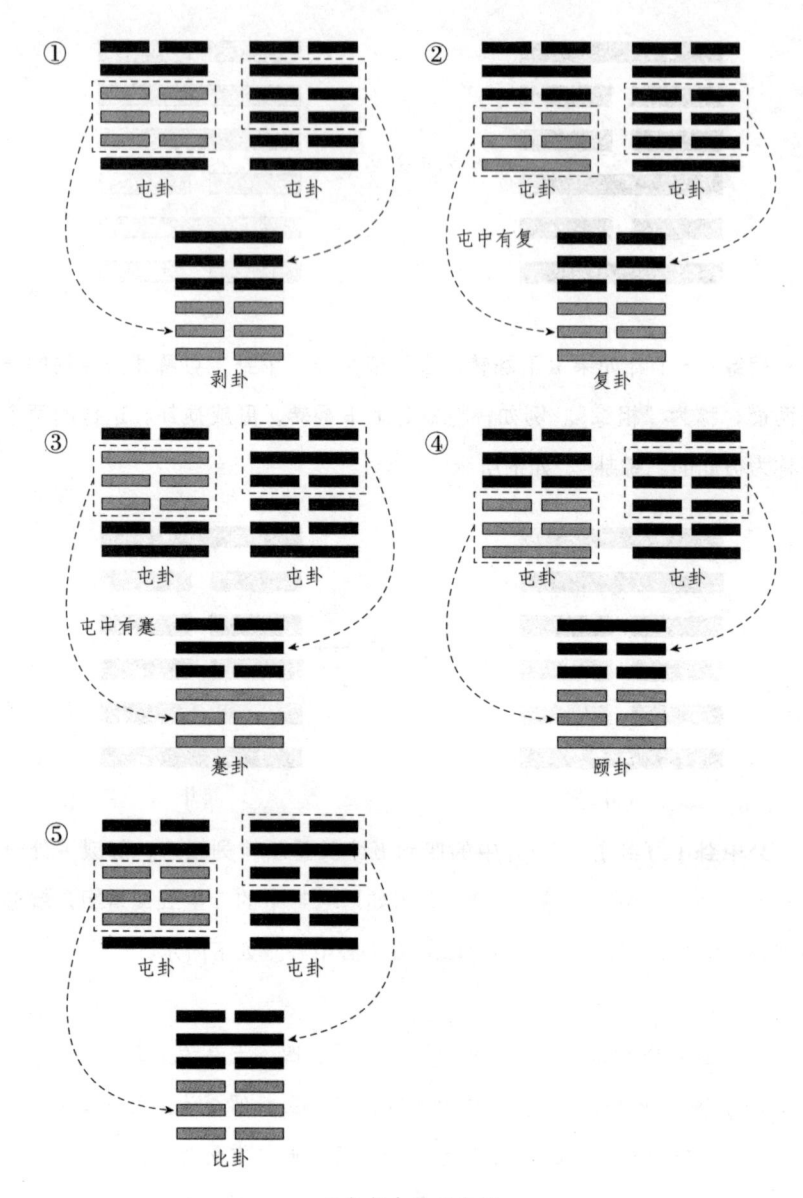

屯卦卦中卦示意图

6. 迷人的易占

易占是易学中一个充满魅力的领域，很多人习《易》动机就在于此。占法自然有其神机妙算之处，但切不宜执迷沉溺，过之则会失去做人的本分。

宋儒张载有言："《易》为君子谋，不为小人谋。"前人也说："有是德，方应是占。"君子与小人的差别，就在是否积德。君子自强不息，始终不放弃人事上的积极努力；小人行险侥幸，就想沾尖取巧，不劳而获。

事实上，《易经》所有的预测只是教人看清形势，并提供建言，至于做不做得到，还在于人的修为。卦、爻辞中充满了但书，必须做到了才会有往后的结果，如果私心用事，不愿或不敢面对现实，怎么会有善终？"三分看天意，七分靠打拼"，事在人为，《易经》绝非宿命论。

不过，既然还有三分天意，就表示人生奋斗仍得重视客观的形势，许多事态的发展自有其规律，不以个人主观的意志为转移。老子有言："天道无亲，常与善人。"（《老子》第七十九章）说得就很透彻，人只能在本分上尽力，成败利钝，不完全由我们决定。

易占的方法很多，最繁复而精深奥妙的为"大衍之术"——用五十根蓍草，经十八次分分合合的演算，可得出卦象，再看看有无爻变或卦变的可能，然后作出判断。演算的程序在《系辞上传》第九章中有说明，很容易学会，可是判断就太难了！不仅涉及《易经》的专业知识，也和解占者的学行修为有关，这方面可说是没有止境的。以孔子学《易》之勤、蕴养之深，也说"百占而七十当"（占卜的准确率约百分之七十）的话，何况其他？而且《易经》的核心宗旨是义理，也不在易占，孔子曾说"不卜而已矣"，荀子则称"善《易》者不占"。

然而，要引导初学者进入《易经》的堂奥，教占还是很好的方便法门。通过易占的问答，学生很快将难懂的经文和熟悉的生活结合起来，进而激发深入研读的兴趣。星云法师弘扬佛法，曾言："欲令人佛道，先以欲钩牵。"我多年授《易》，也有主张："借占习《易》，借《易》修行。"

易学小教室

古人占筮方法之"金钱卦"

古人占筮用蓍草，通过三演十八变才求得一卦，其准确度虽然较其他任何方法高明，但其方法繁杂，也花时间。后人化繁为简，改用铜钱摇掷的方法，代替了古人复杂的蓍草布卦法。这种以钱代蓍法，相传是战国时鬼谷子所创。不过，其准确度较之"大衍之术"又逊一等。

金钱卦必须先准备三枚相同的铜板（今天如没有古钱币，也可用其他类似钱币），将三枚铜板置入容器之内，传统以龟壳、竹筒为容器或直接将铜板合在手掌中也可以。

在丢掷铜板之前，先定阴阳两仪。事实上，以哪一面为阴阳都没关系，只要事先定出阴阳之后，不要再反复改动即可。在摇晃铜板之前，口中诚心默想欲问之事，或将要问的事情说出来。问事之后，摇晃钱币，顺势将铜板轻轻丢到桌案前。

此时三枚铜板会出现四种可能的情况。

第一种：三枚都是阳面，叫作老阳，记成〇。

第二种：三枚都是阴面，叫作老阴，记成 ×。

第三种：一阴二阳时，叫作少阳，记成 ━ 。

第四种：二阴一阳时，叫作少阴，记成 ╌ 。

看看自己的铜板是上述哪种情况，并记下结果。用同样的方法再做五次，将结果由下而上，分别记下来，如此便可得到六爻。

画卦时，从下往上画，从初爻至六爻，第一次摇钱为初爻，最后一次摇钱为上爻。老阳为阳极变阴，老阴为阴极变阳。

《易经》的研习流派

（一）象数派

《易经》的研习流派众多，总的来说可归为两派六宗。"两派"是指象数派和义理派；"六宗"是指占卜、禨祥、图书、老庄、儒理、史事。六宗中，占卜、禨祥、图书三宗为象数派。象数本是分开的，在易学中被连起来用，"象"指形状，也称"易象"；"数"指数目和计算，也称"易数"。传统观点认为，《易经》的"象"有三个方面的含义：其一，八卦、六十四卦及三百八十四爻的形状，即卦象、爻象；其二，八卦所象征的事物，如乾为天为父、坤为地为母等；其三，卦辞、爻辞所说的具体事物，如乾卦卦辞中的龙、坤卦卦辞中的牝马。

"数"也有三种含义：其一，一卦各爻属性的数，即"六、七、八、九"四个数，阳爻为奇数，阴爻为偶数，大数为老，小数为少，这四个数又分别称为少阴"八"、少阳"七"、老阴"六"、老阳"九"；其二，爻位顺序的数，依次为初、二、三、四、五、上，即爻的变化规律；其三，占筮求卦的方法，即对占卦过程中，根据蓍草数量的计算推导出所需的卦象。

可见，象数学派注重卦象、卦变的研究，以其所理解的道理推断人事吉凶。象数学派代表人物有汉代的孟喜、京房、焦延寿，以及宋代的陈抟、邵雍等。

（二）义理派

六宗中，老庄、儒理、史事三宗为义理派，顾名思义，义即意义，理即道理。义和理无形无象，不能单独存在，需要通过文字或图形的描述方能显示。象数和义理可看作是同一事物的两面。譬如乾之所以为刚健之义，就是因为日月等天体的运行规律周而复始，从不间断，且威力强大。义理学派注重《易经》的卦名、卦爻辞和卦象中所蕴含的意义和道理。

义理学派的代表人物为创始者王弼，继承其学说的是宋代的胡瑗、程颐、杨万里、李光。

7. 多年师友生涯

韶光易逝，我习《易》至今，忽忽已三十年。当年在台大读研究生时，纯因对传统文化的好奇和一份说不清的亲切感，而误打误撞从师入门，怎么也不曾想到，往后会离开理工本行，投身出版界，再转为如今以《易经》为专业的教学研习生涯。人生种种际遇，究竟是操之在己者多，还是冥冥中亦有其定数？

我的恩师爱新觉罗·毓鋆为清朝皇室之后，于 2011 年 3 月 20 日仙逝，享寿 106 岁。毓老师门生遍天下，智勇渊深、刚健峻烈的风格典范，令人钦仰无极。我有幸从其读书，多少识得学问大意，而平生志业也受其启发甚深。这种难得的机缘，只能珍惜感念。

年轻时读书交友，不知天高地厚，难免相逢意气，坐而论道。昔日夏学会诸友，切磋琢磨的情景犹在目前，数十年过去，头角峥嵘者有之，隐遁乡野者有之，而载浮载沉者也不少。中国及世界的情势，较诸当年，也有了惊天动地的巨大变迁。总之，都已多历沧桑。

十多年出版界的磨炼，堪称奇诡，惊涛骇浪，缘起缘灭，激情早已平复，而回首往昔，倒是沉潜习《易》的极佳道场。书生意气，确需在世事上多所磨砺。

开始在社会上授《易》，纯属偶然，教学相长，结果还是自己获益良多，至于政界和商界的一些因缘，不知我者津津乐道，知我者谓我何求？不过随机适化而已。

"术数易"中有本命卦的说法，由人的生辰八字，可推一生性向所在，这和易占以一时一事起问，本有不合，为了好奇，我还是核算出结果：先天本命为比卦（☷☵）第三爻，后天本命转成蒙卦（☶☵）上爻。比卦互助结盟，蒙卦启迪教诲，正是讲的良师益友之道。人生拜师交友，均需审慎抉择，人算不明，还借助天算，故而比卦卦辞称"原筮"，蒙卦卦辞言"初筮"。筮以决疑，原初重始，一开始就需想得很透很深。

六十四卦中，只有比、蒙二卦卦辞言筮，先天转后天，又恰当年近四十之时，而我开始教《易》正是此际，难道注定和《易经》有缘？

易学小教室

古代易学名家

（一）象数派代表人物

孟喜

孟喜，生于汉昭、宣帝之时，约公元前90年，字长卿，东海兰陵（今山东兰陵县西南）人。其父孟卿善治《礼》《春秋》，后世所传《后氏礼》《疏氏春秋》皆出孟卿。孟喜遵父之命习《易》，与施仇、梁丘贺同学于田王孙，为汉代第一位易学家田何的再传弟子。他自称得田王孙之真传，"师田王孙，且死时枕喜膝，独传喜"（《汉书·儒林传》）。其实，这是孟喜为了假借其老师声望抬高自己在当时的地位而编造的故事。孟喜学有师法，这是事实。但他并不是田何的正宗传人，而是一位叛离儒家师门、敢于接受异端邪说的易学家。他"得易家候阴阳灾变书"，以阴阳灾异解说《周易》。正因为如此，汉宣帝时，孟氏易学才列于学官，与施仇、梁丘贺并称汉初三大家，从经学言之，他属今文经派，曾参加过汉宣帝召集的经学讨论会，"与五经诸儒杂论同异于石渠阁"。根据《汉书·艺文志》载，著作有：《孟氏京房》十一篇，《灾异孟氏京氏》六十六篇，《章句施、孟、梁丘氏》各二篇，已亡佚。《隋书·经籍志》有"《孟氏易》八卷，残缺"。清人马国翰《玉函山房辑佚》有《孟氏章句》一卷，我们研究孟喜的易学思想，主要凭借唐僧一行《卦议》所引的孟喜思想。

焦延寿

焦延寿，西汉梁人（今河南省商丘市南），字赣。家贫贱，因好学而得到梁敬王的资助。学成之后，为郡吏察举，补小黄令，任职期间，常先知奸邪，而使为盗者不敢轻举妄动。后因"爱养吏民，化行县中"，被举荐，升迁外地为官。三老官属上书挽留，得到批准，并使官职增高。最后死于小黄。于《周易》自称学于孟喜，其学生京房也认为"延寿易即孟氏学"。而孟喜正传弟子"瞿牧、白生不肯，皆曰非也"。其实，"焦延寿独得隐士之说，托之孟氏，不相与同"。"其说长于灾变，分六十四卦，更直用事，以风雨寒温为候，各有占验。"（以上所引，见《汉书·京房传》）这些思想后来被其弟子汉代著名易学大师京房继承和发挥。焦氏的易学著作有《易林》《易林变占》。今存焦氏著作有《焦氏易林》。

京房

京房（公元前77—前37年），西汉学者，本姓李，字君明，东郡顿丘（今河南清丰西南）人，好音律，推律自定为京氏。元帝时立为博士，官至魏郡太守。屡次上疏，以卦气、阴阳灾异推论时政，后因劾奏中书令石显专权，为石氏所忌恨，被捕下狱处死。死时年四十一。

京房之所以驰名于中国学术史，是由于他开创了今文易学"京氏学"。京房师从焦延寿，对《周易》象数多有发明，如纳甲、八宫、世应、飞伏、五星四气等。而且能够运用象数理论进行占验。据其弟子说："房言灾异，未尝不中。"（《汉书·京房传》）死后，其学传与段嘉、姚平、乘弘，形成了西汉易学中的"京氏之学"。京氏一生撰写了不少的易学著作，大多佚失，今只存《京氏易传》三卷。

邵雍

邵雍（1011—1077年），字尧夫，又称安乐先生、百源先生，谥"康节"，后世称邵康节，北宋五子之一，北宋理学家。著有《皇极经世》《伊川击壤集》《观物内外篇》《渔樵问对》等。虽然不似三国诸葛孔明那样家喻户晓，但是无论从才干和品德来讲，邵雍都不亚于诸葛亮。宋朝理学鼻祖之一的程颢曾在与邵雍切磋之后赞叹道："尧夫，内圣外王之学也！"少年时，邵雍就胸怀大志，发愤刻苦读书，于书无所不读。当时有高人李挺之，传授他《河图》《洛书》《伏羲八卦》等易学秘奥。以邵雍的聪颖才智，他融会贯通、妙悟自得，终于成为一代易学大师、风靡遐迩的鸿儒。他形成了自己一套完整独特的宇宙观，对于天地运化、阴阳消长的规律了如指掌。他著书立说，撰写了《皇极经世》《观物内外篇》等著作共十余万言。他认为历史是按照定数演化的。他以他的先天易数，用元、会、运、世等概念来推算天地的演化和历史的循环。对后世易学影响很大的《铁板神数》和《梅花心易》都是出于邵雍。后人也尊称他为"邵子"。中年后，他淡泊名利，隐居洛阳，著书教学，在那时写下传世之作——《梅花诗》，预言了他身后在中国发生的重大历史演变。当然，和所有预言一样，他采用了很隐晦的语言，并非很容易理解。

陈抟

陈抟（871—989年），为唐五代宋初著名道教学者，字图南，自号"扶摇子"，赐号"希夷先生"，享年118岁。陈抟好读《易经》，他继承汉代以来的易学象数传统，并把黄老清静无为思想、道教修炼方术和儒家修养、佛教禅观会归一流。他一生修道，编写了导养、还丹为主要内容的《指玄篇》八十一章，并致力于导养之道。以"顺以生人""逆以还丹"的理论体系来探究生命的起源，寻找延年益寿之方，因此被后世道教徒尊奉为"陈抟老祖"，成为中国太极文化的创始人。创作"无极图""先天方圆图""八卦生变图"等一系列《易》图,并发表《太极阴阳说》,后来才出现了宋代大儒周敦颐的《太极图说》、张载的《太和论》、邵雍的《皇极经世》,程颢、程颐、朱熹等的《易传》,从而才有中华独有的太极文化形态和一系列理论的形成,尤其是宋代理学家的形成,推动了宋代历史的进步。著《易龙图序》、传河洛数理,成为中国"龙图"的第一人。倡先天易学,是宋代新"易"学始祖,把"道、儒、佛"三家之学融会贯通,形成中国古代完整的哲学体系。

(二)义理派代表人物

王弼

王弼(226—249年),字辅嗣,山阳高平(今山东邹城、金乡一带)人,魏晋玄学理论的奠基人。王弼人生短暂,年仅二十四岁,但其学术成就卓著。著有《周易注》《周易略例》《老子注》《老子指略》《论语释疑》等数种。他注《周易》一改汉人支离繁琐的传统方法,不用象数,而以老子思想解《易》,并阐发自己的哲学观点,在学术上开一代新风——"正始玄风"。王弼的易学观体系庞大,内容深奥。综合儒道,借用、吸收了老庄的思想,建立了体系完备、抽象思辨的玄学哲学。其对易学玄学化的批判性研究,尽扫先秦、两汉易学研究之迂腐学风。王弼注《易》,是从思辨的哲学高度来注释《易经》的。他对"经"上下篇都作了注,计六卷;对《文言》《彖传》《象传》加注,只突出"传"之义理以阐发"经"义。至于《系辞》《说卦》《序卦》《杂卦》,均不下注,后来由东晋韩康伯注完。王弼《易》注的贡献,首先在于把象数之学变成思辨哲学,这是易学研究史上的一次飞跃。其次,王弼站在玄学家的立场上,把易学玄学化,就是用道家的本体论——"以无为本"来释《易》。总之,王弼以言简意赅的论证代替前人的烦琐注释,以抽象思维和义理分析摒弃象数之学与谶纬迷信,为经学开创了一代新风。

胡瑗

胡瑗（993—1059年），字翼之，北宋理学先驱、思想家和教育家。因世居陕西路安定堡，世称"安定先生"。以太常博士致仕，归老于家。胡瑗与孙复、石介并称"宋初三先生"，是宋代理学酝酿时期的重要人物。胡瑗精通儒家经术，倡导天人合一的哲学思想，提倡易学为讲天人之道、讲万物变易法则的学问。胡瑗的《周易口义》是他的学生倪天隐根据先生口述整理而成。其特点是"大胆疑经，自立新解"。据统计，胡瑗仅在《周易口义》一书中，疑经的地方就有十多处；在《洪范口义》中，也纠正了许多不合理的注解。据《宋元学案》记载，胡瑗"日升堂讲《易》，音韵高朗，旨意明白，众皆大服"。在当时的学术派别中，胡瑗是宋初易学的权威，是一位开源发蒙、鼓动风气的人物，也是宋代义理易学的创立者。清人全祖望在《宋元学案》中说："宋世学术之盛，安定、泰山为之先河。"

程颐

程颐（1033—1107年），理学家和教育家。字正叔，人称伊川先生，北宋洛阳人。为程颢之胞弟。与其胞兄程颢共创"洛学"，为理学奠定了基础。与其兄程颢不但学术思想相同，而且教育思想基本一致，合称"二程"。二程将易学的发展提高到一个新的水平，《伊川易传》为义理易学诠释体系奠定了坚实的基础，《程氏易传》是伊川易学的精华，它继承了王弼义理派易学传统，将儒家解《易》推阐发挥到极致，可以说是集义理派著作之大成，并对朱熹易学产生了重要的影响。如果说王弼易学是魏晋玄学、易学兴起的重要标志，那么，程氏易学则实现了由王弼易学道家化、玄学化的义理向儒家义理的转变。

杨万里

杨万里（1127—1206年），字廷秀，号诚斋，南宋诗人，易学家。吉州吉水（今江西省吉水县）人。精于《易》学，有《诚斋易传》二十卷，以史证《易》，为经学家非议。其《易》说属于义理学派。传承程颐易学，与以邵雍为代表的象数学派、图书学派相对立，同时也受张载的影响。杨万里的易学思想在宋代占有重要地位，他认为《周易》一书是圣人通变之书，主张学习《周易》目的，是在人事得失、社会治乱中掌握其法则，转灾为福，转危为安，转乱为治。同时，善用以史证易的方法。《诚斋易传》对各卦和各爻义的解释，几乎皆引历史事件和历史人物的言行加以论证。除引史证经外，还注重从文字和义理两方面串讲，力求文理贯通，不拘于文字训诂和注疏形式，体现了浓厚的理学家的色彩。易学哲学上反对周敦颐以"无极""太极"为虚无的观点，认为混沌元气是宇宙万物的根源。但因其在易学上主张有理而后有象，故终不能从程颐的理本气末说中解脱出来。从整体看，杨万里的易学思想重视实用，重视总结历代王朝兴亡成败的规律以利当世，有独特的个性。

李光

李光（1078—1159年），南宋易学家。字泰发，号转物居士，又自号读易老人。越州上虞（今浙江上虞西北）人。靖康年间，曾劾蔡京、王黼、朱勔、李彦，反对割三镇与金。绍兴元年（1131年），累迁吏部侍郎，建议驻跸建康（今江苏南京），以守江淮。督临安行在营缮事，不骚扰百姓。绍兴八年，参知政事。秦桧欲用其名压制反对和议者，谋削兵权，他面斥桧"怀奸误国"。和议成，安置滕州，移琼州，论文考史，怡然自适。桧死，复官。著有《读易详说》十卷，此书多援引史事，解说《易》旨，与杨万里《诚斋易传》并为"以史证《易》"之代表作。主张解《易》不应拘泥于象数，而应明人事，其解《易》往往依经立义，因事抒忠。引史入《易》，以史证《易》，因反对秦桧和议，假借易学道出其政治观点。所论大都切实近理，然不免牵合附会。

二、白话六十四卦

扫一扫，
听刘君祖诵经

乾卦第一 ☰

卦辞：元亨利贞。
开创、通达、获益、守正。

初九　潜龙勿用。
像龙潜藏在地底，时机未至，别轻举妄动。

九二　见龙在田，利见大人。
龙已出现在地面上，人生奋斗小有所成，利于遇见居高位的领导赏识提拔。

九三　君子终日乾乾，夕惕若。厉，无咎。
有才德的君子整天奋斗不懈，到晚上都戒慎警惕而不休息。周遭环境充满了剧烈的竞争，一旦犯错立刻改过才可没事。

九四　或跃在渊，无咎。
龙在悬崖绝壁上跃跃欲飞，容易跌落深渊，人居高位必须小心谨慎，以保平安。

九五　飞龙在天，利见大人。
龙挣脱羁绊飞行于天空，最高领导大权在握，利于遇见大有才华的干部，引为辅佐以成大业。

上九　亢龙有悔。
龙飞得过高直往不返，人居高位恋栈不退必为群众厌弃，而生悔恨。

用九　见群龙无首，吉。

运用阳刚之道的最高境界，就像群龙和平共处，不相妨害，人际国际秩序亦然，不需要霸权领导侵凌弱小。大家互敬互助，才是吉祥。

《象传》: 大哉乾元！万物资始，乃统天。云行雨施，品物流形；大明终始，六位时成，时乘六龙以御天。乾道变化，各正性命；保合太和，乃利贞。首出庶物，万国咸宁。

乾元太伟大，是万事万物创造的本体，一切现象借着它才能起始，连所有天体构成的物质宇宙亦为其所统摄。天空中水汽凝结成云，饱和后降而为雨，滋润山河大地与各种形形色色的生命。物种演化代代相传，终而复始，由简而繁，直至身心高度复杂的人类出现，发明器物，创造文明，易卦六爻既象征上天下地中人的定位，又代表生生不息的时间变化流程，时空密切相关，人生在任何位置上必须深切体会时变才能有所成就。龙是华夏先民所创造的图腾，形象兼容并蓄，水陆空三栖任遨游。乾卦六爻以龙为象，潜、见、惕、跃、飞、亢为六种变化的时态，晓谕我们需与时俱进，乘时变动以统御一切，不仅管好群众，连天地自然环境亦有效治理。乾道不断变化，天地万物各有其特性，应顺遂自然去发展，群体相处又应互相尊重以维持最大的和谐。人类社会中的领导者最好有基层历练，由群众中推举而出为民服务，如此消弭特权则天下万国皆易安宁。

《大象传》: 天行健，君子以自强不息。

天体日月星辰的运行刚健不息，君子自我惕厉图强永不懈怠。

《小象传》:
潜龙勿用，阳在下也。
像龙潜藏在地底，暂不妄动，阳刚虽积极进取，所处位置太低下，必须隐忍待时。

见龙在田，德施普也。

龙已出现在地面上，这时需普遍照顾基层民众，布施功德。

终日乾乾，反复道也。

有才德的君子整天奋斗不懈，有错必改，为弘扬大道努力。

或跃在渊，进无咎也。

龙在悬崖绝壁上跃跃欲飞，容易跌落深渊，人居高位只要格外敬慎，仍可进取而保无事。

飞龙在天，大人造也。

龙挣脱羁绊飞行于天空，最高领导可发挥创造力建功立业，为群众谋福。

亢龙有悔，盈不可久也。

龙飞得过高直往不返，骄矜自满必生悔恨，势难持久。

天德不可为首也。

群龙和平共处，不相妨害，天德大公无私，不容许少数人垄断资源欺压群众。

《文言传》：

元者，善之长也；亨者，嘉之会也；利者，义之和也；贞者，事之干也。君子体仁，足以长人；嘉会，足以合礼；利物，足以和义；贞固，足以干事。君子行此四德者，故曰："乾，元亨利贞。"

元为众善之长，亨为通达双喜之会，利为群体适宜的和合，贞为处事应守的正道。君子以仁德为本，足以领导群众；人际欢聚交往，足以合乎礼制；利益众生，足以调和道义；固守正道，足以担责任事。君子实行元亨利贞四种德行，故而卦辞称："乾，元亨利贞。"

初九曰："潜龙勿用。"何谓也？子曰："龙德而隐者也。不易乎世，不成乎名，遁世无闷，不见是而无闷，乐则行之，忧则违之，确乎其不可拔，潜龙也。"

初九爻辞称："潜龙勿用。"这是什么意思？孔子解释："这是说人有龙德而甘心隐遁啊，他不受世俗影响而改变自己的操守，不想获取虚名，遁世隐居心里毫不烦闷，不被世人认可也无愁闷，喜欢干的事情就干，不爱干就不干，真的完全自主不可改变，这就是潜龙啊！"

九二曰："见龙在田，利见大人。"何谓也？子曰："龙德而正中者也。庸言之信，庸行之谨，闲邪存其诚，善世而不伐，德博而化。《易》曰：'见龙在田，利见大人。'君德也。"

九二爻辞称："见龙在田，利见大人。"这是什么意思？孔子解释："这是有龙德而居正中之位者，平常发言信实可靠，行为谨守分寸，懂得防范邪恶之事入侵，永远保持诚信，所作所为都对世间有裨益，却绝不夸耀，宽厚博大教化群众。《易经》称：'见龙在田，利见大人。'九二虽非领导之位，已经具备领导之德。"

九三曰："君子终日乾乾，夕惕若。厉，无咎。"何谓也？子曰："君子进德修业。忠信，所以进德也；修辞立其诚，所以居业也。知至至之，可与几也；知终终之，可与存义也。是故居上位而不骄，在下位而不忧。故乾乾因其时而惕，虽危无咎矣。"

九三爻辞称："君子终日乾乾，夕惕若。厉，无咎。"这是什么意思？孔子解释："这是说君子精进德性，勤修事业，尽己之能笃实诚信以精进德性，对外发言必有确实根据，才能持守事业。知道自己奋斗的最高目标，不断努力以求达成，这才能始终明白且跟上形势变化的机微；知道总结每一阶段的经验教训，作为未来行事的参照。所以九三虽居下卦上位，已有小成绝不骄傲，仍在全卦下位精进不已也不忧虑。所以整天健而又健，因应时势变化保持戒慎警惕，环境虽然动荡不安，可保平安无事。"

九四曰："或跃在渊，无咎。"何谓也？子曰："上下无常，非为邪也。进退无恒，非离群也。君子进德修业，欲及时也，故无咎。"

九四爻辞称："或跃在渊，无咎。"这是什么意思？孔子解释："这是说九四虽居高位，因为功高震主或同侪排挤随时可能下台，但不管怎样都不做坏事，进退无常，也不离开社会人群。君子精进德性，勤修事业，一定得赶上时代，随时调整，故而可保无事。"

九五曰："**飞龙在天，利见大人。**"何谓也？子曰："**同声相应，同气相求；水流湿，火就燥；云从龙，风从虎；圣人作而万物睹。本乎天者亲上，本乎地者亲下，则各从其类也。**"

九五爻辞称："飞龙在天，利见大人。"这是什么意思？孔子解释："自然界声律相同的会起共鸣，气息相通的会互相亲近，水往低湿的地方流，火向干燥的高处烧，龙腾云起，虎跃风生。世间圣人兴起，天下皆仰望企盼。阳气清而上升于天，阴气浊而下降于地，万物皆以类聚。"

上九曰："**亢龙有悔。**"何谓也？子曰："**贵而无位，高而无民，贤人在下位而无辅，是以动而有悔也。**"

上九爻辞称："亢龙有悔。"这是什么意思？孔子解释："这是说上九已经退休，身份尊贵无有职位，资历虽高无人跟随，就算有些贤能的旧属也帮不上忙，若执意行动必遭悔恨。"

潜龙勿用，下也。见龙在田，时舍也。终日乾乾，行事也。或跃在渊，自试也。飞龙在天，上治也。亢龙有悔，穷之灾也。乾元用九，天下治也。

潜龙勿用，因职位低下；见龙在田，暂时栖止以待用；终日乾乾，忙于任事；或跃在渊，逢高必危，须知戒慎，自己暗中试炼；飞龙在天，领袖居上治理一切；亢龙有悔，势穷招灾。乾元创生天地万物，共存共荣，全天下都参与治理，才是根除独裁统治的大道。

潜龙勿用，阳气潜藏。见龙在田，天下文明。终日乾乾，与时偕行。或跃在渊，乾道乃革。飞龙在天，乃位乎天德。亢龙有悔，与时偕极。乾元用九，乃见天则。

潜龙勿用，阳刚之气虽盛，非展露时机，宜潜伏深藏。见龙在田，出潜离隐，展露才华，开创天下文明。终日乾乾，与时俱进。或跃在渊，逢高必危，乾卦的健行之道得做重大调整，不宜过露锋芒。飞龙在天，领袖高高在上，应乘势力行天德，大公无私福国利民。亢龙有悔，不明时势俱往仍强硬到底，难免走上穷途。乾元用九，打破独裁专擅，才真正体现宇宙的自然法则。

乾元者，始而亨者也。利贞者，性情也。乾始能以美利利天下，不言所利大矣哉！大哉乾乎！刚健中正，纯粹精也。六爻发挥，旁通情也。时乘六龙，以御天也。云行雨施，天下平也。

所谓乾元，就是创始天地万物使之亨通的本源；利贞，是指由天性发而为喜怒哀乐的人情常失之偏颇，必须固守正道才合宜。乾道大公无私，创始万物从不居功，人间领导亦应效法，以最美好的利益普施天下，而不自夸耀，这才是真正的伟大。乾卦所示的道理真是伟大啊！阳刚、健行、中道、正直，纯一不杂，内涵高明精致。从初至上的六爻，皆因时位不同各有发挥，触类旁通人情事理。六龙象征六种变化的时态，晓谕我们需与时俱进，乘时变动以统御一切，不仅管好群众，连天地自然环境亦有效治理。天象行云降雨，滋润大地万物，人间领袖亦应效法为群众谋福，富强康乐，天下太平。

君子以成德为行，日可见之行也。潜之为言也，隐而未见，行而未成，是以君子弗用也。

君子立身行世，必以向善成德为准，每天都要表现在日常行为上。潜龙的潜字，就是沉潜隐伏不表露，因为功夫未到，修炼未成，所以不出来扛责任事。

君子学以聚之，问以辨之，宽以居之，仁以行之。《易》曰："见龙在田，利见大人。"君德也。

君子多方学习各类知识，若理解不透则勇于质疑以明辨真伪，懂了尚需宽裕蕴养一阵，以真诚仁爱之心付诸实践。《易经》乾卦九二爻称："见龙在田，利见大人。"是指精进修行已经具备未来出任领袖的德行。

九三重刚而不中，上不在天，下不在田，故乾乾因其时而惕，虽危无咎矣。

九三居下卦乾刚之终，将临上卦乾刚之始，又不在上下卦中间之位。九五飞龙在天，九二见龙在田，都是得势壮盛之位，九三处在上下夹缝之间，处境艰难，必须戒慎警惕，随着时势变化努力不懈，才能转危为安。

九四重刚而不中，上不在天，下不在田，中不在人，故或之。或之者，疑之也，故无咎。

九四继下卦乾刚之终，居上卦乾刚之始，不在上下卦中间之位，既非飞龙在天，亦非见龙在田。虽在天地人三才的人位，但阳爻居阴位不正，有实力亦难任意发挥。上承九五之君，当心功高震主，以及同侪间的排挤竞争，必须谨言慎行免遭疑忌，才能得保平安。

夫大人者，与天地合其德，与日月合其明，与四时合其序，与鬼神合其吉凶。先天而天弗违，后天而奉天时。天且弗违，而况于人乎？况于鬼神乎？

大人所作所为与天地之道相合，似日月发光照明，四季依序更迭，汲取祖先及历史上有杰出贡献者成功立业的经验智慧，鉴往知来。他对情势发展的判断神准，超前预知与部署，后来皆会应验，就算慢一些也能跟上时势的变动。如果天道运行都依其预测而不背离，世人无分今古，亦不能违背其高明的开示啊！

亢之为言也，知进而不知退，知存而不知亡，知得而不知丧。其唯圣人乎？知进退存亡而不失其正者，其唯圣人乎？

上九爻辞称亢龙有悔，什么叫过于高亢呢？就是一个人只知往前进取不知退守，只想永存没想到会灭亡，只想获得而忘了可能丧失。大概只有圣人吧？才做得到该进就进，该退就退，当存则存，当亡就亡，都不失去正道，真的只有到圣人的修为才做得到吧？

二、白话六十四卦 | 049

坤卦第二 ☷

卦辞：元亨利牝马之贞。君子有攸往，先迷后得主。利西南得朋，东北丧朋，安贞吉。

开创，通达，获益，像雌马跟从雄马一般固守配合的正道。君子往前行进，可能先迷途而后复返其所追随的领导。利于静处西南方向以广结善缘，如果突进东北方向则会引起对立紧张，安于固守坤卦柔顺的德行，便能获吉。

初六　履霜坚冰至。

当我们踩到地上有降霜时，应该警觉气候愈来愈寒冷，很快就会冻结成坚硬的冰层。

六二　直方大，不习无不利。

坤卦象征广土众民，天性善良正直，应秉承乾卦所代表的天道行事，不要被后天的欲望习气所污染，便不会有什么不好的结果。

六三　含章可贞，或从王事，无成有终。

乾主坤从，僚属任事不得逾越专擅，即便有什么想法也含藏保留为宜，尊重服从主管的领导，本身虽无成就，却因配合得当可获善终。

六四　括囊，无咎无誉。

身处组织高位，与闻机要，必须守口如瓶，像把袋子用绳拴紧一般不泄露任何讯息，谨言慎行才免咎责，也不要过于邀功求表现，以免功高震主，引发同侪嫉妒排挤。

六五　黄裳，元吉。

黄是中色，裳为下衣，比喻领导人应体恤下民，授权部属尽心任职，为民众谋福，如此则格局开阔，绩效卓著。

上六　龙战于野，其血玄黄。

坤卦六爻阴虚，本身资源不足，不宜逞强与乾卦冲突对抗，否则两败俱伤后祸严重。玄为黑色中微有亮光，似天上星空，黄为土地颜色。乾坤血战，互有死伤，故称其血玄黄。

用六　利永贞。

坤卦必须顺势用柔，永远固守谦让不争的正道，才会获益。

《象传》：至哉坤元！万物资生，乃顺承天。坤厚载物，德合无疆。含弘光大，品物咸亨。牝马地类，行地无疆。柔顺利贞，君子攸行。先迷失道，后顺得常。西南得朋，乃与类行。东北丧朋，乃终有庆。安贞之吉，应地无疆。

坤元体现与乾元配合的功夫到了最高的境界，万事万物借着它而能生存成长，任何情况下都能顺承天道而不背离。大地生养万物，博厚包容，与天体运行无有边际类似，含藏丰富，光明伟大，各种品类的物种都滋长亨通。雌马跟随雄马奔行于大地之上，永远并驾齐驱而不落后，雄马冲刺没有界限，雌马亦然，谨守柔顺本性而不逾越。君子往前奋斗，可能一时迷途而偏离正道，只要及时警醒改过，回复常态即可。坤卦宜静守西南方位广结善缘，与人配合行事，切勿冒进至东北方位而致敌对紧张，一旦如此也得尽快退让化解，方得善终，皆大欢喜。安定固守柔顺的德性以获吉祥，这与大地广袤无有边际相应。

《大象传》：地势坤，君子以厚德载物。

大地上群山屹立，河海奔流，形势变化多端，君子待人处世，亦应兼容并蓄宽厚博大。

《小象传》：
履霜坚冰，阴始凝也。驯至其道，至坚冰也。
脚踩到地上结霜时，应该警觉不久就会冻结成坚冰，因为阴寒之气已经开始凝结，顺势发展下去天候更冷，必然全部结冻。
六二之动，直以方也。不习无不利，地道光也。
六二爻一旦发动，秉承其良善正直的天性配合乾刚之道行事，不为后天习气所污染，没有什么不好的结果，这是光显坤卦所象征的地道所致。
含章可贞，以时发也。或从王事，知光大也。
含藏保留自己内心的想法，固守僚属分际恰到好处，等恰当时机再发表，以此谦和态度从政，智慧终有光大彰显的一日。
括囊无咎，慎不害也。
身处辅政高层，必须守口如瓶，谨言慎行，才可避免各方忌恨迫害。
黄裳元吉，文在中也。
居坤卦最高领导之位，体恤人民，授权督责干部尽职任事，这是深通为政之理，合乎中道。
龙战于野，其道穷也。
坤卦阴虚，若与乾卦阳实一方失和对抗，必然势穷力绌，自招败亡。
用六永贞，以大终也。
运用阴柔之道的最高境界，是永远固守谦和不争的原则，最后以柔克刚，反能取得最大的成就。

《文言传》：
坤至柔而动也刚，至静而德方，后得主而有常，含万物而化光。坤道其顺乎？承天而时行。

坤卦六爻皆阴，性虽至柔，阴极转阳，一旦发动刚强无比。坤性至静，与至动的乾卦配合无间，即便先有偏离，若能调整修正奉乾刚为主可回复常道，刚柔互济阴阳和合，便可含养万物彰显光大。坤道就是懂得顺势之理，承继天道，应时而行动。

积善之家，必有余庆，积不善之家，必有余殃，臣弑其君，子弑其父，非一朝一夕之故，其所由来者渐矣，由辩之不早辩也。易曰：履霜坚冰至。盖言顺也。

家族积累善行，必然福荫子孙，积恶不改，祸延后代。世道败坏，做臣子的篡弑君王，为人子乱伦弑父，往往不是一朝一夕所造成的，而是长期积累所致，大家都应警觉早作防范啊！《易经》称踩到地上有霜时，不久会冻结成坚冰，这是顺势发展的道理。

直其正也，方其义也。君子敬以直内，义以方外，敬义立而德不孤。直方大，不习无不利，则不疑其所行也。

良善正直是坤卦的本性，应配合乾卦的天道行事。君子诚敬以保持内心的正直，外在恪守天理任事，都做到后必有朋友相互砥砺，不会陷于孤立。善良正直，秉承天道行事，不被后天的欲望习气所污染，不会有什么不好的结果，是指所作所为没有任何疑虑。

阴虽有美，含之，以从王事，弗敢成也。地道也，妻道也，臣道也。地道无成而代有终也。

阴柔内在虽美，含蓄不发，以此低调从政，不敢居功成就，这是地道、为妻与为臣之道。地道就是本身不主导成功而代天执行以获善终。

天地变化，草木蕃；天地闭，贤人隐。易曰：括囊，无咎无誉。盖言谨也。

天地风云变化，草木生长繁茂；天地闭塞时，贤人都得隐遁。《易经》称把袋口扎紧，不泄露任何口风，以避免忌恨破坏，就是要人谨言慎行。

君子黄中通理，正位居体，美在其中，而畅于四支，发于事业，

美之至也。

君子谨守中道，通达人情事理，居组织最高领导之位，美在内心，发为外在行动，成就群体事业，这是美到了极致啊！

阴疑于阳必战，为其嫌于无阳也，故称龙焉。犹未离其类也，故称血焉。夫玄黄者，天地之杂也，天玄而地黄。

阴柔若为阳刚所疑忌，必然爆发争战冲突，阳刚一方猜嫌阴柔一方目无尊长，故而坤卦最后一爻出现乾卦龙的意象，因为阴柔并未脱离阳刚而独存，冲突就会流血。天空黑色中有亮光称玄，大地呈现黄色，两色相杂，代表两败俱伤。

屯卦第三 ䷂

卦辞：元亨利贞。勿用，有攸往，利建侯。

开创、通达、获益、固守。短期不能发挥大用，先潜伏不动，中长期就要往前奋斗。在这期间建立组织，安排人事，部署信息网络，做好一切充分准备。

初九　盘桓，利居贞，利建侯。

在土地上建屋，选用磐石做地基，耐久木材为栋梁，利于固守安居，组织分派人事，搜集外界讯息，为未来发展做准备。

六二　屯如邅如，乘马班如，匪寇婚媾，女子贞不字，十年乃字。

开创初期行止难定，骑在马上原地打转，尽可能不树敌，与各方发展和谐互助的关系。女子勿轻率许婚，慎选夫婿经历十年方成都没关系。

六三　即鹿无虞，惟入于林中。君子几，不如舍，往吝。

打猎追逐禽兽到山脚下，若无高明向导引路，可能会迷失在森林中走不出来。君子当机立断，放弃无谓的追逐，不然既打不到猎物，还浪费宝贵光阴。

六四　乘马班如，求婚媾，往吉，无不利。

骑在马上原地打转，一旦确定了理想的伴侣便勇往直前追求而获吉，没有什么不好。

九五　屯其膏，小贞吉，大贞凶。

领导者掌握资源有限，需节约使用，小干可吉，大干则凶。

上六　乘马班如，泣血涟如。

骑在马上原地打转，悲伤哭泣泪流满面。

《象传》：屯，刚柔始交而难生，动乎险中大亨贞。雷雨之动满盈，天造草昧，宜建侯而不宁。

屯为初生小草穿地而出之象，下卦震为长男，乾刚坤柔初交而生，上卦坎为险难，意谓生命初始必遇艰难，得在艰险中奋斗而获成长亨通。下卦震为雷，上卦坎为雨水，又有响雷暴雨之象，天地洪荒初辟时，所有生命都应体察周遭环境各种变动的讯息，竭力趋避不得安宁。

《大象传》：云雷屯，君子以经纶。

屯卦上坎下震，水汽蒸发上升为云，闷雷声响尚未落雨，此时君子应筹谋规划全局，为未来发展做好充分准备。

《小象传》：

虽盘桓，志行正也；以贵下贱，大得民也。

虽然目前还在打基础立梁柱的阶段，但志向与行事都要依循正道。事业草创之际，需深入基层历练，与民众同甘共苦，才能获得支持认同。

六二之难，乘刚也；十年乃字，反常也。

屯卦六二爻阴虚，乘于初九阳刚之上，易受震动影响，必须坚持正道拒斥干扰，就像女子待嫁绝不迁就，等十年才成美满姻缘，回归常道。

即鹿无虞，以从禽也；君子舍之，往吝穷也。

狩猎追逐禽兽到山脚下，无高明向导引路将陷迷途，君子应勇于舍弃，否则空无所获。

求而往，明也。
既然找到理想伴侣，就勇敢前往追求，这是明智的抉择。

屯其膏，施未光也。
领导人掌握资源有限，无法从心所欲，施政绩效不易光显。

泣血涟如，何可长也？
悲伤哭泣泪流满面，恐怕很难再撑下去。

蒙卦第四 ䷃

卦辞：亨。匪我求童蒙，童蒙求我。初筮告，再三渎，渎则不告，利贞。

亨通。不是老师求幼稚蒙昧者受教，而是学生请求老师教导。人有疑难会诚心卜卦占筮，通常卦象都会明确指示，如果主观太强不愿接受，一而再再而三继续占问，表示心思已乱，亵渎了占筮的机制，那就得不出正确的答案，必须调整态度正心诚意方可。学生受教亦应如此，不得歪搅胡缠渎乱了教学的正轨。

初六　发蒙，利用刑人，用脱桎梏，以往吝。

启发蒙昧，必须有明师做身教典范，才能帮助学生摆脱心灵的束缚，不至于越来越褊狭。

九二　包蒙，吉。纳妇吉，子克家。

好老师有教无类，懂得包容学生的蒙昧无知，循循善诱教导成功。就像男子娶妇和合美满，养育出来的子女也都优秀能够承担家业。

六三　勿用取女，见金夫，不有躬，无攸利。

切勿娶这种女人为妻，因为她看到有钱的男人就心动，把持不住自己，娶了毫无利益。

六四　困蒙，吝。

困于蒙昧无知之中，认识不清，行事无成。

六五　童蒙，吉。

地位虽高仍虚心求教，必能有成。

上九　击蒙，不利为寇，利御寇。

严厉地痛击蒙昧，这种过激的方式不可轻用，就像打仗用于正当防卫则可，肆意侵略不行。

《象传》：蒙，山下有险。险而止，蒙。蒙亨，以亨行时中也。匪我求童蒙，童蒙求我，志应也。初筮告，再三渎，渎则不告，渎蒙也。蒙以养正，圣功也。

蒙的上卦为艮山，下卦为坎险，为山下有险之象。艮又为止，遭遇艰险不得不暂止，就是因为蒙昧不明。虽然无知可获亨通，只要随时求教找出最佳的应对方式即可。不是老师求幼稚蒙昧者受教，而是学生请求老师教导，这样师生的心志才能相应。诚心卜卦占筮，卦象都会明确指示，如果主观太强不愿接受，一而再再而三继续占问，就得不出正确的答案，因为已经亵渎了占筮的机制。人生借着启蒙受教，去除习气污染，培养与生俱来的正直心性，精进不懈，可修到圣人境界且建立伟大功业。

《大象传》：山下出泉，蒙。君子以果行育德。

蒙卦上艮为山，下坎为水，有山底下清泉流出之象。君子勇于实践以培育德性。

《小象传》：

利用刑人，以正法也。

人人都有与生俱来的善性，明师修成后，做学生的榜样，引导学生效法，走上人生的正途。

子克家，刚柔接也。

子女长大能承担家业，是因为父母刚柔互济相处和乐。

勿用取女，行不顺也。

切勿娶这种女人为妻，因为她的行为不顺正道。

困蒙之吝，独远实也。

困于蒙昧无知之中，认识不清，行事无成，是因为外缘太差，始终遇不到好老师切实的启发，又不肯积极访求明师，自己的特长未能发掘，以致如此。

童蒙之吉，顺以巽也。

地位虽高，虚心求教，因而有成，懂得谦卑柔顺深入探讨事物之理。

利用御寇，上下顺也。

以严厉训斥的方式教导学生，帮助他们抗拒外来的诱惑，时机适切的话，会有教学相长的功效，双方都顺从事理。

需卦第五 ䷄

卦辞：有孚，光亨贞吉，利涉大川。

有信心等待和盼望，终于光明亨通，固守正道而获吉，利于渡过大河安抵彼岸。

初九　需于郊，利用恒，无咎。

在人烟稀少的郊外等待，得做长期方可满足需求的准备，没有任何咎害。

九二　需于沙，小有言，终吉。

在邻近河川的沙地上等待，虽然会遭致一些批评，但不受影响最后仍可获吉。

九三　需于泥，致寇至。

陷入泥沼中难以自拔，可能招致敌人来犯。

六四　需于血，出自穴。

可能与来犯之敌爆发血战，这是因为钻出了自己防身的洞穴所致。

九五　需于酒食，贞吉。

高居掌握丰富资源的君位，以逸待劳调控各方需求，固守正道则吉。

上六　入于穴，有不速之客三人来，敬之终吉。

既然掌控丰富资源，必可吸引天下各方来客投效，所谓不入虎穴焉得虎子，或来得慢，或不请自来，都敬重招待，最后宾主尽欢全都获吉。

《彖传》：需，须也，险在前也。刚健而不陷，其义不困穷矣。需，有孚，光亨贞吉，位乎天位，以正中也。利涉大川，往有功也。

需求满足必须耐心等待，因为需外卦为坎险，表示前行有风险。内卦乾为刚健，敬慎前行不会陷于险难，应对合宜不致受困穷途。秉持信心等待和盼望，终于光明亨通，固守正道而获吉，这是因为九五居全卦天位正中，势优形胜所致。利于渡过大河安抵彼岸，往前奋斗会顺利成功。

《大象传》：云上于天，需，君子以饮食宴乐。

需卦上坎为水，下卦乾为天，水汽上升凝结成云，一时不会降雨，君子耐心等待，正常饮食聚宴欢乐，不失常度。

《小象传》：

需于郊，不犯难行也。利用恒，无咎，未失常也。

在人烟稀少的郊外等待，不要过早冒险犯难前行，得做长期方可满足需求的准备，才不偏失常道。

需于沙，衍在中也。虽小有言，以吉终也。

在邻近河川的沙地上等待，水流迂回曲折，终将汇聚入海。目前虽然招致些批评，最后仍可获吉。

需于泥，灾在外也。自我致寇，敬慎不败也。

陷入泥沼中难以自拔，灾难就在外面。自己招致敌人来犯，必须敬慎才能免于败亡。

需于血，顺以听也。

可能与来犯之敌爆发血战，必须小心顺应情势，聆听各方意见，不宜轻举妄动。

酒食贞吉,以中正也。

掌控丰富资源,吃喝不改常度,固守正道则吉,因为居全局既中且正之位。

不速之客来,敬之终吉。虽不当位,未大失也。

客人来得慢或不请自来,只要敬重招待最后仍然获吉。

上六并非当权做主的君位,小心应对不会有大的失误。

讼卦第六 ䷅

卦辞：有孚。窒惕中吉，终凶。利见大人，不利涉大川。

有信心解决争端，忍耐别乱发脾气，保持高度警惕，行事合乎中道才吉，强争到底则凶。利于见到能孚众望的仲裁者主持公道，不利于冒险硬干。

初六　不永所事，小有言，终吉。

争讼不是好事，双方稍有言语冲突就该冷静下来，不要一直吵下去，结果才会吉。

九二　不克讼，归而逋，其邑人三百户，无眚。

部属跟长官争讼，很难吵赢，最好适可而止，尽量修复关系，才能避免被追究惩罚，以保障自己徒众不受连累。

六三　食旧德，贞厉，终吉。或从王事，无成。

争讼失利，必须放低身段退让，以求对方顾念旧情不再追究，虽然难受终获平安。官场中僚属任事，本来就不得逾越专擅。

九四　不克讼，复即命，渝，安贞吉。

高级干部跟领导者争讼，很难吵赢，失利后必须认命，调整态度寻求转圜，安分守己则吉。

九五　讼，元吉。

最高领导地位尊崇，宜公正处理组织中各种纷争，化解冲突，以创造良好的绩效。

上九　或锡之鞶带，终朝三褫之。

不愿退让争讼到底，就算暂时获胜抢到官位，系上官袍的玉带，可能因结怨过多不久又被罢黜失位，结果落得一场空。

《象传》：讼，上刚下险，险而健，讼。讼，有孚，窒惕，中吉，刚来而得中也。终凶，讼不可成也。利见大人，尚中正也。不利涉大川，入于渊也。

讼上卦乾刚，下卦坎险，象征组织高层管理风格强硬，基层不肯屈从冒险抗争；上卦也是外卦，乾刚健行，下卦也是内卦，心怀险诈。这都是上下内外不和的争讼之象。有信心解决争端，忍耐别乱发脾气，保持高度警惕，行事合乎中道才吉，是指下卦九二爻刚而能柔，来居坎险之中。强争到底则凶，人际以和为贵，最好不要动辄兴讼。利于见到能孚众望的仲裁者主持公道，大家尊崇他行事合乎中道，正直不阿。不利于冒险硬干，以免跌落深渊。

《大象传》：天与水违行，讼。君子以作事谋始。

讼上卦乾为天，下卦坎为水，天气上升，水势下降，背向而行。君子为防人世纷争，做任何事前预先谋划应对的方案。

《小象传》：

不永所事，讼不可长也。虽小有言，其辩明也。

不要一直跟人争讼，稍有言语冲突就该适可而止，说清楚自己的立场就好，不要情绪用事。

不克讼，归逋窜也。自下讼上，患至掇也。

部属跟长官争讼，很难吵赢，最好适可而止，尽量修复关系，还可保留未来暗中活动的能力，位居人下向上强争，惹来祸患都是自己找的。

食旧德，从上吉也。

争讼失利，必须放低身段退让，以求对方顾念旧情不再追究，下属遵从上级旨意行事才能获吉。

复即命，渝安贞，不失也。

必须接受争不过的命运，调整态度寻求转圜，安分守己，才不致失去已有的地位与利益。

讼元吉，以中正也。

最高领导地位尊崇，居上卦之中，宜公正处理组织中各种纷争，化解冲突，以创造良好的绩效。

以讼受服，亦不足敬也。

靠强争得到的官位，随时可能再失去，因为他待人处世有问题，无法赢得他人的敬重。

师卦第七 ䷆

卦辞：贞。丈人吉，无咎。

军事对抗需固守正道，保家卫国，不可无端侵略。领兵的大将最好老成持重，精通战略战术，除了战胜敌人，还能保障战后的和平，以及处理好与敌我各方势力间的关系。

初六　师出以律，否臧凶。
军队出动必须严守纪律，如果违反无论胜败都凶。

九二　在师中吉，无咎。王三锡命。
大将在军中主持军务，行事合乎中道，故能获吉而没有过咎。君王因其表现优异功在国家，屡次下令褒奖。

六三　师或舆尸，凶。
军中都得遵从将令，不可由众人分其威权，否则必凶。

六四　师左次，无咎。
军队作战失利，仍得稳住阵脚败而不溃，没有过咎。

六五　田有禽，利执言，无咎。长子帅师，弟子舆尸，贞凶。
作战类似田猎，必须明确打击目标，擒获后声讨其罪，没有过咎。国君选将必须专任授权，既已派遣长子领军，就不可再派其他人去监督分权，这样干一定凶。

上六　大君有命，开国承家，小人勿用。

战胜后酬庸封赏必须公正，天下共主下令分封诸侯，据地治理国家，切勿用错小人而生后祸。

《彖传》：师，众也；贞，正也。能以众正，可以王矣。刚中而应，行险而顺，以此毒天下，而民从之。吉，又何咎矣！

师为众，贞为正，能劳师动众整治天下，以维护国际正义，推行王道。师卦九二居下卦坎险之中，上与六五之君配合无间，顺承君命出征，战争虽然带来重大破坏，民众也会听从。如此同心同德，必可获胜且无过咎。

《大象传》：地中有水，师。君子以容民畜众。

师卦上坤为地，下坎为水，地中有水流动之象。君子体悟其象其理，懂得包容蓄养民众以厚植战力。

《小象传》：

师出以律，失律凶也。

军队出动需严守纪律，一旦违纪必然遭凶。

在师中吉，承天宠也。王三锡命，怀万邦也。

大将在军中主持军务，行事合乎中道，故能获吉，承受天子的荣宠。君王因其表现优异功在国家，屡次下令褒奖，关怀天下万邦的安宁。

师或舆尸，大无功也。

军中不遵从将令，而由众人共同主持，必然无法胜利成功。

左次无咎，未失常也。

胜败乃兵家常事，一旦作战失利，仍得稳住阵脚，败而不溃即可。

长子帅师，以中行也；弟子舆尸，使不当也。

国君派遣长子领军，是依中道行事，如果又派其他人去监督分权，这就极为不当。

大君有命，以正功也；小人勿用，必乱邦也。

天下共主下令分封诸侯，有功必赏，若滥赏用错小人，必使邦国骚乱。

比卦第八 ䷇

卦辞：吉。原筮，元永贞，无咎。不宁方来，后夫凶。

与人合作为吉。寻找合作伙伴时，必须深入本源去思考，如果会增强创新、长期互助、固守正道，则可积极交往。不宜迟疑观望，情势紧急了才找人帮忙，多半会遭到拒绝。

初六　有孚比之，无咎。有孚盈缶，终来有他，吉。

与人诚信交往，合作没有过咎。真情像瓦罐装水满溢出来一样，最后会有超乎预期的所得。

六二　比之自内，贞吉。

由内心发出的诚信交往，固守正道获吉。

六三　比之匪人。

找错了合作伙伴。

六四　外比之，贞吉。

往外往上交友，固守正道则吉。

九五　显比。王用三驱，失前禽，邑人不诫，吉。

高居掌握资源的君位，优势明显，各方争取与之合作。君王行猎时三面围堵禽兽，留一面纵放以示宽厚，猎物若从此脱逃不予警告和追杀，这样做会带来好的结果。

上六　比之无首，凶。

太慢才决定与人交往，无法依附强者，没有好的下场。

《彖传》：比，吉也；比，辅也，下顺从也。原筮，元永贞，无咎，以刚中也。不宁方来，上下应也。后夫凶，其道穷也。

与人合作很好，下属顺从长官帮忙做事。寻找合作伙伴必须深入本源去思考，如果会增强创新、长期互助、固守正道，则可积极交往，因为九五为全卦君位，阳刚居上卦之中，各方争相依附。如果犹豫迟疑，错过归往时机，就会走入穷途。

《大象传》：地上有水，比。先王以建万国，亲诸侯。

比卦下坤为地，上坎为水，水依附地面漫流。古代先王统治天下，需争取民众支持，建立各个国家分区治理，与各路诸侯维持和谐亲善的关系。

《小象传》：

比之初六，有他吉也。

比卦初六诚心与人交往，最后会有超乎预期的所得。

比之自内，不自失也。

由内心发出的诚信交往，绝不丧失自己应有的立场。

比之匪人，不亦伤乎？

找错了合作伙伴，不是受伤很重吗？

外比于贤，以从上也。

与外界交往，选择居高位的贤者跟从。

显比之吉，位正中也。舍逆取顺，失前禽也。邑人不诫，上使中也。

高居掌握资源的君位，优势明显，各方争相追随，因为位居上卦正中。愿意跟从的就接纳，不愿意的也不强求，就像君王行猎时三面围堵禽兽，留一面纵放以示宽厚一样。围猎的徒众不会去警告追捕，君上的做法合乎中道。

比之无首，无所终也。

无法追随英明的领导，没有好的下场。

小畜卦第九 ☴

卦辞：亨。密云不雨，自我西郊。

亨通，但得经过一段难熬的时光，就像满天密布的乌云却不下雨一样，闷得难受，这是因为从西方郊外吹来的风较干燥，水汽凝结不够的缘故。

初九　复自道，何其咎，吉。
窒闷的环境下默默走自己的路，承担所有的咎责，可以获吉。

九二　牵复，吉。
受初九影响有样学样，走自己该走的路，也会获吉。

九三　舆脱辐，夫妻反目。
车轮的辐条脱落，难以前进；夫妻吵架，反目成仇。

六四　有孚，血去惕出，无咎。
表现和解诚意，建立互信后不再有流血的恐惧，没有过咎。

九五　有孚挛如，富以其邻。
与各方建立互信，就像双胞兄弟般关系亲密，富利可与邻近之人共享。

上九　既雨既处，尚德载。妇贞厉，月几望，君子征凶。
对立紧张的时刻已过，大雨终于落下来，双方和平共处，斡旋成功真是功德无量。夫妇复合仍得小心对待，妻子守分收敛，不要像满月过盈则缺，丈夫亦需约束自己不再盛气凌人，否则还会出问题。

《彖传》：小畜，柔得位而上下应之，曰小畜。健而巽，刚中而志行，乃亨。密云不雨，尚往也。自我西郊，施未行也。

小畜卦六四为唯一阴爻，居于关键高位，上承九五之君，下与初九基层民众相应，这种形势称为以阴蓄阳、以小事大。内卦乾健行，外卦巽灵活深入，九五阳刚居上卦之中以行其志，终获亨通。卦辞称乌云密布却不下雨，当事者积极往前奋斗，因为风从干燥的西方郊外吹来，水汽凝结不够，暂时还不会下雨。

《大象传》：风行天上，小畜。君子以懿文德。

小畜上卦巽为风，下卦乾为天，有风行于天上之象。君子要修炼和平解决纷争的能耐。

《小象传》：
复自道，其义吉也。
窒闷的环境下默默走自己的路，合宜而获吉。
牵复在中，亦不自失也。
九二居下卦之中，受初九影响有样学样，走自己该走的路，也不失去该有的立场。
夫妻反目，不能正室也。
夫妻翻脸吵架，反目成仇，室家不能安宁守正。
有孚惕出，上合志也。
建立互信真诚和解，远离争战的恐惧，与其上的九五和解并合作任事。
有孚挛如，不独富也。
与各方建立互信，就像双胞兄弟般关系亲密，共存共荣，不独享富贵。

既雨既处，德积载也；君子征凶，有所疑也。

大雨终于落下来，双方和平共处，积累功德无量。君子当珍惜得来不易的成果，勿再生疑挑衅。

履卦第十 ☱

卦辞：履虎尾，不咥人，亨。
踩老虎尾巴而不被老虎回头咬死，亨通无阻。

初九　素履，往无咎。
保持本色做事，往前奋斗没有过咎。

九二　履道坦坦，幽人贞吉。
走在真理的大道上，耐得住寂寞固守正道而获吉。

六三　眇能视，跛能履，履虎尾，咥人，凶。武人为于大君。
独眼龙勉强还能看，跛脚勉强可走路，这样就去踩老虎尾巴，结果被老虎回头咬死，大凶。武人好勇斗狠，不适合做国家最高领导。

九四　履虎尾，愬愬，终吉。
踩老虎尾巴，小心谨慎最后获吉。

九五　夬履，贞厉。
最高领袖下决断交付部属确实执行，合乎统御正道，却可能招致反弹，有很大的风险。

上九　视履考祥，其旋元吉。
回顾既往实践的经验，考虑每次周旋的得失成败，作为自己再出发或提供后人参考借鉴，充满了创造性而获吉。

《彖传》：履，柔履刚也。说而应乎乾，是以履虎尾，不咥人，亨。刚中正，履帝位而不疚，光明也。

履卦下兑为柔和喜悦，上乾为阳刚强大，以柔克刚，以和悦化解暴戾，所以踩老虎尾巴而不被老虎回头咬死，亨通无阻。九五阳刚中正居全卦君位，履行领导职责而无愧疚，一切光明磊落。

《大象传》：上天下泽，履。君子以辨上下，定民志。

履卦上乾为天，下兑为泽，君子辨别组织上下伦序，权责分明，以稳定民众心志。

《小象传》：

素履之往，独行愿也。

保持本色做事往前奋斗，独自实现心中的志愿。

幽人贞吉，中不自乱也。

耐得住寂寞固守正道而获吉，谨守中道心志不乱。

眇能视，不足以有明也。跛能履，不足以与行也。咥人之凶，位不当也。武人为于大君，志刚也。

独眼龙勉强能看，却看不清楚；跛脚勉强可走路，却走不顺畅；这样就去踩老虎尾巴，结果被老虎回头咬死获凶，不知处境不合适啊！武人好勇斗狠，做国家最高领导并不合适，因为心志过度刚强。

愬愬终吉，志行也。

小心谨慎最后获吉，志向得以实现。

夬履贞厉，位正当也。

最高领袖履行决策职责，虽有招致反弹风险，位置完全正当。

元吉在上，大有庆也。

居全卦最上，充满了创造性而获吉，以其丰富经历让大家都蒙受喜庆。

泰卦第十一 ䷊

卦辞：小往大来，吉，亨。
阴阳互相往来，和合互济，吉利亨通。

初九　拔茅茹，以其汇，征吉。
拔茅草需连根清除，且需注意类聚牵动的关系，往前积极行动获吉。

九二　包荒，用冯河，不遐遗。朋亡，得尚于中行。
包容落后地区的荒凉匮乏，徒步过河，不因路途遥远而放弃开拓。暂离家乡的亲朋故旧，往外往上追求事业发展的更好机会，依阴阳互补、刚柔相济的中道行事。

九三　无平不陂，无往不复，艰贞无咎，勿恤其孚，于食有福。
世事平顺久了会转为崎岖难行，所有往前走的都会回头，艰难的情势下仍应固守正道，才没有过咎。不用过度忧虑，永远保持诚信，在生存发展上会有福报。

六四　翩翩，不富以其邻，不戒以孚。
蝴蝶翩翩飞舞，人世浮华不实。贫穷匮乏的现象会波及邻近地区，很难强行禁止，因为群众有一厢情愿的盲目热情，不愿面对残酷的真相。

六五　帝乙归妹，以祉元吉。
帝王因政治考虑，安排公主远嫁和亲，期望给国家带来福祉，开创新局而获吉。

上六　城复于隍，勿用师。自邑告命，贞吝。

城池被外敌攻破，城墙倒塌落入护城河中，不要负隅顽抗徒增牺牲，领导人应向城中民众坦白覆败的事实，这合乎正道，切勿文过饰非。

《象传》：泰，小往大来，吉亨。则是天地交而万物通也，上下交而其志同也。内阳而外阴，内健而外顺，内君子而外小人。君子道长，小人道消也。

泰上卦坤阴，下卦乾阳，阴阳密切往来，和合互济，吉利亨通。这是天地之气相交，万物发展顺遂，组织上下交流无碍，同心同德奋斗。内卦乾阳，外卦坤阴，内部刚健坚实，对外柔顺处事，君子处发展核心，小人退处边缘，君子之道日益增长，小人势力日趋消亡。

《大象传》：天地交，泰。后以财成天地之道，辅相天地之宜，以左右民。

泰卦下乾阳气上升，上坤阴气下降，成互动交流之象。各地诸侯善用资财做好基本建设，制定适当的管理办法辅导民生经济，创造繁荣，使人民安居乐业。

《小象传》：
拔茅征吉，志在外也。
拔茅草需连根清除，往前积极行动获吉，立志往外发展。
包荒，得尚于中行，以光大也。
包容落后地区的荒凉匮乏，崇尚依中道行事，往外开拓使事业发扬光大。
无往不复，天地际也。
所有往前走的都会回头，这是到了天地的交界处，大情势即将逆转。
翩翩不富，皆失实也；不戒以孚，中心愿也。

像蝴蝶般翩翩飞舞，华而不实，然而群众仍衷心愿意相信，很难强行禁止。

以祉元吉，中以行愿也。

给国家带来福祉，开创新局而获吉，秉持中道实现愿望。

城复于隍，其命乱也。

城池被外敌攻破，城墙倒塌落入护城河中，国家陷入了纷乱败亡的命运。

否卦第十二 ䷋

卦辞：否之匪人，不利君子贞，大往小来。

由泰至否，人性沉沦，黑暗时代中君子固守正道不易，阳刚之气消逝，阴柔之气弥漫。

初六　拔茅茹以其汇，贞吉亨。

拔茅草需连根清除，且需注意类聚牵动的关系，固守则吉，可获亨通。

六二　包承，小人吉，大人否亨。

包容承受日趋恶劣的情势，小人得志获吉，大人虽遭否塞内心仍能亨通。

六三　包羞。

世道沉沦至极，一切污秽羞耻之事皆受包庇。

九四　有命，无咎，畴离祉。

天命福佑情势好转，没有过咎，同类君子皆蒙受福祉。

九五　休否，大人吉。其亡其亡，系于苞桑。

休止否塞败坏的情势，德位俱佳的大人与民休息，仍需敬慎护持，居安思危，随时还可能败亡啊，必得稳定基层，就像根深蒂固的苞桑一样坚韧不动。

上九　倾否，先否后喜。

终于群策群力推翻了否塞的局面，受尽辛苦后迎来欢喜。

《象传》: 否之匪人，不利君子贞，大往小来。则是天地不交而万物不通也，上下不交而天下无邦也。内阴而外阳，内柔而外刚，内小人而外君子。小人道长，君子道消也。

由泰至否，人性沉沦，黑暗时代中君子固守正道不易，阳刚之气消逝，阴柔之气弥漫。这是天地之气不交，万物发展不顺遂，组织上下不交流，天下形同没有国家一样。内卦坤阴，外卦乾阳，内部柔顺懦弱，对外还逞刚强。小人当道，君子退处边缘，小人之道增长，君子之道日趋消亡。

《大象传》: 天地不交，否。君子以俭德避难，不可荣以禄。

否卦下坤阴气下降，上乾阳气上升，为背离不交之象。君子处此艰难之时，最好低调行事以避祸灾。不可以追求荣誉富贵，以避免遭小人妒忌。

《小象传》:

拔茅贞吉，志在君也。

拔茅草需连根清除，否乱情势下固守则吉，期盼九五之君能拨乱反正以解民苦。

大人否亨，不乱群也。

大人虽遭否塞内心仍能亨通，固守正道，不随小人乱来。

包羞，位不当也。

世道沉沦至极，一切污秽羞耻之事皆受包庇，处境恶劣不堪。

有命无咎，志行也。

天命福佑情势好转，没有过咎，志向可以实行。

大人之吉，位正当也。

大人获吉，因居领导正当之位。

否终则倾，何可长也。

终于推翻否塞的局面，情势不可能一直乱下去。

同人卦第十三 ䷌

卦辞：同人于野，亨，利涉大川，利君子贞。

广结善缘，与远方旷野之人都交上朋友，通达无阻，利于渡过一切重大困难，利于君子固守正道。

初九　同人于门，无咎。

与家门之内的人相处和谐，没有过咎。

六二　同人于宗，吝。

专门亲近宗族之人，交往范围偏窄，发展受限制。

九三　伏戎于莽，升其高陵，三岁不兴。

与人有纷争，埋伏兵力于莽林中准备偷袭，攀上丘陵高处瞭望敌情，发现敌人实力太强大，全无取胜机会，三年内都不敢兴兵作战。

九四　乘其墉，弗克攻，吉。

高据于城墙上观望敌情，发现无法攻击取胜，放弃而获终吉。

九五　同人先号咷而后笑，大师克相遇。

九五高居全卦君位，面临各方挑战不服，以强大实力威慑而控制住局面，过程中辛苦难受，先痛哭悲泣，最后破涕为笑。

上九　同人于郊，无悔。

与僻居郊外之人交朋友，没有悔恨遗憾。

《彖传》：同人，柔得位得中而应乎乾，曰同人。同人曰：同人于野，亨，利涉大川，乾行也。文明以健，中正而应，君子正也。惟君子为能通天下之志。

同人内卦为离，六二爻阴居阴位，且处离卦光明中心，与外卦乾刚九五相应，这种绝佳的配置称同人。同人卦辞称广结善缘，与远方旷野之人都交上朋友，通达无阻，利于渡过一切重大困难，主要是靠了外卦乾的健行进取。内离文明，外乾行健，二爻与五爻又中正相对应，君子固守正道，只有君子能通晓天下所有人的志向，团结大家共同奋斗。

《大象传》：天与火，同人。君子以类族辨物。

同人上乾为天，下离为火，光明亨通，密切配合，君子应尽量接触了解世界上各个不同的民族，大家和平相处。

《小象传》：

出门同人，又谁咎也？

出门广交朋友，展现善意，又有谁会责怪呢？

同人于宗，吝道也。

只与同宗族之人相亲近，交往范围太狭窄。

伏戎于莽，敌刚也；三岁不兴，安行也。

埋伏兵力于莽林中准备偷袭，是要与九五乾刚为敌。三年内都不敢兴兵作战，因实力差距太大，只能安分行事。

乘其墉，义弗克也；其吉，则困而反则也。

高据于城墙上观望敌情，发现没有攻击取胜之理，为什么最后会吉呢？因为遭遇困难放弃，回归自然规律而已。

同人之先，以中直也；大师相遇，言相克也。

九五居中正直，先痛哭悲泣，而后破涕为笑，是因为实力强大足以威慑各方不敢妄动。

同人于郊，志未得也。

与僻居郊外之人交朋友，原先想与所有人和平相处的志向未能实现。

大有卦第十四 ☰

卦辞：元亨。
开创通达。

初九　无交害，匪咎。艰则无咎。
和平相处，不要交相迫害，艰难守正即没有过咎。

九二　大车以载，有攸往，无咎。
大车子装满了货物，往前行进，没有过咎。

九三　公用亨于天子，小人弗克。
地方诸侯进贡地方特产与中央天子，小人各啬办不到。

九四　匪其彭，无咎。
和平至上，不要发动战争让兵车上路，才没有过咎。

六五　厥孚交如，威如，吉。
最高领导真诚与外交往，自有威仪而获吉。

上九　自天佑之，吉无不利。
自强不息得获上天佑助，一切吉祥，没有任何不好。

《象传》：大有，柔得尊位，大中而上下应之，曰大有。其德刚健而文明，应乎天而时行，是以元亨。

大有六五得居尊贵的君位，处上离卦光明中心，上下各阳爻都与之相应，故称大有。其德性内刚健而外文明，应乎天理因时行事，所以开创亨通。

《大象传》：火在天上，大有。君子以遏恶扬善，顺天休命。

大有上卦离为火、为日，下卦乾为天，有日光普照之象。君子明辨是非善恶，强力遏止罪恶，表彰善行，以顺应美好的天命。

《小象传》：

大有初九，无交害也。

大有卦初九，教人不要互相伤害。

大车以载，积中不败也。

大车子载满了货物前行，始终依中道而不偏离，累日积久，自然立于不败之地。

公用亨于天子，小人害也。

地方诸侯进贡地方特产与中央天子，小人吝啬办不到造成伤害。

匪其彭，无咎，明辨晳也。

不要发动战争让兵车上路，没有过咎，这是慎思明辨的智慧，把一切都看得透明透亮。

厥孚交如，信以发志也；威如之吉，易而无备也。

领导人真诚与外交往，抒发心中志向；自有威仪而获吉，平易近人，不设武备亦无妨。

大有上吉，自天佑也。

大有最上一爻获吉，是靠自己努力得蒙上天福佑。

谦卦第十五 ䷎

卦辞：亨，君子有终。
亨通，君子能有好结果。

初六　谦谦君子，用涉大川，吉。
谦和待人处世的君子，可借此渡过重大的险难而获吉祥。

六二　鸣谦，贞吉。
对谦让之德起共鸣，帮着推广宣传，固守正道则吉。

九三　劳谦君子，有终，吉。
对社会有大功劳的君子谦让不居，如此必有后福而获吉祥。

六四　无不利，㧑谦。
没有什么不好，继续发挥谦德。

六五　不富以其邻，利用侵伐，无不利。
与邻近地区交恶，民生经济受拖累，利用这个理由侵略讨伐，没有什么不利。

上六　鸣谦，利用行师，征邑国。
和平已到最后关头，呼吁解决纷争，若无正面响应，则出兵讨伐不服号令的国中城邑。

《象传》：谦亨。天道下济而光明，地道卑而上行。天道亏盈而

益谦，地道变盈而流谦，鬼神害盈而福谦，人道恶盈而好谦。谦尊而光，卑而不可逾，君子之终也。

谦德能致亨通。自然界日月悬空下照，一片光明，大地虽低，群山峻岭高耸入云。天道丰满招损，谦和受益，大地上河川从满盈处往低凹处漫流，鬼神会惩罚骄狂自满的人，福佑谦和处世者，人情都讨厌别人态度傲慢，喜欢谦卑客气。谦卑待人久了会受尊敬而光显，没人能超越其成就，君子必得善终。

《大象传》：地中有山，谦。君子以裒多益寡，称物平施。

谦卦上坤为地，下艮为山，为地中有山之象。君子想方设法聚集众多资源创造财富，以改善贫穷孤寡的生活水平，再根据各人情况做出最公平合理的分配。

《小象传》：

谦谦君子，卑以自牧也。

谦而又谦的君子，待人恭敬以修养自己。

鸣谦贞吉，中心得也。

对谦让之德起共鸣，帮着推广宣传，固守正道则吉，因为衷心肯定这种善行。

劳谦君子，万民服也。

对社会有大功劳的君子谦让不居，赢得天下民众的佩服。

无不利㧑谦，不违则也。

没有什么不好，继续发挥谦德，不违反自然规律行事。

利用侵伐，征不服也。

找理由侵略讨伐邻国，出兵征服以达到目的。

鸣谦，志未得也；可用行师，征邑国也。

呼吁和平解决纷争，得不到正面响应，可以出兵征讨不服号令的国中城邑。

豫卦第十六 ䷏

卦辞：利建侯行师。
利于布建组织，分派人事并搜集各方信息，准备打仗。

初六　鸣豫，凶。
狂热叫嚣备战，泄漏军机，必凶。

六二　介于石，不终日，贞吉。
立场坚定，明识机微，不该动的时候绝不妄动，一旦时机成熟迅速出手，必可获吉。

六三　盱豫悔，迟有悔。
张大眼睛也看不清楚事势发展，或太早出手而招悔，或犹豫迟疑错过时机。

九四　由豫，大有得。勿疑，朋盍簪。
顺应情势发展的自然规律做出预测判断，完全精确而大有所获。不必疑虑，各方朋友都会前来相聚，就像妇女以簪子束发一般齐整，全部听候号令。

六五　贞疾，恒不死。
处君位却大权旁落，号令不由己出，这时需审慎因应，像重病患者一般，无力根治也得设法带病延年，再看未来有无机会。

上六　冥豫，成有渝，无咎。

目光昏沉，预测都以失败告终，必须清醒过来面对新的现实情势，改弦更张才能没有过咎。

《彖传》：豫，刚应而志行。顺以动，豫。豫顺以动，故天地如之，而况建侯行师乎？天地以顺动，故日月不过而四时不忒；圣人以顺动，则刑罚清而民服。豫之时义大矣哉！

豫卦的主角是唯一的阳爻九四，其他阴爻多与之相应，故能实现自己的志向。下卦坤顺，上卦震动，顺势而动，故料算精准。整个天地都是顺自然法则运转，何况人世的准备作战呢？天地顺势而动，所以日月运行从不失误，四季交替皆可准确预测。圣人顺人心人情施政，不用严刑峻法民众也会服从。预测需紧扣时机时势的变化，做出最好的准备，这种智慧太重要了！

《大象传》：雷出地奋，豫。先王以作乐崇德，殷荐之上帝，以配祖考。

豫上卦震为雷，下卦坤为地，有雷击撼动大地之象。古圣先王重视礼乐教化，制作乐章以崇尚德行，在国家重要庆典上虔诚祭祀上帝，同时也祭祀自己的祖先。

《小象传》：
初六鸣豫，志穷凶也。
初六狂热叫嚣备战，泄漏军机，必然达不到目的而遭凶。
不终日，贞吉，以中正也。
一旦时机成熟迅速出手，必可获吉，因为六二阴居阴位，又处下卦之中，立场严正，见识通达。
盱豫有悔，位不当也。
张大眼睛也看不清楚事势发展，出手太早或太迟，而招致悔恨，因为六三阴居阳位不恰当。

由豫，大有得，志大行也。

顺应情势发展的自然规律做出准确判断，大有所获，志向得以实现。

六五贞疾，乘刚也；恒不死，中未亡也。

六五处君位却大权旁落，像患了重病一般，这是因为被身边的九四挟持所致。还能活得长久，是因为行事谨守中道而不灭亡。

冥豫在上，何可长也？

居卦最上，目光昏沉，什么也看不清楚，还能拖多久呢？

随卦第十七 ䷐

卦辞：元亨利贞，无咎。
开创、通达、获益、固守，没有过咎。

初九　官有渝，贞吉。出门交有功。
不要太过主观，得随机应变，但重大原则必须固守，一旦出门行动，就能交往而建立功勋。

六二　系小子，失丈夫。
有时迫于形势得跟不怎么样的人合作，不能眷恋过去的旧关系。

六三　系丈夫，失小子。随有求得，利居贞。
当更新更好的机会出现时，得抛掉不理想的合作伙伴，积极与更优秀者交往。这样随时调整转换，有求必得，利于固守既得的利益。

九四　随有获，贞凶。有孚，在道，以明，何咎。
一路奋斗上来已居高位，大有所获，却有招领导猜忌的凶险。这时得真诚沟通化解，循正道做事，承担功高震主的过咎。

九五　孚于嘉，吉。
最高领导昭示大信以安定天下人心，可获吉祥。

上六　拘系之，乃从维之，王用亨于西山。
周太王离开豳地以避狄祸，当地民众死心塌地追随，跟着一起到了西边的岐山下定居，西周的王业就此奠定雄厚的基础。

《彖传》：随，刚来而下柔，动而说，随。大亨贞无咎，而天下随时，随时之义大矣哉！

随上卦兑柔悦，下卦震刚动，来居其下，有动进而取悦的相依相随之象。大亨通且无过咎，天下所有事物都是随时变化，必须不断调整应对得宜，这种智慧太重要了！

《大象传》：泽中有雷，随。君子以向晦入宴息。

随上卦兑为泽，下卦震为雷，为泽中有雷之象。君子当天色向晚之时，得放松身心准备休息。

《小象传》：

官有渝，从正吉也；出门交有功，不失也。

不要太过主观，得随机应变，依从正道方吉。出门结交重要人物以建立功勋，绝不失去时机。

系小子，弗兼与也。

迫于形势得跟不怎么样的人合作，因为没法两头讨好，必须择一而从。

系丈夫，志舍下也。

积极与更优秀者交往，想舍弃原先合作的关系。

随有获，其义凶也；有孚在道，明功也。

一路奋斗上来大有所获，功高震主理应变凶，必须真诚沟通化解，循正道做事，以表明对组织的无私贡献。

孚于嘉吉，位正中也。

昭示大信以安定天下人心，可获吉祥，因为领导居上卦正中，地位重要。

拘系之，上穷也。

民心紧密追随，领导至此已达最高境界。

蛊卦第十八 ䷑

卦辞：元亨，利涉大川。先甲三日，后甲三日。

开创通达，利于渡过大河安抵彼岸。推动改革之先，必须审慎规划；推行之后，还得视反应随时调整做法，以期最后成功。

初六　干父之蛊，有子，考无咎，厉终吉。

改革上一代留下来的积弊，与时俱进，才是真正有担当的继承者，先祖在天之灵也会同意而不怪责。情势严酷艰难，得尽力拼搏才获最后成功。

九二　干母之蛊，不可贞。

先人积弊太深，不宜操之过急硬干，一切得慢慢来。

九三　干父之蛊，小有悔，无大咎。

改革上一代留下来的积弊，行事过刚，会招致些悔恨，不至于有太大的咎责。

六四　裕父之蛊，往见吝。

利用上一代的积弊牟利而致富裕，文过饰非，往后路子会愈走愈窄，不为众人所容。

六五　干父之蛊，用誉。

领导人改革上一代留下来的积弊，必须任用众所称誉的贤能敬慎执行。

上九　不事王侯，高尚其事。

改革成功，打破特权阶层的垄断，使组织弊绝风清，行事高尚。

《彖传》：蛊，刚上而柔下，巽而止，蛊。蛊元亨，而天下治也。利涉大川，往有事也。先甲三日，后甲三日，终则有始，天行也。

蛊卦上艮阳刚为止，下巽阴柔权宜行事，有深心低调改革之象。改革很难，一旦成功可开创新局而致天下太平。利于渡过大河安抵彼岸，往前积极任事承担风险。推动改革之先，必须审慎规划；推行之后，还得视反应随时调整做法。如此可使组织生生不息，合乎天行健的自然规律。

《大象传》：山下有风，蛊。君子以振民育德。

蛊上卦艮为山，下卦巽为风，为山下有风之象。风从高地吹下，破坏力道强劲，所谓落山风、地形风即是。君子当社会风气败坏之时，应振作民气，培育善德以谋改造。

《小象传》：

干父之蛊，意承考也。

改革上一代留下来的积弊，意在继承先辈的事业，使其合乎时宜。

干母之蛊，得中道也。

先人积弊太深，改革不能操之过急，得合乎刚柔互济的中道。

干父之蛊，终无咎也。

改革上一代留下来的积弊，行事虽嫌过刚，因大方向正确，最终没有过咎。

裕父之蛊，往未得也。

利用上一代的积弊牟利而致富裕，文过饰非，长此以往也得不到想要的东西。

干父之蛊，承以德也。

领导人改革上一代留下来的积弊，本身与任用的干部都得有德行。

不事王侯，志可则也。

改革成功，打破特权阶层的垄断，使组织弊绝风清，这种志向值得效法。

临卦第十九

卦辞：元亨利贞，至于八月有凶。

开创、通达、获益、固守。当心开放过度会失控，形势逆转到八月遭逢凶事。

初九　咸临，贞吉。

大家一起参与共同治理，固守正道获吉。

九二　咸临，吉无不利。

大家一起参与共同治理，一切吉祥，没有任何不好。

六三　甘临，无攸利。既忧之，无咎。

以逢迎取媚的方式治理民众，口惠而实不至，没有效益。若改变态度认真纾解民困，改过就能没事。

六四　至临，无咎。

认真执行政务，没有过咎。

六五　知临，大君之宜，吉。

智慧领导分层授权，天下共主应这样治理，可获吉祥。

上六　敦临，吉，无咎。

敦厚照顾民众，吉祥没有过咎。

《象传》：临，刚浸而长，说而顺，刚中而应。大亨以正，天之道也。至于八月有凶，消不久也。

临卦二阳爻在下、四阴爻在上，阳刚之气渐进成长，下卦兑为悦、为言说，上卦坤为顺势包容，下卦九二阳刚居中，上与居君位的六五相应与，配合绝佳。广大亨通且守正，合乎天道运行之理。形势逆转到八月遭逢凶事，当心由成长变为消退。

《大象传》: 泽上有地，临。君子以教思无穷，容保民无疆。

临卦下卦兑为泽，上卦坤为地，为泽上有地、居高临下之象。君子教化民众懂得思考，发展不可限量，包容并保障人民的思想言论自由，国际间自由往来没有疆界限制。

《小象传》:
咸临贞吉，志行正也。
大家一起参与共同治理，固守正道获吉，志向与行动都正当。
咸临，吉无不利，未顺命也。
大家一起参与共同治理，一切吉祥，没有任何不好，下级不一定要盲从上级不当的命令。人生奋斗得当，可开创新局，不受宿命安排。
甘临，位不当也。既忧之，咎不长也。
以逢迎取媚的方式治理民众，口惠而实不至，处事不当。既已改变态度认真任职，过咎不会太久。
至临无咎，位当也。
认真执行政务，没有过咎，做法恰当合宜。
大君之宜，行中之谓也。
伟大领导治理合宜，是说依循中道而行。
敦临之吉，志在内也。
敦厚照顾民众而获吉祥，志在体恤内部同仁。

观卦第二十 ䷓

卦辞：盥而不荐，有孚颙若。

盥洗净身参加祭祀，不上供祭品亦无妨，虔诚致敬伟大的神灵。

初六　童观，小人无咎，君子吝。

观念肤浅幼稚，一般小民无所谓，有志上进的君子如果这样，就发展有限了。

六二　窥观，利女贞。

透过门缝偷看，容易以偏概全，古代妇女行动受限才会这样。

六三　观我生，进退。

观察小我的生命生活，可上进亦可能后退。

六四　观国之光，利用宾于王。

出外考察异邦的光明成就，有心得后最好客居当地任职一段时间，彻底学通学透后再回本土服务。

九五　观我生，君子无。

领袖深观大我的生命生活，有德君子体恤万民，没有过咎。

上九　观其生，君子无咎。

深刻反省自己生命生活的宝贵体验，君子没有过咎。

《象传》：大观在上，顺而巽，中正以观天下。观，盥而不荐，有孚颙若，下观而化也。观天之神道，而四时不忒。圣人以神道设教，而天下服矣！

神明供奉在上。下卦即内卦坤，为顺、为群众，上卦即外卦巽，为天命、为伏、为入，有信众伏地膜拜深入体察天命之象。九五居君位，阳刚中正俯观天下，亦为天下万民所仰望。盥洗净身参加祭祀，不上供祭品亦无妨，虔诚致敬伟大的神灵，信众承受教化。天地由道所生，各种自然现象在在显示大道的神妙，一年四季变换没有任何差错。圣人效法天象，为了彰显大道设立人世间种种教化，天下民众都心悦诚服。

《大象传》：风行地上，观。先王以省方观民设教。

观卦下卦坤为地，上卦巽为风，有风吹过大地之象。古圣先王巡行天下四方，观察各地风土民情，因地制宜，设立推行种种教化措施。

《小象传》：

初六童观，小人道也。

初爻代表社会的广大基层，一般看法都嫌幼稚肤浅，这其实很正常。

窥观女贞，亦可丑也。

透过门缝偷看，容易以偏概全，古代妇女行动受限，才会这样。一般人感情用事，看法片面与此类似。

观我生进退，未失道也。

观察小我的生命生活，可上进亦可能后退，这是修行途中常有的状况，并未偏离大道。

观国之光，尚宾也。

出外考察异邦的光明成就，有心得后客居当地任职，当地人士都能尊重对待。

观我生，观民也。

领袖深观大我的生命生活，体恤民众无微不至。

观其生，志未平也。

深刻反省自己生命生活的宝贵体验，与居君位的九五相较，影响群众太少，心志未能平衡。

噬嗑卦第二十一　☲☳

卦辞：亨。利用狱。
亨通，利于施用刑狱。

初九　屦校灭趾，无咎。
脚上戴了刑具，不能自由行动，改过则没有咎害。

六二　噬肤灭鼻，无咎。
咬薄肉片太大力，鼻子都陷在肉里，没有咎害。

六三　噬腊肉，遇毒，小吝，无咎。
咬烟熏坚硬的腊肉，像轻微中毒般难受，没有大咎害。

九四　噬干胏，得金矢。利艰贞，吉。
咬坚硬带骨的干肉，比喻进行金钱与权力的剧烈斗争，必须艰苦奋战，才能赢得最后胜利而获吉。

六五　噬干肉，得黄金。贞厉，无咎。
像啃咬干硬的肉块一般，领导需投入大量金钱才能进行酷烈的斗争，情势很危险，若获胜则没有过咎。

上九　何校灭耳，凶。
脖子上戴着沉重的枷锁，遮蔽了双耳，非常凶险。

《象传》：颐中有物，曰噬嗑。噬嗑而亨。刚柔分，动而明，雷电合而章。柔得中而上行，虽不当位，利用狱也。

噬嗑卦的卦形，上下二阳爻包住中间四爻，酷似人嘴的上下颚，九四爻卡在当中如鲠在喉，呈现大力咬合之象。牙齿咬断异物，才能亨通。六爻三阴三阳各半，下卦震动为雷，上卦离明如电光显，强力行动以确定最后胜负。六五阴柔居上卦之中的君位，九四阳刚而处关键要害的重臣之位，执掌刑狱大权，全卦杀机弥漫，十足的权钱交易与斗争之象。

《大象传》：雷电，噬嗑。先王以明罚敕法。

噬嗑下卦震雷，上卦离电，有雷电交加的威猛之象。古圣先王订定法令，严明刑罚。

《小象传》：

屦校灭趾，不行也。

脚上戴了刑具，禁止自由行动。

噬肤灭鼻，乘刚也。

咬薄肉片太大力，鼻子都陷在肉里，因为六二阴柔乘于初九阳刚之上，情势紧张所致。

遇毒，位不当也。

像轻微中毒般难受，因为所处位置不恰当。

利艰贞吉，未光也。

必须艰苦奋战，才能赢得最后胜利而获吉，斗争的过程相当艰苦，不见光明。

贞厉无咎，得当也。

斗争情势很危险，因处理得当没有过咎。

何校灭耳，聪不明也。

脖子上戴着沉重的枷锁，遮蔽了双耳，太不聪明以致如此。

贲卦第二十二 ䷕

卦辞：亨。小利有攸往。

亨通，柔小者利于有所前往。

初九　贲其趾，舍车而徒。

文饰自己的足趾，舍弃车子不坐，宁愿徒步行走。

六二　贲其须。

文饰自己的胡须，准备进入官场。

九三　贲如，濡如，永贞吉。

文饰之极，习染甚深，永远固守正道方吉。

六四　贲如皤如，白马翰如，匪寇婚媾。

久历官场酬酢，鬓发斑白，始终清心寡欲，廉洁自守，亦不轻易树敌，广结善缘。

六五　贲于丘园，束帛戋戋，吝，终吉。

高居君位而不恋栈，准备退隐山林，买屋简朴不尚奢华，看似吝啬，最终获吉。

上九　白贲，无咎。

返璞归真，绚烂归于平淡，没有任何过咎。

《彖传》：贲亨，柔来而文刚，故亨。分刚上而文柔，故小利有攸往。刚柔交错，天文也。文明以止，人文也。观乎天文，以察时变；观乎人文，以化成天下。

文饰能致亨通。贲下卦离中虚，六二阴柔文饰九三阳刚，故能亨通；上卦艮覆碗，上九阳刚文饰其下六五阴柔之君，所以柔小者利于有所前往。刚柔交错，阴阳和合，构成瑰丽的天文景观。下卦离为文明，上卦艮为止，文明发展不可为所欲为，应有所节制适可而止，这是人文精神。我们由天文现象，可观察四季随时的变化；依人文精神，可弘扬文化于天下四方。

《大象传》：山下有火，贲。君子以明庶政，无敢折狱。

贲上卦艮为山，下卦离为火，山下有火之象。君子做好行政治理的工作，不可干涉司法审判的职权。

《小象传》：
舍车而徒，义弗乘也。
舍弃车子不坐，宁愿徒步行走，基层历练时本来就不该坐车。
贲其须，与上兴也。
文饰自己的胡须，准备进入官场，跟对长官好好干，与他一起晋升。
永贞之吉，终莫之陵也。
永远固守正道而获吉，不会被财色名利所压垮。
六四，当位疑也。匪寇婚媾，终无尤也。
六四处当权高位，多所疑惧，尽可能不树敌，与各方发展和谐互助的关系，可保善终，无所怨尤。
六五之吉，有喜也。
六五居君位，处事合宜，吉祥喜乐。
白贲无咎，上得志也。
返璞归真，绚烂归于平淡，没有任何过咎，志向得酬。

剥卦第二十三 ䷖

卦辞：不利有攸往。

不利于往前行动。

初六　剥床以足，蔑贞，凶。

床脚被剥掉了，因为轻忽了危机而招凶。

六二　剥床以辨，蔑贞，凶。

床脚至床板处也被剥掉了，继续轻忽危机而招凶。

六三　剥之，无咎。

虽遭剥除，却无咎害。

六四　剥床以肤，凶。

危机蔓延难以遏阻，已经剥到了床面，非常凶险。

六五　贯鱼以宫人宠，无不利。

王后引领众宫女承宠于君王，就像贯串一排鱼般一致行动，没有什么不利。

上九　硕果不食。君子得舆，小人剥庐。

硕大的果实未被摘食，迟早腐烂。君子还能得到群众支持，有车子代步；小人大家共弃，连暂时栖止的茅棚都被拆除。

《象传》：剥，剥也，柔变刚也。不利有攸往，小人长也。顺而止之，观象也。君子尚消息盈虚，天行也。

剥就是剥落、剥除的意思，阴柔之气逐渐侵蚀阳刚的本质。不利于往前行动，小人势力盛长。顺势以抑止，得冷静观察情势的变化。君子重视阴阳间相互消长、盈虚转换的现象，这是自然运行的规律。

《大象传》：山附于地，剥。上以厚下安宅。

剥卦上艮为山，下坤为地，有土石崩落流失之象。组织上层必须厚待基层，挽回众心，才能稳固家业。

《小象传》：

剥床以足，以灭下也。

床脚被剥掉了，下层基础被消灭。

剥床以辨，未有与也。

床脚至床板处也被剥掉了，因为没有人来援助。

剥之无咎，失上下也。

虽遭剥除，却无咎害，和上下各阴爻的际遇不同。

剥床以肤，切近灾也。

危机蔓延难以遏阻，已经剥到了床面，离灾祸非常接近。

以宫人宠，终无尤也。

王后引领众宫女承宠于君王，可能转危为安，最后没有怨尤。

君子得舆，民所载也；小人剥庐，终不可用也。

君子有车子代步，还能得到群众支持；小人大家共弃，连暂时栖止的茅棚都被拆除，最后不能发挥任何作用。

复卦第二十四 ☷☳

卦辞：亨。出入无疾，朋来无咎，反复其道，七日来复，利有攸往。

亨通。出外入内都没有疾患，一阳入居最内没有过咎，不断修正自己奋斗的方向，历经七天循序渐变的自然过程，恢复创造的元气，利于往前开拓。

初九　不远复，无祇悔，元吉。

人的良知自性不待远求，切身体认即可开发致用，走偏了立刻调整，不至于犯错悔恨，充满了创造性而获吉。

六二　休复，吉。

休养生息以恢复元气，可获吉祥。

六三　频复，厉，无咎。

屡屡犯错偏离正确方向，必须保持警惕才没有过咎。

六四　中行独复。

开发自己独特的创造力，在群众间依中道而行。

六五　敦复，无悔。

敦厚笃实，行事皆已合乎中道，不再有任何悔憾。

上六　迷复，凶。有灾眚。用行师，终有大败，以其国君凶，至于十年不克征。

迷失了正道，招来凶险，天灾人祸并至。行师作战必将大败，连累国君遭凶，国家元气大丧，长达十年都不能振兴。

《彖传》：复，亨。刚反，动而以顺行，是以出入无疾，朋来无咎，反复其道，七日来复，天行也。利有攸往，刚长也。复其见天地之心乎！

恢复元气，亨通无阻。阳刚一爻反归其下，内震有主宰，外坤顺势包容，以此积极行动，故能出外入内都没有疾患，一阳入居最内没有过咎，不断修正奋斗的方向，历经七天可成，这是自然运行的规律。利于往前发展，阳刚之气日渐成长。复卦之象显现出人为天地中心的伟大创造性啊！

《大象传》：雷在地中，复。先王以至日闭关，商旅不行，后不省方。

复卦上坤为地，下震为雷，有雷在地中之象。古圣先王在冬至这天闭关静养，商贾旅客都不外出远行，诸侯也不到各地视察。

《小象传》：
不远之复，以修身也。
良知自性不待远求，切身体认即可开发致用，这是修养身心的功夫。
休复之吉，以下仁也。
休养生息以恢复元气而获吉祥，是因为亲近其下初九所代表的仁德。
频复之厉，义无咎也。
屡屡犯错偏离正确方向，保持警惕以免过咎。
中行独复，以从道也。
开发自己独特的创造力，在群众间依中道而行，这是奉行真理。
敦复无悔，中以自考也。

敦厚笃实，不再有任何悔憾，这是秉持中道自我省察所有的成效。

迷复之凶，反君道也。

迷失正道，招来凶险，因为彻底违反了为君之道。

无妄卦第二十五 ䷘

卦辞：元亨利贞。其匪正有眚，不利有攸往。

开创、通达、获益、固守。一旦居心不正，就会走偏而造成人祸，不利于再往前行动。

初九　无妄，往吉。

不妄想妄为，往前行动可获吉祥。

六二　不耕获，不菑畬，则利有攸往。

不要才耕耘就想收获，开垦一年的田，别期待有开垦三年的良田那样丰收，这样才利于往前行动。

六三　无妄之灾。或系之牛，行人之得，邑人之灾。

遭遇没料到的灾祸。牧人将牛系栓于木，结果外人经过顺手牵走，当地人被质询究责蒙受冤屈。

九四　可贞，无咎。

固守住自己的资产，依正道行事，没有过咎。

九五　无妄之疾，勿药有喜。

领导人精神异常，一般药物治疗无效，得另寻纾解方式。

上九　无妄，行有眚，无攸利。

心无定主，往前行动会遭祸患，没有任何利益。

《象传》：无妄，刚自外来，而为主于内，动而健，刚中而应，大亨以正，天之命也。其匪正有眚，不利有攸往。无妄之往，何之矣？天命不佑，行矣哉？

无妄外卦乾为天、为刚健，内卦震为动、为主宰，有阳刚自外而来建立主宰，行健不息之象。九五阳刚居上卦之中，下与六二相应，广大亨通且守正，合乎天命流行之理。一旦居心不正，就会走偏而造成人祸，不利于再往前行动。开始居心正的时候往前行，去哪儿都可以。一旦走偏了，天命不护佑，动辄得咎啊！

《大象传》：天下雷行，物与无妄，先王以茂对时，育万物。

无妄上乾为天，下震为雷，有天下雷行之象，万物秉承天命，生生不息。古圣先王勤勉配合天时，作育万物。

《小象传》：

无妄之往，得志也。

中心有主，往前奋斗，志向可以实现。

不耕获，未富也。

不要才耕耘就想收获，目前资源还不够富实。

行人得牛，邑人灾也。

外人经过牵走了牛，当地人承受灾祸。

可贞无咎，固有之也。

依正道行事，没有过咎，固守住自己本有的东西。

无妄之药，不可试也。

领导人精神异常，不可用一般药物治疗。

无妄之行，穷之灾也。

心无定主，往前行动不会成功，致祸遭灾。

二、白话六十四卦 | 113

大畜卦第二十六 ䷙

卦辞：利贞。不家食吉，利涉大川。

利于固守正道。内部充实之后，不要只待在本乡本土谋食，应积极往外开拓生存空间而获吉，利于渡过大河安抵彼岸。

初九　有厉，利已。

前途有不低风险，利于暂止而不妄动。

九二　舆脱輹。

大车脱卸连接车底与轮轴的輹件，暂不前行。

九三　良马逐，利艰贞。日闲舆卫，利有攸往。

良马欲往外奔逐，利于艰难中先求固守，每天勤习车马攻防的战技，才利于往前行动。

六四　童牛之牿，元吉。

在小牛头上安装横木，防范长大后顶撞人受伤，见机早而获大吉。

六五　豮豕之牙，吉。

给野猪阉割去势，消其凶悍之气，以免獠牙伤人，制之有术而获吉祥。

上九　何天之衢，亨。

承担天下四方资源荟萃的通路，畅达无阻。

《象传》：大畜，刚健笃实辉光，日新其德。刚上而尚贤，能止健，大正也。不家食吉，养贤也。利涉大川，应乎天也。

大畜下乾刚健，上艮笃实且有光明之象，每天勤修苦练使德能增长。上九阳刚一爻居于最上，懂得崇尚贤能，上艮为止，适时节制下卦乾的躁进，这是宏大的正道。走出家门开拓事业，必须供养任用贤能。利于渡过大河安抵彼岸，行动符合天道自然的规律。

《大象传》：天在山中，大畜。君子以多识前言往行，以畜其德。

大畜内乾为天，外艮为山，天在山中，有以小藏大之意。君子广量吸收前人的言论思想与实践经验，转化成自己的修为德行。

《小象传》：

有厉利已，不犯灾也。

前途有不低风险，利于暂止而不妄动，不需惹祸招灾。

舆脱輹，中无尤也。

大车脱卸连接车底与轮轴的輹件，依中道暂不前行，没有怨尤。

利有攸往，上合志也。

利于往前行动，九三与上九志向相合。

六四元吉，有喜也。

六四见机早而获大吉，个人有喜。

六五之吉，有庆也。

六五居君位影响大，处置得当，大家都蒙福报。

何天之衢，道大行也。

承担四方资源荟萃的通路，畅达无阻，大道通行于全天下。

颐卦第二十七 ䷚

卦辞：贞吉。观颐，自求口实。
固守正道就吉。观察事物的颐养现象，都得靠自己以虚空摄取实物。

初九　舍尔灵龟，观我朵颐，凶。
舍弃了自己内在的灵性，往外追求大吃大喝的物欲满足，非常凶险。

六二　颠颐，拂经，于丘颐，征凶。
颠倒向下压榨底层的初九以求颐养，又违反了虚以求实的常理，向居君位的六五索求，最后企盼上卦艮山之顶的上九援助，强求不得而遭凶。

六三　拂颐，贞凶。十年勿用，无攸利。
违反了颐养的常理，固守不动仰赖上九救济，必凶。长达十年之久无所作为，没有任何利益。

六四　颠颐，吉。虎视眈眈，其欲逐逐。无咎。
颠倒向下压榨底层的初九以求颐养，获吉。就像丛林中的老虎一样食欲甚大，盯住弱小动物不放，企图一一扑杀，由于强弱悬殊，不会有什么过咎。

六五　拂经，居贞吉，不可涉大川。
居君位而不能养民，违反了颐养的常道。由于阴虚无实力，只能安居不动等上九供养支持，不可强渡大河而至淹溺。

上九　由颐，厉吉，利涉大川。

全局都仰赖上九供养，压力虽大，敬慎可获吉祥，利于渡过大河安抵彼岸。

《象传》: 颐贞吉，养正则吉也。观颐，观其所养也。自求口实，观其自养也。天地养万物，圣人养贤以及万民，颐之时大矣哉！

固守正道获吉，因为颐养方式正确。观察事物的颐养现象，得观察其所供养者为何？靠自己以虚空摄取实物，是指观察如何自养。天地养育万物，圣人培养贤人并及万民，颐养必须适时及时，才有最佳的效果。

《大象传》: 山下有雷，颐。君子以慎言语，节饮食。

颐卦上艮为山，下震为雷，为山下有雷之象。君子言语审慎，饮食有节，免得病从口入祸从口出。

《小象传》:

观我朵颐，亦不足贵也。

往外追求大吃大喝的物欲满足，一点都不值得尊贵。

六二征凶，行失类也。

六二强求不得遭凶，因为违反了阴阳遇合的原理。

十年勿用，道大悖也。

长达十年之久无所作为，因为严重背离颐养之道。

颠颐之吉，上施光也。

颠倒向下压榨底层以求颐养获吉，是因为有上九为靠山光明施予。

居贞之吉，顺以从上也。

安居不动而获吉，顺从上九得到供养支持。

由颐厉吉，大有庆也。

全局都仰赖上九供养，压力虽大，敬慎可获吉祥，大家都蒙受喜乐福报。

大过卦第二十八 ䷛

卦辞：栋桡。利有攸往，亨。
栋梁承载过重弯曲变形，利于往前行动，可获亨通。

初六　藉用白茅，无咎。
用洁白的茅草铺在地上承放东西，没有过咎。

九二　枯杨生稊，老夫得其女妻，无不利。
枯萎的杨树又冒出新芽，老先生娶了年轻的太太，没有什么不好。

九三　栋桡，凶。
栋梁承载过重弯曲变形，可能断裂致凶。

九四　栋隆，吉。有它吝。
栋梁压弯后又弹回原状，转危为安得吉，若还有别的想法，小心又会过头致吝。

九五　枯杨生华，老妇得其士夫，无咎无誉。
枯萎的杨树又开出灿烂的花朵，身居高位的老太太配上年轻的男子，大家不敢批评也不赞誉。

上六　过涉灭顶，凶，无咎。
涉水过深以致淹没头顶，凶险无比，没有过咎。

《象传》：大过，大者过也。栋桡，本末弱也。刚过而中，巽而说行，利有攸往，乃亨。大过之时大矣哉！

大过卦中间四阳聚集，阳刚过甚。栋梁承载过重弯曲变形，因为上下两端皆为阴爻，柔弱支撑不住。刚强过度易断折，需以阴柔调节适中，下卦巽低调深入，上卦兑和颜悦色，以此态度往前行动，可转危为安而获亨通。大过的时代一切反常，往往也是英雄豪杰不拘常规建功立业之时啊！

《大象传》：泽灭木，大过。君子以独立不惧，遁世无闷。

大过卦上兑为泽，下巽为木，为淹没沉溺之象。当此危急时刻，君子特立独行不忧不惧，遁世隐居自行其是，心里毫不烦闷。

《小象传》：

藉用白茅，柔在下也。

用洁白的茅草铺在地上承放东西，柔顺居下以缓和冲击。

老夫女妻，过以相与也。

老先生娶了年轻的太太，年龄相差悬殊，相处水乳交融。

栋桡之凶，不可以有辅也。

栋梁承载过重弯曲变形，可能断裂致凶，谁也帮不上忙。

栋隆之吉，不桡乎下也。

栋梁压弯后又弹回原状，转危为安得吉，不再往下弯曲。

枯杨生华，何可久也？老妇士夫，亦可丑也。

枯萎的杨树又开出灿烂的花朵，耗尽元气，还能撑持多久？身居高位的老太太配上年轻的男子，也是一种特殊的感情类型。

过涉之凶，不可咎也。

涉水过深以致淹没头顶，凶险无比，却也难以咎责。

坎卦第二十九 ䷜

卦辞：有孚，维心亨，行有尚。
虽遭险难，信念不变，维持内心的亨通，往前行动有脱险的希望。

初六　习坎，入于坎窞，凶。
遭逢重重险难，临时学习渡险，愈挣扎愈陷入更深的洞穴，凶险难救。

九二　坎有险，求小得。
陷入险难，仅能勉强自保，不必妄想救人。

六三　来之坎坎，险且枕。入于坎窞，勿用。
前进后退皆险，最好利用间隙休息，保持警醒随时准备应变。如果慌乱躁动，可能愈陷愈深，不如潜藏别动。

六四　樽酒，簋贰，用缶。纳约自牖，终无咎。
被关入牢狱，原先的贵族变为阶下囚，一壶水配上一碗饭，用劣质的瓦罐装着从小洞送进来，必须忍耐承受适应，将来还有脱险的机会。

九五　坎不盈，祇既平，无咎。
坎险中的领导人如大江大河，水量充沛却不满溢，包容河中高地维持动荡下的平衡，没有过咎。

上六　系用徽纆，寘于丛棘，三岁不得，凶。
被黑色的绳索牢牢捆绑，丢放在荆棘丛中刺得浑身流血，痛苦不堪，三年之久都不得挣脱，凶险无比。

《彖传》：习坎，重险也。水流而不盈，行险而不失其信。维心亨，乃以刚中也。行有尚，往有功也。天险不可升也，地险山川丘陵也，王公设险以守其国。险之时用大矣哉！

在坎中学习，因为人生必遭遇重重险难。河水奔流而不满溢，冒险前行，再艰难也不失去诚信。领导人始终维持内心的亨通，因为九五阳刚居上卦之中，往前行动有脱险的希望，甚至获得巨大的成功。天空高远不可攀升，地面上的山川丘陵难以逾越，君王与大臣利用地势设置关卡以守御国家。险陷虽苦，有智慧的人却可以利用险陷之时而获得成功。

《大象传》：水洊至，习坎。君子以常德行，习教事。

水流不断，一波未平一波又起，必须学习应对。君子恒久保持善德善行，冷静学习政治教化之事。

《小象传》：

习坎入坎，失道凶也。

遭逢重重险难，临时学习渡险，愈陷愈深，因为所行偏离了正道，凶险难救。

求小得，未出中也。

仅能勉强自保，因为本身就深陷险难未能挣脱。

来之坎坎，终无功也。

前进后退皆险，终究不能脱险建功。

樽酒簋贰，刚柔际也。

一壶水配一碗饭，讲的是六四阴柔与九五阳刚之间的微妙关系。

坎不盈，中未大也。

大河水量充沛却不满溢，九五居上卦坎险之中，事业尚未光大。

上六失道，凶三岁也。

上六所行偏离正道，凶险长达三年之久难以挣脱。

离卦第三十 ☲

卦辞：利贞。亨。畜牝牛吉。

利于固守正道，以获亨通。像蓄养母牛柔顺之性般处世，可致吉祥。

初九　履错然，敬之，无咎。

迈步想往前行，几条道路交错于前，必须敬慎选择其一，以免产生过咎。

六二　黄离，元吉。

中午的太阳光照适中，充满了创造性而获吉祥。

九三　日昃之离。不鼓缶而歌，则大耋之嗟，凶。

傍晚日头偏西，光明将转黑暗。如果不敲击瓦器唱歌自乐，就会因年华老去而伤悲惋叹，徒然致凶。

九四　突如其来如，焚如，死如，弃如。

突然爆发灾祸，大火焚烧掉一切，造成大量死亡，尸体弃置一地无人善后。

六五　出涕沱若，戚嗟若，吉。

看到悲惨的劫后情景，痛哭流涕泪如雨下，为遇难者哀叹，表露善性会获吉祥。

上九　王用出征，有嘉折首，获匪其丑，无咎。

君王出兵平乱，获胜斩首成功，俘获的敌众则宽赦不予追究，这样处理就没有过咎。

《彖传》：离，丽也。日月丽乎天，百谷草木丽乎土，重明以丽乎正，乃化成天下。柔丽乎中正，故亨，是以畜牝牛吉也。

离是附丽光明之意。日月悬附在天空，百谷草木附着于大地，人类的文明持续附依正道发展，可以教化天下。六二阴柔居下卦之中，既中且正，故而亨通，像蓄养母牛柔顺之性般处世，可致吉祥。

《大象传》：明两作，离。大人以继明照于四方。

离卦上下内外皆明，光明持续不绝，大人承先启后，文明光辉照耀天下四方。

《小象传》：
履错之敬，以辟咎也。
几条道路交错于前，必须敬慎选择其一而行，以免产生过咎。
黄离元吉，得中道也。
中午的太阳光照适中，充满了创造性而获吉祥，因为合乎中道。
日昃之离，何可久也？
傍晚日头偏西，光明将转黑暗，还能撑持多久？
突如其来如，无所容也。
突然爆发大灾祸，无处逃生。
六五之吉，离王公也。
六五获吉，因为依附王道与公道行事，会赢得大家支持。
王用出征，以正邦也。
君王出兵平乱获胜，使邦国恢复正道。

咸卦第三十一 ䷞

卦辞：亨利贞，取女吉。

亨通，利于固守正道。娶女为妻，可获吉祥。

初六　咸其拇。

脚大拇趾受到了感应。

六二　咸其腓，凶，居吉。

小腿肚受到了感应，有凶险，静守不动才吉。

九三　咸其股，执其随，往吝。

大腿处受到了感应，执着于跟随某人，往前没有多大发展性。

九四　贞吉，悔亡。憧憧往来，朋从尔思。

固守不动收摄心神才吉，悔恨得以消亡。受外界感应影响，彼此心思都扰动不宁。

九五　咸其脢，无悔。

背脊处感应深刻，维持冷静，无有悔恨。

上六　咸其辅颊舌。

口舌感应强烈。

《象传》：咸，感也。柔上而刚下，二气感应以相与。止而说，男下女，是以亨利贞，取女吉也。天地感而万物化生，圣人感人心而天下和平。观其所感，而天地万物之情可见矣！

咸为无心自然的感应，上卦兑为阴柔少女，下卦艮为阳刚少男，二气深切感应相契合。少男艮止专情追求于下，少女兑悦响应于上，所以亨通利于固守正道，娶妻可获吉祥。天地交感，万物化育生长；圣人感化人心，致使天下和平。观察交感现象，天地万物的性情都显现出来了！

《大象传》：山上有泽，咸。君子以虚受人。

咸下卦艮为山，上卦兑为泽，为山上有泽之象。君子虚怀若谷，坦然接受别人的情谊。

《小象传》：

咸其拇，志在外也。

脚大拇趾受到了感应，一心想往外行动。

虽凶居吉，顺不害也。

虽然有凶险，静守不动可吉，柔顺以待得免遭害。

咸其股，亦不处也；志在随人，所执下也。

大腿处受到了感应，也静处不下来；一心只想跟随上爻，却又摆脱不了其下二爻的执着束缚，相当辛苦。

贞吉悔亡，未感害也；憧憧往来，未光大也。

固守不动收摄心神才吉，悔恨得以消亡，不会受外感所害。彼此心思都扰动不宁，难以光明正大。

咸其脢，志末也。

背脊处感应深刻，心思受到上爻交感的影响。

咸其辅颊舌，滕口说也。

口舌感应强烈，空言无补实际。

恒卦第三十二 ䷟

卦辞：亨，无咎。利贞，利有攸往。

亨通，没有过咎。利于固守正道，利于往前行进。

初六　浚恒，贞凶，无攸利。

一开始就想有长久的成果，这样干必凶，没有任何利益。

九二　悔亡。

悔恨可以消亡。

九三　不恒其德，或承之羞，贞吝。

不能长久保持德行，会承受羞辱，这样干没有什么前途。

九四　田无禽。

打猎一无所获。

六五　恒其德，贞。妇人吉，夫子凶。

能长久保持德行，固守不变。妇人可以获吉，男子这样不知变通，反而致凶。

上六　振恒，凶。

振动了恒常之道，凶险无比。

《象传》：恒，久也。刚上而柔下，雷风相与，巽而动，刚柔皆应，恒。恒亨，无咎，利贞，久于其道也。天地之道，恒久而不已也。利有攸往，终则有始。日月得天而能久照，四时变化而能久成，圣人久于其道而天下化成。观其所恒，而天地万物之情可见矣！

恒是持久之意。上震卦阳刚为雷，下巽卦阴柔为风，雷与风相动而行，刚柔互济，故能持久。恒常亨通没有过咎，利于长久固守正道而不偏离。天地运行恒久不停，利于往前行进，终而复始。日月顺行天道故能长久照耀，四季往复更迭故成岁岁年年，圣人长久努力使天下教化成功。观察恒久现象，天地万物的性情都显现出来了！

《大象传》：雷风恒，君子以立不易方。

雷风相激荡，君子立身行事，绝不改变操守。

《小象传》：

浚恒之凶，始求深也。

一开始就想有长久深远的成果，不合道理必凶。

九二悔亡，能久中也。

九二之所以悔恨消亡，因为能长久秉持中道。

不恒其德，无所容也。

不能长久保持应有的德行，天下无处容身。

久非其位，安得禽也？

长久德不称位，打猎怎么可能有收获？

妇人贞吉，从一而终也；夫子制义，从妇凶也。

妇人固守德行获吉，奉行一个道理终生不改；男子则需随时制宜，若像妇人一样不知变通反而遭凶。

振恒在上，大无功也。

高居在上，改变振动了恒常之道，必然无法成功。

遁卦第三十三 ䷠

卦辞：亨，小利贞。

亨通，柔小者利于固守正道。

初六　遁尾，厉，勿用，有攸往。

基层民众急着遁退，易遭危险，不如先别轻举妄动，待情势明朗后再决定行止。

六二　执之用黄牛之革，莫之胜说。

用黄牛皮制的革绳牢牢绑住九三，让他无法挣脱。

九三　系遁，有疾厉。畜臣妾，吉。

被六二绑住不得遁退，难过且危险不安。这时得耐心周旋，培养与其下二爻的合作关系，再等恰当时机脱身，转而获吉。

九四　好遁，君子吉，小人否。

可以遁退时切勿犹疑眷恋，君子退而获吉，小人放不下遭凶。

九五　嘉遁，贞吉。

领导人从容引退，持守正道而获吉。

上九　肥遁，无不利。

心宽了无罣碍引退，没有任何不好。

《象传》：遁亨，遁而亨也。刚当位而应，与时行也。小利贞，浸而长也。遁之时义大矣哉！

遁退亨通，是指当退而退得以亨通。九五阳刚居君位，下与六二相应与，新旧交替之时势已成，当作退位安排。柔小者利于固守正道，勿操之过急逼宫，慢慢发展成长。遁退之时为所当为的智慧太重要了！

《大象传》：天下有山，遁。君子以远小人，不恶而严。

遁卦上乾为天，下艮为山，为天下有山之象，古代官场退休或不愿入仕者常隐居山中。君子洁身自好远离小人，却不宜公开表示厌恶以免得罪，但仍得严守分际，绝不与之合作。

《小象传》：

遁尾之厉，不往何灾也？

基层民众于交替期间急着遁退，易遭危险。其实不离开有什么灾害呢？

执用黄牛，固志也。

用黄牛皮制的革绳牢牢绑住九三，以稳固其心志留任，协助处理交接事宜。

系遁之厉，有疾惫也；畜臣妾吉，不可大事也。

被六二绑住不得遁退，难过且危险不安，疲惫不堪，应耐心周旋，培养与其下二爻的合作关系，再等恰当时机脱身，转而获吉，不可能再承担大事。

君子好遁，小人否也。

君子急流勇退得吉，小人恋栈犹豫获灾。

嘉遁贞吉，以正志也。

领导人从容引退，志向端正获吉。

肥遁无不利，无所疑也。

心宽轻松引退，没有不利，因为再无任何疑虑。

大壮卦第三十四 ䷡

卦辞：利贞。

利于固守正道。

初九　壮于趾，征凶，有孚。

急欲前进，强行则凶，热情可感。

九二　贞吉。

固守不动则吉。

九三　小人用壮，君子用罔。贞厉。羝羊触藩，羸其角。

小人仗恃强壮行事冲动，君子虽强亦不滥用。一旦不能固守正道，易遭危险，就像发情的公羊往前冲刺羊角被藩篱缠绕住一样，徒然耗弱受伤。

九四　贞吉，悔亡。藩决不羸，壮于大舆之輹。

固守正道则吉，悔恨消亡。若一定要往前冲刺，可以突破藩篱，羊角也不会磨损受伤。大车往前疾驰，连接车底与轮轴的輹件坚固结实，一段时间内不会有问题。

六五　丧羊于易，无悔。

四阳闯入二阴之中，阳刚之气逐渐消磨，亦无悔恨。

上六　羝羊触藩，不能退，不能遂。无攸利，艰则吉。

发情的公羊往前冲刺，羊角被藩篱缠绕住，无法抽身后退，也不能往前突进。没有任何利益，只能艰困忍耐，等情势好转或可挣脱而得吉。

《彖传》：大壮，大者壮也。刚以动，故壮。大壮利贞，大者正也。正大而天地之情可见矣！

大壮就是阳气壮盛，卦象四阳爻连续积累，刚强无比。内卦乾刚，外卦震动，秉刚以动，声势甚壮。大壮利于固守正道，强大者必须行为端正。正直而强大，天地的性情可充分显现出来！

《大象传》：雷在天上，大壮。君子以非礼弗履。

大壮上震卦为雷，下乾卦为天，有天上打雷之象。君子端正自持，不合乎礼制的事情都不做。

《小象传》：

壮于趾，其孚穷也。

急欲强行前进，热情有余，不能成事。

九二贞吉，以中也。

九二固守正道不动得吉，因为懂得刚柔互济的中道。

小人用壮，君子罔也。

小人逞强冒进，君子不会如此。

藩决不羸，尚往也。

往前冲刺，突破藩篱，羊角不会磨损受伤，一心勇往直前。

丧羊于易，位不当也。

阳刚之气消磨殆尽，居位不适当。

不能退，不能遂，不详也；艰则吉，咎不长也。

陷入进退两难的困境，因为行动前思虑不周详；只能艰困忍耐，或许僵局不会太久。

晋卦第三十五 ䷢

卦辞：康侯用锡马蕃庶，昼日三接。

康侯政绩卓著，蒙天子赏赐众多车马，一天之中接见三次，备极荣宠。

初六　晋如摧如，贞吉。罔孚，裕无咎。

上晋之初就饱受摧抑打压，坚持正道则吉。刚出道未蒙信任，宽裕待时就没有过咎。

六二　晋如愁如，贞吉。受兹介福，于其王母。

往上晋时总有人找麻烦以谋遏阻，坚持正道则吉。可以向居君位的六五求助，请他介入排除障碍，可承受福佑。

六三　众允，悔亡。

众人都真诚信任，可使悔恨消亡。

九四　晋如鼫鼠，贞厉。

一群无能的鼠辈窃据高位，阻断了有才德者的晋升之途，组织陷入危惧不安。

六五　悔亡。失得勿恤，往吉，无不利。

悔恨消亡。领导人不要患得患失，根据既定主张往前奋斗，没有任何不利。

上九　晋其角。维用伐邑，厉吉，无咎，贞吝。

往上晋到了角尖处，无法再晋，这时应征伐境内的城邑，竭力整顿内部乱象，虽然危险不安，可获吉祥，没有过咎，但前途发展已经很有限了。

《彖传》：晋，进也。明出地上，顺而丽乎大明，柔进而上行，是以康侯用锡马蕃庶，昼日三接也。

晋就是上进，上卦离明，下卦坤为地，有明出地上之象。坤柔顺，离为附丽，顺势依附于宏大的光明。六五阴柔上居君位，所以天子赏赐康侯众多车马，一天中接见三次，备极嘉勉。

《大象传》：明出地上，晋。君子以自昭明德。

晋上卦离为明、为日，下卦坤为地，有明出地上的日出之象。君子修养自己与生俱来的光明本性，昭显于世。

《小象传》：

晋如摧如，独行正也；裕无咎，未受命也。

上晋之初就饱受摧抑打压，独自践行正道；宽裕待时没有过咎，尚未承受天命。

受兹介福，以中正也。

承受领导人介入福佑，因为六二行事居中守正。

众允之，志上行也。

众人推重信任，立志往上进取。

鼫鼠贞厉，位不当也。

一群无能的鼠辈窃据高位，组织陷入危惧，实在任命不当。

失得勿恤，往有庆也。

切勿患得患失，往前奋斗会给众人带来喜庆福报。

维用伐邑，道未光也。

征伐境内的城邑，竭力维持整顿，因为正道已衰，光明不再。

明夷卦第三十六 ䷣

卦辞：利艰贞。
利于在艰难困苦中固守正道。

初九　明夷于飞，垂其翼。君子于行，三日不食。有攸往，主人有言。
日落昏黄时，飞鸟垂下翅膀准备降落。君子在道路上奔波，环境艰困三天都吃不上饭，前往向人求援，主人怪责奚落，听了很是难受。

六二　明夷。夷于左股，用拯马壮，吉。
情势黑暗，伤到了左边大腿难以行走，若有匹壮马来救，可摆脱痛苦而获吉。

九三　明夷于南狩，得其大首，不可疾贞。
情势黑暗时，到南方狩猎，诛灭元凶首恶以解除祸患，为求一击成功，没绝对把握前勿仓促出手。

六四　入于左腹，获明夷之心，于出门庭。
渗透打入敌营核心，洞悉对方一切谋划，然后全身而退。

六五　箕子之明夷，利贞。
殷朝箕子遭纣王暴虐迫害，装疯卖傻求生，利于坚守正道。

上六　不明晦。初登于天，后入于地。
昏暗到了极点。起初高升至天空，后来坠落于地面。

《彖传》：明入地中，明夷。内文明而外柔顺，以蒙大难，文王以之。利艰贞，晦其明也。内难而能正其志，箕子以之。

明夷卦上坤为地，下离为明、为日，有日落大地之象。内卦离为文明，外卦坤为柔顺，周文王姬昌幽囚于羑里时以此态度应对。利于在艰难困苦中固守正道，韬光养晦以蒙受大难。家门不幸，出了殷纣王这样的昏君，殷朝贵族箕子装疯卖傻，痛苦中坚守其志。

《大象传》：明入地中，明夷。君子以莅众，用晦而明。

明夷上卦坤为地，下卦离为明、为日，为日落大地之象。君子治理群众，善于涵浑包容，大智若愚。

《小象传》：
君子于行，义不食也。
君子在道路上奔波，为纾解困难无暇饮食，理该如此。
六二之吉，顺以则也。
六二最后获吉，因为懂得顺从自然法则行事。
南狩之志，乃大得也。
志在除暴安良，往南方狩猎大获成功。
入于左腹，获心意也。
渗透打入敌营核心，洞悉对方一切谋划。
箕子之贞，明不可息也。
箕子在苦难中坚守正道，内心的光明绝不可灭熄。
初登于天，照四国也；后入于地，失则也。
起初高升至天空，光明照耀天下各国；后来坠落于地面，丧失了做人做事应遵循的法则。

家人卦第三十七 ䷤

卦辞：利女贞。

利于女子固守正道。

初九　闲有家，悔亡。

家门防禁外人擅入，悔恨才可消亡。

六二　无攸遂，在中馈，贞吉。

家庭主妇未有专业成就，在家操持饮食，固守正道获吉。

九三　家人嗃嗃，悔厉吉；妇子嘻嘻，终吝。

严格执行家规，虽有过刚之悔，危厉不安仍获吉；若妇人和孩童终日嬉皮笑脸不守规矩，最后发展堪虑。

六四　富家，大吉。

理财成功使家庭富裕，大大吉祥。

九五　王假有家，勿恤，吉。

家长以身作则端正持家，不用担心，必然获吉。

上九　有孚威如，终吉。

亲情洋溢又不失威仪，最后必然吉祥。

《象传》：家人，女正位乎内，男正位乎外，男女正，天地之大义也。家人有严君焉，父母之谓也。父父，子子，兄兄，弟弟，夫夫，妇妇，而家道正。正家而天下定矣！

家庭中妇女在内主持家务，男人在外开拓事业，分工明确，这是天经地义。家庭中有治身谨严的家长，就是父母双亲。父亲像父亲，子女像子女，哥哥像哥哥，弟弟像弟弟，丈夫像丈夫，妻子像妻子，大家都尽本分，家庭必然正常和乐。齐家就能治国，就能平天下。

《大象传》：风自火出，家人。君子以言有物而行有恒。

家人内卦离为火，外卦巽为风，燃火生风。外面社会风气好坏，往往由家教而定。君子体会此象，一言一行都得注意，出言必有内涵，做事持之以恒。

《小象传》：

闲有家，志未变也。

家门防禁外人擅入，爱护家庭的志向永远不变。

六二之吉，顺以巽也。

六二获吉，因为处世柔顺且温逊。

家人嗃嗃，未失也；妇子嘻嘻，失家节也。

严格管教家人，未失分寸；妇人孩童嬉皮笑脸，有失家中礼节。

富家大吉，顺在位也。

理财成功使家庭富裕，大大吉祥，贤内助柔顺尽责。

王假有家，交相爱也。

家长以身作则端正持家，家人相亲相爱。

威如之吉，反身之谓也。

不失威仪终获吉祥，家长懂得反省以身作则。

睽卦第三十八 ䷥

卦辞：小事吉。

小心处事可获吉祥。

初九　悔亡。丧马勿逐，自复。见恶人，无咎。

悔恨消亡。马匹走失不用急着去追回，自己先冷静检讨平复心情。人际交恶，还是要见面联系，勿轻易决绝，才没有过咎。

九二　遇主于巷，无咎。

在巷道中与主事者会面商谈，没有过咎。

六三　见舆曳，其牛掣，其人天且劓，无初有终。

看到车子拖曳不前，牛抵制不肯前进，车夫削发割鼻是个罪犯，彼此关系恶劣，最好还是疏导和解才有善终。

九四　睽孤。遇元夫，交孚，厉无咎。

因交恶而陷于孤立，情势相当不利。最好还是与闹翻的伙伴见个面，诚意沟通，虽然危厉不安，或能挽回而无过咎。

六五　悔亡。厥宗噬肤，往何咎。

悔恨消亡。领导人当大度包容，睽违之人其实关系深厚，勇于突破情面的薄薄保护层，即可复合。前往会面，承担过去的不愉快，不会有过咎。

**上九　睽孤。见豕负涂，载鬼一车，先张之弧，后脱之弧，匪寇婚媾，往遇雨则吉。

因交恶而陷于孤立，愤激下好像出现幻象。看到一只身上涂满了泥巴的野猪，拉着一车子的恶鬼迎面而来，心情紧张下张开弓箭要射，后来又放下弓箭，原来不是敌人，而是前来迎亲的队伍，往前相遇阴阳和合，则可误会冰释而获吉。

《象传》：睽，火动而上，泽动而下。二女同居，其志不同行。说而丽乎明，柔进而上行，得中而应乎刚，是以小事吉。天地睽而其事同也，男女睽而其志通也，万物睽而其事类也。睽之时用大矣哉！

睽卦上离为火往上烧，下兑为泽水向下流，动向相反。离为中女，兑为少女，同居一室意向不同。下卦兑悦，上卦离为丽、为明，又有欣悦而依附光明之象。六五阴柔上居君位，得处上卦光明中心，又与下卦的九二阳刚相应，所以小心处事可获吉祥。天上地下差别甚远，化育万物的作用相同；男女有别，交往婚配的心志相通；万物各个不同，也得遵循阴阳相合物以类聚的自然法则。懂得因时善用睽违的智慧太重要了！

《大象传》：上火下泽，睽。君子以同而异。

睽卦上离为火往上烧，下兑为泽水下流，各行其是之象。君子心思细密，同类中还要分辨不同处。

《小象传》：

见恶人，以避咎也。

人际交恶，还是要见面联系，勿轻易决绝，才可避免过咎。

遇主于巷，未失道也。

在巷道中与主事者会面商谈，没有失去人际相处的正道。

见舆曳，位不当也；无初有终，遇刚也。

看到车子拖曳不前，六三所处位置不恰当；开始不好结果却好，因为终必与上九阳刚相遇。

交孚无咎，志行也。

诚意交往沟通以免过咎，心志得以实现。

厥宗噬肤，往有庆也。

与关系深厚之人突破障碍复合，往前行动皆大欢喜。

遇雨之吉，群疑亡也。

阴阳和合，误会冰释而获吉，原先的种种疑忌都已消失。

蹇卦第三十九 ䷦

卦辞：利西南，不利东北，利见大人，贞吉。

利于静处西南方，不利于突进东北方，利于见到德智俱佳的大人，固守正道获吉。

初六　往蹇，来誉。

往前行进艰难，归返或静处不动获得称誉。

六二　王臣蹇蹇，匪躬之故。

为国家服务的臣子艰难任职，忠心耿耿，不是为了本身的缘故。

九三　往蹇，来反。

往前行进艰难，归返整合内部。

六四　往蹇，来连。

往前行进艰难，归返联合九五与九三，促成团结共渡险难。

九五　大蹇，朋来。

领导人遭遇重大艰难，各方朋友都来相助。

上六　往蹇，来硕，吉。利见大人。

往前行进艰难，归返联合九三的实力派，获吉。然后再去见九五的领导人，促成大合作对全局有利。

**《象传》：蹇，难也，险在前也。见险而能止，知矣哉！蹇利西南，往得中也；不利东北，其道穷也。利见大人，往有功也；当位贞吉，以正邦也。蹇之时用大矣哉！

蹇是行进艰难，外卦坎险在前，内卦艮为止，看到危险能停止不前，多有智慧啊！蹇难时利于静处西南方，九五往居上卦之中，与群众共患难；不利于突进东北方，硬闯行不通。利于见到德智俱佳的大人，大家协力往前可获成功。九五正确领导获吉，端正整个邦国。蹇难可以促进团结，懂得因时善用蹇难的智慧太重要了！

《大象传》：山上有水，蹇。君子以反身修德。

蹇卦下艮为山，上坎为水，为山上有水之象。君子遭遇险阻，借此反省自身努力修德。

《小象传》：

往蹇来誉，宜待也。

往前行进艰难，静处不动获得称誉，应该耐心等待。

王臣蹇蹇，终无尤也。

为国家服务的臣子艰难任职，到终都没有怨尤。

往蹇来反，内喜之也。

往前行进艰难，归返整合内部，大家都很欢喜。

往蹇来连，当位实也。

往前行进艰难，归返联合同志，因为九三为派系山头，深具实力。

大蹇朋来，以中节也。

领导人遭遇重大艰难，各方朋友都来相助，因为他行事合乎节度。

往蹇来硕，志在内也；利见大人，以从贵也。

往前行进艰难，归返联合九三的实力派，志在团结内部；再去见九五，追随尊贵者的领导。

解卦第四十 ䷧

卦辞：利西南。无所往，其来复吉。有攸往，夙吉。

利于静处西南方，哪里都先别去，等危急情势稍缓后再往前行，一旦出手就得又快又准，则可解决问题而获吉。

初六　无咎。

冷静不动，没有过咎。

九二　田获三狐，得黄矢，贞吉。

洞窟中猎狐，确切侦测清楚狐群的动向，准备好猎杀的利箭，暂时固守不动获吉。

六三　负且乘，致寇至，贞吝。

背着沉重的包袱乘坐大车，会引起敌寇前来抢夺，这样做前景不妙。

九四　解而拇，朋至斯孚。

解开绑住脚大拇趾的羁绊往前行动，朋友来真诚相助。

六五　君子维有解，吉。有孚于小人。

君子脱险后取得主导优势，宽大为怀，对小人不赶尽杀绝，尽量化解矛盾。

上六　公用射隼于高墉之上，获之无不利。

为了确保公众利益，在高高的城墙上弯弓搭箭射鹰隼，一举击毙没有不利。

《象传》: 解，险以动。动而免乎险，解。解利西南，往得众也；其来复吉，乃得中也。有攸往夙吉，往有功也。天地解而雷雨作，雷雨作而百果草木皆甲坼。解之时大矣哉！

解卦内坎为险，外震为动，在险难中行动，成功脱险而出，纾解了塞困的局面。利于静处西南方，可得到群众的支持；深入了解险境，做好充分的准备，懂得依中道行事。一旦出手既快且准解决问题，往前行动大获成功。天地间郁闷纾解雷雨大作，百果草木普受滋润都绽开硬壳显露生机。人生处事，实时纾解的智慧太重要了！

《大象传》: 雷雨作，解。君子以赦过宥罪。

解卦上震为雷，下坎为雨，有雷雨大作之象。君子化解仇怨，赦免小过，宽宥罪行。

《小象传》:
刚柔之际，义无咎也。
初六阴柔，上与九二、九四两阳刚之爻相承相应，处理得当没有过咎。
九二贞吉，得中道也。
九二固守正道获吉，居内卦坎险之中处置合宜。
负且乘，亦可丑也；自我致戎，又谁咎也？
背着沉重的包袱乘坐大车，行径丑陋；自己引起敌人兴兵侵犯，又能怪谁呢？
解而拇，未当位也。
解开绑住脚大拇趾的羁绊，尚未完全主导情势。
君子有解，小人退也。
君子彻底脱险，小人势力已然消退。
公用射隼，以解悖也。
为了确保公众利益，射下鹰隼，解决了悖乱的危害。

损卦第四十一 ䷨

卦辞：有孚，元吉，无咎。可贞，利有攸往。曷之用？二簋可用享。

心存诚信，格局开阔获吉，没有过咎。可依先损后益的原则行事，利于往前奋斗。怎样体现减损之道呢？用简单的二簋供品祭祀，心意虔诚就可以。

初九　已事遄往，无咎。酌损之。

民众需向政府纳税服役，这种义务尽快去做，完成后就没有过咎，但得斟酌本身情况量力而为。

九二　利贞，征凶。弗损益之。

利于固守不动，积极前进则凶。不用自我减损以使上卦的六五受益。

六三　三人行，则损一人；一人行，则得其友。

三人同行，关系复杂，最好去掉一人；那人离开后会另外结交新的朋友。

六四　损其疾，使遄有喜，无咎。

接受初九阳刚资源的挹注，以减轻疾患，很快即可痊愈，没有任何过咎。

六五　或益之，十朋之龟弗克违，元吉。

领导人多方受益，用贵重的龟壳占卜，天意显示不能不受，格局开阔而获吉祥。

上九　弗损益之。无咎，贞吉。利有攸往，得臣无家。

不必减损自然获益，没有过咎，固守正道获吉。利于往前奋斗，天下各处都有臣民拥戴，不限家乡一地。

《彖传》：损，损下益上，其道上行。损而有孚，元吉，无咎。可贞，利有攸往。曷之用？二簋可用享。二簋应有时，损刚益柔有时。损益盈虚，与时偕行。

损是指减损下层以增益上层，资源由下往上流动。减损之时能存诚信，格局开阔获吉，没有过咎。可依先损后益的原则行事，利于往前奋斗。怎样体现减损之道呢？用简单的二簋供品祭祀，心意虔诚就可以。但需注意二簋祭祀也得适时，减损阳刚以增益阴柔得适时，万事万物的减损增益、盈满空虚，都是随时变化的。

《大象传》：山下有泽，损。君子以惩忿窒欲。

损上卦艮为山，下卦兑为泽，为山下有泽之象。兑为情在内，艮为止在外，君子抑止内心的愤怒和欲望，以免坏事。

《小象传》：

已事遄往，尚合志也。

必须要做的事得赶快做，初九与居上的六四心志相同。

九二利贞，中以为志也。

九二利于固守不动，心志遵循中道。

一人行，三则疑也。

一人必须离开，否则三人间频生疑忌。

损其疾，亦可喜也。

减损自己的疾患，相当可喜。

六五元吉，自上佑也。

六五格局开阔而获吉祥，蒙受上天的佑助。

弗损益之，大得志也。

不必减损自然获益，高大志向得以实现。

益卦第四十二 ䷩

卦辞：利有攸往，利涉大川。
利于往前行动，利于渡过大河。

初九　利用为大作，元吉，无咎。
基层民众利用政府的激励政策扩大生产，格局开阔而获吉，没有过咎。

六二　或益之。十朋之龟弗克违。永贞吉。王用享于帝，吉。
国富民强，多方产生收益，用贵重的龟壳占卜，天意显示不能不受，永远固守正道而获吉。王者祭祀天帝，以示回馈感念，吉祥。

六三　益之用凶事，无咎。有孚中行，告公用圭。
社会发生天灾人祸等凶险之事，热心济困扶危，没有过咎。拯救急难需抢时效，真诚依中道行事后，再补报中央权责经费等事宜。

六四　中行告公从，利用为依迁国。
恪守中道行事，事先广泛征询各方意见，依据共识决定推行国政重大的变迁方案。

九五　有孚惠心，勿问元吉。有孚惠我德。
领导人真心为民谋福，施惠天下，不必问卜，大为吉祥。民众感恩戴德，也会真情回报。

上九　莫益之，或击之。立心勿恒，凶。

无法再获益，反而招致意外的打击。这是因为居心不善自私自利，必遭凶险。

《象传》：益，损上益下，民说无疆。自上下下，其道大光。利有攸往，中正有庆。利涉大川，木道乃行。益动而巽，日进无疆。天施地生，其益无方。凡益之道，与时偕行。

益是指减损上层以增益下层，民众喜悦没有限量。资源从上流动至下，益道大为光显。利于往前行动，九五中正居君位，能借施政让全民喜庆。利于渡过重大险难，木制舟船发挥了重大效益。益卦下震动，上巽风，每天获益不可限量。上天行云降雨，大地万物萌生，获益不限方所。举凡获益之道，永远随时变化。

《大象传》：风雷益，君子以见善则迁，有过则改。

益卦上巽风下震雷，相激相荡，君子看见善行就趋近仿效，发现过失立刻改正。

《小象传》：

元吉无咎，下不厚事也。
格局开阔而获吉，没有过咎，因为下层民众不需缴纳重税。

或益之，自外来也。
多方获益，从外不求自至。

益用凶事，固有之也。
社会发生天灾人祸等凶险之事，热心济困扶危，为分内所当为。

告公从，以益志也。
事先广泛征询各方意见，依据共识推动公共行政，对为民谋利有帮助。

有孚惠心，勿问之矣。惠我德，大得志也。

领导人真心为民谋福，施惠天下，不必问卜。民众感恩戴德，志向完全实现。

莫益之，偏辞也；或击之，自外来也。

无法再获益，因为自私自利，居心偏颇；可能招致意外的打击，从外而来难以防备。

夬卦第四十三 ䷪

卦辞：扬于王庭，孚号有厉，告自邑，不利即戎，利有攸往。

在朝廷召开重要会议，将所有信息揭露供决策参考，真诚号召与会成员注意管控风险，提醒城邑中人不利于即刻兴兵作战，利于建立共识往前发展。

初九　壮于前趾，往不胜为咎。

冲动带头前进，无法获胜，反致咎悔。

九二　惕号，莫夜有戎，勿恤。

警惕号召同志，注意提防夜间有敌人偷袭，做好万全准备就不必担忧。

九三　壮于頄，有凶。君子夬夬，独行遇雨，若濡有愠，无咎。

愤怒溢于言表，会有凶险。君子应耐心周旋，与对方多次商议，私下会面寻求和解机会，即便招致怀疑猜忌，心里难过也不发作，如此可无过咎。

九四　臀无肤，其行次且。牵羊悔亡，闻言不信。

臀部没有皮肤保护，坐立难安，行动进退两难，最好与同属阳刚同志做法一致，才使悔恨消亡，但诚信受质疑，别人听他说话也不相信。

九五　苋陆夬夬，中行无咎。

领导人内心有所顾忌，与上六唯一阴爻关系暧昧，为大局必须下定决心铲除，依中道而行，才没有过咎。

上六　无号，终有凶。

不用再号啕哭泣，最后必然遭凶。

《彖传》: 夬，决也，刚决柔也。健而说，决而和。扬于王庭，柔乘五刚也。孚号有厉，其危乃光也。告自邑，不利即戎，所尚乃穷也。利有攸往，刚长乃终也。

夬是决断之意，五阳决战一阴。夬卦内乾刚健，外兑和悦，希望和平解决。在朝廷召开重要会议，将所有信息揭露供决策参考，因为一阴乘于五阳之上，必须解决冲突。真诚号召与会成员注意管控风险，才能安然化解危机。提醒城邑中人不利于即刻兴兵作战，不然崇尚的和平解决就行不通了。利于建立共识往前发展，待阳刚实力继续壮大成长，终能彻底获胜。

《大象传》: 泽上于天，夬。君子以施禄及下，居德则忌。

夬卦上兑为泽，下乾为天，有泽水高涨之象。君子释放资源务必达于基层民众，还不可自居为德，犯了为政大忌。

《小象传》:

不胜而往，咎也。

没有取胜希望而轻举妄动，自招过咎。

有戎勿恤，得中道也。

有敌人偷袭，做好万全准备就不必担忧，行事合乎中道。

君子夬夬，终无咎也。

君子应耐心周旋，与对方多次商议，最后没有过咎。

其行次且，位不当也；闻言不信，聪不明也。

行动进退两难，处位不恰当；说话没人相信，不够耳聪目明。

中行无咎，中未光也。

依中道而行，才能没有过咎，否则顾虑太多，前景难以光明。

无号之凶，终不可长也。

不用再号啕哭泣，最后必然遭凶，没法长期撑持。

姤卦第四十四 ䷫

卦辞：女壮，勿用取女。

女子过分强势，不宜娶为妻室。

初六　系于金柅，贞吉。有攸往，见凶，羸豕孚蹢躅。

将车子控御于刚坚的刹车器上，固守不动则吉。不然往前跑必然遇见凶险，就像饥渴的瘦猪轻浮躁动安静不下来。

九二　包有鱼，无咎，不利宾。

撒网捕住了鱼，没有过咎，充分掌握主导优势。九四为客，没有机会捕到鱼。

九三　臀无肤，其行次且。厉，无大咎。

臀部没有皮肤保护，坐立难安，行动进退两难。危厉不安，却无大的过咎。

九四　包无鱼，起凶。

撒网没捕住鱼，开始越来越凶。

九五　以杞包瓜，含章，有陨自天。

杞树枝蔓纠结，保护生长其内的甜瓜，含藏章美，就等瓜熟蒂落之时展现风华，机遇会像陨石一样从天而降。

上九　姤其角，吝，无咎。

进入狭窄的尖角处，机运不再，没有发展性，亦无过咎。

《象传》：姤，遇也，柔遇刚也。勿用取女，不可与长也。天地相遇，品物咸章也。刚遇中正，天下大行也。姤之时义大矣哉！

姤为不期而遇，卦象一阴在下，上与五阳相遇合。女子强悍，不宜娶为妻室，不可与之一同成长。天与地相遇合，各种形形色色的生命都彰显发展。九五阳刚居上卦中正之位，天下大行其道。人生掌握机遇的智慧太重要了！

《大象传》：天下有风，姤。后以施命诰四方。

姤卦上乾为天，下巽为风，为天下有风之象。各地诸侯发号施令，传告四方。

《小象传》：

系于金柅，柔道牵也。

将车子控御于刚坚的刹车器上，牵制初六阴爻不得往上发展。

包有鱼，义不及宾也。

九二撒网捕住了鱼，九四为客，自然就没有机会。

其行次且，行未牵也。

行动进退两难，没有机遇但也不受牵制。

无鱼之凶，远民也。

撒网没捕住鱼，行政高层远离民意施政，相当凶险。

九五含章，中正也；有陨自天，志不舍命也。

九五高处君位，含藏章美，居中守正，机遇会像陨石一样从天而降，心志不会违背天命。

姤其角，上穷吝也。

位处最上狭窄的尖角处，时运已穷，机运不再。

萃卦第四十五 ䷬

卦辞：亨。王假有庙，利见大人，亨。利贞，用大牲吉，利有攸往。

亨通。王者有聚众的核心理念，利于见到德智俱佳的大人来领导，必可政通人和。利于固守正道，用最高规格的牺牲供品祭祀，利于往前行动。

初六　有孚不终，乃乱乃萃。若号，一握为笑，勿恤，往无咎。

诚信不能保持至终，又想放弃又想与人萃聚，心意不定。如果发出呼号，与对方握手破颜欢笑，无需再忧虑，前往不会有过咎。

六二　引吉，无咎。孚乃利用禴。

领导人招引可以前往，吉祥没有过咎。只要心存诚信，菲薄的祭祀神灵也会接受。

六三　萃如嗟如，无攸利。往无咎，小吝。

想与人欢聚又有顾虑，嗟叹不已，没有利益。还是前往相聚没有过咎，只是稍微有些滞碍而已。

九四　大吉，无咎。

体察大局，与九五领导人合作而非抗争，没有过咎。

九五　萃有位，无咎。匪孚，元永贞，悔亡。

九五虽居领导君位，不至于有过咎，但威信不足，必须增强自己的开创力且永远固守正道，才能使悔恨消亡。

上六　赍咨涕洟，无咎。

留恋过去，期待后生小辈跟他请教，遭冷落伤心流泪，最好调整心态，才可免过咎。

《彖传》：萃，聚也。顺以说，刚中而应，故聚也。王假有庙，致孝享也。利见大人，亨，聚以正也。用大牲吉，利有攸往，顺天命也。观其所聚，而天地万物之情可见矣！

萃就是精英相聚，内卦坤顺，外卦兑悦，有顺势悦从之象，九五阳刚居上卦之中，和下卦的六二相应与，故有聚会之象。王者有聚众的核心理念，在宗庙前诚心祭祀列祖列宗。利于见到德智俱佳的大人来领导，必可政通人和，大家都依正道相聚。利于固守正道，用最高规格的牺牲供品祭祀，利于往前行动，以顺从天命。我们观察会聚现象，天地万物的性情都显现出来了！

《大象传》：泽上于地，萃。君子以除戎器，戒不虞。

萃卦上兑为泽，下坤为地，有泽上于地可能泛滥之象。君子需整治好兵器，戒备敌人意料之外的突袭。

《小象传》：

乃乱乃萃，其志乱也。

又想放弃又想与人萃聚，心意混乱不定。

引吉无咎，中未变也。

领导人招引可以前往，吉祥没有过咎，居中守正的心志没有改变。

往无咎，上巽也。

前往相聚没有过咎，往上顺从九四的调遣。

大吉无咎，位不当也。

体察大局，与九五领导人合作而没有过咎，因为九四居位不当。

萃有位，志未光也。

虽居领导君位，志向未能光显。

赍咨涕洟，未安上也。

留恋过去，期待后辈跟他请教，遭冷落伤心流泪，未能安于上爻退休之位。

升卦第四十六 ䷭

卦辞：元亨，用见大人。勿恤，南征吉。

开创亨通，顺势用柔，出现德智俱佳的大人，不用忧虑，往光明的南方进发必然获吉。

初六　允升，大吉。

众人推重信任，顺利上升，带动全局获吉。

九二　孚乃利用禴，无咎。

心存诚信，菲薄的祭祀神灵也会接受，没有过咎。

九三　升虚邑。

顺利升进一座空虚甚至根本不存在的城邑。

六四　王用亨于岐山，吉，无咎。

周王顺服殷商的中央政权，在岐山亨通发展而获吉，没有过咎。

六五　贞吉，升阶。

固守正道获吉，步步上升到最高阶。

上六　冥升，利于不息之贞。

成长已至极限，还昏昧不明继续升进，泡沫破灭后得意志坚强，靠自己解决问题。

《象传》：柔以时升，巽而顺，刚中而应，是以大亨。用见大人，勿恤，有庆也。南征吉，志行也。

顺势用柔掌握时机上升，下卦巽入，上卦坤顺，有内巽入外顺势发展向上之象。九二阳刚居下卦之中，上与六五相应，配合绝佳，所以大获亨通。顺势用柔，出现德智俱佳的大人，不用忧虑，必有喜庆。往光明的南方进发而获吉，志向得以实现。

《大象传》：地中生木，升。君子以顺德，积小以高大。

升卦上坤为地，下巽为柔木，有幼苗从土地中生长之象。君子以柔顺的德行发展事业，积累小善以成就高明。

《小象传》：
允升大吉，上合志也。

众人推重信任，顺利上升，带动全局获吉，往上与九二、九三爻有志一同向上发展。

九二之孚，有喜也。

九二心存诚信，必然带来欢喜。

升虚邑，无所疑也。

顺利升进一座空虚甚至根本不存在的城邑，当事人信以为真，毫不疑虑。

王用亨于岐山，顺事也。

周王在岐山亨通发展，因为懂得顺服殷商的中央政权而不过早抗争。

贞吉升阶，大得志也。

固守正道获吉，步步上升到最高阶，终于实现了伟大的志向。

冥升在上，消不富也。

成长已至极限，还昏昧不明继续升进，泡沫破灭后资源消耗不再富盛。

困卦第四十七 ䷮

卦辞：亨，贞，大人吉，无咎。有言不信。

亨通，固守正道，德智俱佳的大人获吉，没有过咎。困境中人说什么别人都不大相信。

初六　臀困于株木，入于幽谷，三岁不觌。

受困时力疲脚软，臀部坐在枯死的树根上，人生事业跌到谷底，三年之久都没法与人接触。

九二　困于酒食，朱绂方来。利用亨祀。征凶，无咎。

受困围城，饮食存粮有限，等待穿大红色朝服的领导人率众来援，可能得撑很久。这时在庙里举办祭祀可安定心神，没有过咎，若进取突围必然遭凶。

六三　困于石，据于蒺藜。入于其宫，不见其妻，凶。

前行巨石挡道，本身又据于蒺藜多刺的环境中，难过已极。回到自己家里，发现妻子都跑掉了，凶险无比。

九四　来徐徐，困于金车。吝，有终。

执政高层应纾解初六困在谷底的基层民众，受制于许多因素通路不畅，费时甚久才能将救济资源运到，虽然窘吝，最后还是有些成效。

九五　劓刖。困于赤绂，乃徐有脱。利用祭祀。

最高领导人饱受抨击，民众视其为削鼻截足的罪犯，受困于穿赤色朝服的官员办事不力，很慢才能挣脱困境，这时最好在宗庙举办祭祀以求神灵福佑。

上六　困于葛藟，于臲卼。曰动悔，有悔，征吉。

被困在葛蔓藟藤之间，摇荡不安之境，既然动辄得咎，应该赶快悔悟，积极挣脱为宜。

《象传》：困，刚揜也。险以说，困而不失其所亨，其唯君子乎？贞大人吉，以刚中也。有言不信，尚口乃穷也。

困就是阳刚为阴柔所掩覆，内卦坎险，外卦兑悦，遭险还能和悦，虽困而不失亨通，只有君子才办得到吧！固守正道获吉，因为九五阳刚居上卦之中。困境中人说什么别人都不大相信，徒逞口才没法解决问题。

《大象传》：泽无水，困，君子以致命遂志。

困卦上兑为泽，下坎为水，泽中之水流入地底而变干涸，君子拼了命也要完成他的志向。

《小象传》：

入于幽谷，幽不明也。

人生事业跌到谷底，前景幽暗不明。

困于酒食，中有庆也。

受困围城，饮食存粮有限，谨依中道而行，会有喜庆来临。

据于蒺藜，乘刚也。入于其宫，不见其妻，不祥也。

六三阴柔据于九二阳刚之上，像处于蒺藜多刺的环境中一般难受。回到自己家里，发现妻子都跑掉了，不吉祥到了极点。

来徐徐，志在下也。虽不当位，有与也。

执政高层费时甚久才能纾解民困，但心志始终系念困在谷底的基层初六,九四虽居位不当,和初九相应与,最终仍能如愿。

劓刖,志未得也。乃徐有脱,以中直也。利用祭祀,受福也。

最高领导人被视为削鼻截足的罪犯,志向不得实现。需经过很久的时间才能摆脱困境,还是因为刚中正直所致。利用在宗庙中举办祭祀,以承受神灵的福佑。

困于葛藟,未当也。动悔有悔,吉行也。

被困在葛蔓藟藤之间,很不稳当;既然动辄得咎,应该赶快悔悟,付诸行动而获吉。

井卦第四十八 ䷯

卦辞：改邑不改井。无丧无得，往来井井。汔至，亦未繘井，羸其瓶，凶。

城邑可改移，水井却不可迁徙。民众终日汲取，井水不会枯竭，注水进去也不会满溢。人往人来汲水，络绎不绝。凿井未及泉，汲水的绳子不够长，或取水的瓶子不慎碰破，前功尽弃，都是凶险。

初六　井泥不食，旧井无禽。

井底泥沙淤塞，无法汲水饮用，荒废失修，连禽鸟都不来光顾。

九二　井谷射鲋，瓮敝漏。

井中窍穴的水量有限，只能滋养些小鱼生存，汲水的瓮管破旧还漏水，各种条件很不理想。

九三　井渫不食，为我心恻。可用汲，王明，并受其福。

井水已经淘沥纯净，仍无人汲取引用，令人同情惋惜。应该积极争取九五王者的支持，大力汲引清水，让各方都蒙受福报。

六四　井甃，无咎。

修治水井，做好一切汲水前准备，没有过咎。

九五　井冽，寒泉食。

井水清凉可口，供应大众饮用。

上六　井收勿幕，有孚元吉。

井水汲取完毕，不要覆上井盖，让所有人都可来汲水。这种开放服务的情怀赢得赞美，大为吉祥。

《象传》：巽乎水而上水，井。井养而不穷也。改邑不改井，乃以刚中也。汔至亦未繘井，未有功也。羸其瓶，是以凶也。

井卦下巽为伏、为入，上坎为水，有入井汲水而上之象。一旦凿通泉脉，供人取用没有穷尽。城邑可改移，水井却不可迁徙，因为九五阳刚居上卦之中。凿井未及泉，汲水的绳子不够长，可能功败垂成。取水的瓶子不慎碰破，所以导致凶险。

《大象传》：木上有水，井。君子以劳民劝相。

井卦下巽为阴木，上坎为水，有辘轳降下木桶汲水之象。君子慰劳民众，相互劝勉激励，以期开发成功。

《小象传》：
井泥不食，下也。旧井无禽，时舍也。

井底泥沙淤塞，无法汲水饮用，因为初六位置太低。荒废失修，连禽鸟都不来光顾，已经为时代所舍弃。

井谷射鲋，无与也。

井中窍穴的水量有限，只能滋养些小鱼生存。九二和九五不相与，得不到领导的垂青与奥援。

井渫不食，行恻也；求王明，受福也。

井水已经淘沥纯净，仍无人汲取引用，连过路之人都同情惋惜。积极争取九五王者的支持，让大家都享受福报。

井甃无咎，修井也。

修治水井，做好一切汲水前准备，没有过咎，务期万无一失。

寒泉之食，中正也。

井水清凉可口，九五居中守正，助成此事。

元吉在上，大成也。

在井卦最上，获致吉祥，最终大功告成。

革卦第四十九 ䷰

卦辞：己日乃孚。元亨利贞，悔亡。

到了己日变革时机已至，大家都认定非革不可了，行动就会成功。开创、通达、获益、固守，悔恨得以消亡。

初九　巩用黄牛之革。

变革时机未至，用黄牛皮做的革绳绑住，不可轻举妄动。

六二　己日乃革之，征吉，无咎。

到了己日变革时机已至，积极推展获吉，没有过咎。

九三　征凶，贞厉。革言三就，有孚。

急于行动招凶，固守不前又危殆不安，这时应多方征询意见使变革主张更完善，争取更多的人认同。

九四　悔亡，有孚，改命吉。

悔恨得以消亡，热诚行动，革命成功获吉。

九五　大人虎变，未占有孚。

革命领袖智勇双全，像老虎一样地强势行动，信心十足，不必占问，必然成功。

上六　君子豹变，小人革面。征凶，居贞吉。

君子像花豹般襄助变革，一般民众则改变态度接受新的局面。这时再激进变革则凶，固守既有成果可获吉祥。

《彖传》：革，水火相息，二女同居，其志不相得，曰革。己日乃孚，革而信之。文明以说，大亨以正。革而当，其悔乃亡。天地革而四时成，汤武革命，顺乎天而应乎人。革之时大矣哉！

革卦上兑，泽中有水下溢，下离为火上烧，水火相消长之象。兑为少女，离为中女，二女同居一室，相处不睦，会引发激烈冲突变革。到了己日时机已至，大家都认定非革不可了。内卦离为文明，外卦兑为论说、为愉悦，有宣传文明理念使人信服之象，变革后另造天地乾坤，开创大的亨通，固守新的正道。变革正当，过程中的悔恨可以消亡。天地间也有变革现象，四季循环就是。历史上改朝换代的革命，商汤革夏朝命，周武王又革商朝命，都是顺服天理因应人心的重大行动。变革的时代太重要了！

《大象传》：泽中有火，革。君子以治历明时。

革上卦兑为泽，下离为火，为泽中有火之象。君子制定新的历法，让民众知道时代已经更新。

《小象传》：

巩用黄牛，不可以有为也。

用黄牛皮做的革绳绑住，时机未至，不可能有所作为。

己日革之，行有嘉也。

己日时机成熟，展开变革行动，会有群众响应。

革言三就，又何之矣？

多方征询意见使变革主张更完善，何必贸然行动？

改命之吉，信志也。

革命成功获吉，志向得以伸张。

大人虎变，其文炳也。

革命领袖智勇双全，像老虎一样地强势行动，破旧立新，伟大功业照亮天下。

君子豹变，其文蔚也。小人革面，顺以从君子也。

君子像花豹般襄助变革，继续落实更细密的方案。一般民众则改变态度接受新的局面，顺从领导的意志行事。

鼎卦第五十 ䷱

卦辞：元亨。

开创亨通。

初六　鼎颠趾，利出否。得妾以其子，无咎。

将鼎脚抬起倾斜，以倒出积淀其中的废物。男人为了生育儿子传宗接代而纳妾，没有过咎。

九二　鼎有实。我仇有疾，不我能即，吉。

贤人有辅政的真才实学，领导人却昏昧不明，没能接近起用，得耐心等待机会而获吉。

九三　鼎耳革，其行塞。雉膏不食，方雨亏悔，终吉。

烹饪火力太旺，鼎耳烧到变形，插不进扛鼎的铉杆。鼎内的美味野鸡肉太烫没人敢尝，得等调整火候冷却才能食用，消除悔恨，终获吉祥。

九四　鼎折足，覆公餗，其形渥，凶。

鼎脚折断，整座鼎倾覆，肉汤流了一地，沾湿肮脏，弃置遭凶。

六五　鼎黄耳，金铉，利贞。

鼎耳金黄，配上刚坚的铉杆，利于固守正道治理天下。

上九　鼎玉铉，大吉，无不利。

鼎耳配置玉做的铉杆，大获吉祥，没有什么不好。

《象传》：鼎，象也。以木巽火，烹饪也。圣人亨以享上帝，而大亨以养圣贤。巽而耳目聪明，柔进而上行，得中而应乎刚，是以元亨。

鼎卦的卦象就像座鼎。下巽为风、为柔木，上离为火，为扇风点火的烹饪之象。圣人烹煮食物以祭祀上帝，又将祭完的供品赐给贤能的群臣。下卦巽为隐伏深入，上卦离为明、为目，又有广布耳目以掌握政情之象。六五阴柔进居上卦之中的君位，下和九二阳刚的贤臣相应，充分合作故而开创亨通。

《大象传》：木上有火，鼎。君子以正位凝命。

鼎卦下巽为柔木，上离为火，为烧柴烹饪之象。君子在其位分上端正行事，以实现其天命。

《小象传》：

鼎颠趾，未悖也。利出否，以从贵也。

抬起鼎脚而倾斜，并未违反正理。利于倾倒废物，洗净后再装上珍贵的新食材。

鼎有实，慎所之也。我仇有疾，终无尤也。

贤人有辅政的真才实学，一时未蒙起用，得谨慎自己的去向。领导人虽识人未明，将来形移势转还有任用的机会，不致永远埋没而含恨终生。

鼎耳革，失其义也。

鼎耳烧烫到变形，颇欠火候。

覆公𫗦，信如何也？

整座鼎倾覆，肉汤流了一地，怎么值得信任呢？

鼎黄耳，中以为实也。

鼎耳金黄中空，正好插进刚实的铉杆以扛起大鼎。

玉铉在上，刚柔节也。

玉做的铉杆插进其上鼎耳，刚柔配合得恰到好处。

震卦第五十一 ䷲

卦辞：亨。震来虩虩，笑言哑哑。震惊百里，不丧匕鬯。

亨通。雷击或地震爆发，战栗恐惧敬慎应对，可渡过劫难，转为庆幸笑语。执政者遭遇再大的挑战，方圆百里都受震撼，仍得镇静应对，不可丧失宗庙祭祀的主权。

初九　震来虩虩，后笑言哑哑，吉。

雷击或地震爆发，战栗恐惧敬慎应对，可渡过劫难，转为庆幸笑语而获吉祥。

六二　震来厉，亿丧贝。跻于九陵，勿逐，七日得。

震撼来势汹汹，预测会丧失不少财货，立刻登上最高的山头避难，不要留在原处硬抗。七日后冲击过去再回来重整，应可失而复得。

六三　震苏苏，震行无眚。

受震撼手软脚软，仍得打起精神前行，以免看不清楚而遭难。

九四　震遂泥。

震撼中惊慌失措，坠陷于泥泞之中。

六五　震往来厉，亿无丧有事。

震撼冲击中，往来都危险，领导人预测情势，以不丧失主权为坚持的底线。

上六　震索索，视矍矍，征凶。震不于其躬，于其邻。无咎。

婚媾有言。

震动之时饱受惊吓，全身发抖，两眼惶顾不安，前进极为凶险。震击即便没正中本身，而击垮了周边近邻，也得引以为戒设法避开咎害。然而内部人人自危，会生争议，最亲密的同志都抱怨批判。

《象传》：震亨。震来虩虩，恐致福也；笑言哑哑，后有则也。震惊百里，惊远而惧迩也。出可以守宗庙社稷，以为祭主也。

震动能致亨通。雷击或地震爆发，战栗恐惧敬慎应对，可转危为安，带来福报。渡过劫难庆幸笑语，往后知道如何应对的法则。执政者遭遇重大挑战，方圆百里都受震撼，应懂得借远处立威以慑服近处不安的政术。如此，则可承担大任，守住国家社稷，宗庙祭祀不断。

《大象传》：洊雷震，君子以恐惧修省。

暴雷连续轰响，震人心魂，君子戒慎恐惧，修持内省。

《小象传》：

震来虩虩，恐致福也；笑言哑哑，后有则也。

雷击或地震爆发，战栗恐惧敬慎应对，可转危为安，带来福报。渡过劫难庆幸笑语，往后知道如何应对的法则。

震来厉，乘刚也。

震撼来势汹汹，六二阴柔乘于初九阳刚之上，压不住只能暂避。

震苏苏，位不当也。

受震撼手软脚软，六三居位不适当。

震遂泥，未光也。

震撼中惊慌失措，坠陷于泥泞之中，前景黯淡无光。

震往来厉，危行也；其事在中，大无丧也。

震撼冲击中，往来都危险，当审慎应对。领导人职责所在，依中道行事，绝不可丧失主权。

震索索，中未得也；虽凶无咎，畏邻戒也。

震动之时饱受惊吓，全身发抖，已然偏离中道。情势虽然凶险还能避开咎害，因为看到近邻遭难引以为戒，而不重蹈覆辙。

艮卦第五十二

卦辞：艮其背，不获其身；行其庭，不见其人，无咎。

背对诱惑，摆脱肉身的种种烦恼；走在大庭广众之中，也不受他人干扰影响，没有过咎。

初六　艮其趾，无咎，利永贞。

抑制自己往前行进的冲动，没有过咎，利于永远固守正道。

六二　艮其腓，不拯其随，其心不快。

抑制小腿不前进，却无法拉回大腿的妄动，牵动其心很不愉快。

九三　艮其限，列其夤，厉薰心。

抑制腰部运动，牵扯夹脊肉像要裂开，有如烈火烧心般痛苦。

六四　艮其身，无咎。

抑制全身都不乱动，没有过咎。

六五　艮其辅，言有序，悔亡。

领导人抑制自己不乱讲话，一旦讲话绝对有伦有序，悔恨自然消亡。

上九　敦艮，吉。

抑制私欲已至敦实厚重的最高境界，自然吉祥。

《象传》：艮，止也。时止则止，时行则行，动静不失其时，其道光明。艮其止，止其所也。上下敌应，不相与也。是以不获其身，

行其庭不见其人，无咎也。

艮为静止。时当静止则静止，时当行动则行动，动静都合于时，人生立身行事前景光明。所谓艮止，是止得其所。艮为山，上下两山对峙，不交流往来，甚至僵持敌对。所以称摆脱肉身的种种烦恼，走在大庭广众中，也不受他人干扰影响，没有过咎。

《大象传》：兼山艮，君子以思不出其位。

两山重叠，止而又止，君子诚心自修，不在其位，不谋其政。

《小象传》：

艮其趾，未失正也。

抑制自己往前行进的冲动，没有失去应守的正道。

不拯其随，未退听也。

无法拉回所追随者的妄动，长官一意孤行，不愿听从属下的劝退。

艮其限，危熏心也。

抑制腰部运动，像烈火烧心般痛苦。

艮其身，止诸躬也。

抑制全身都不乱动，遇事反躬自省。

艮其辅，以中正也。

领导人抑制自己不乱讲话，一切依中道、正道行事。

敦艮之吉，以厚终也。

抑制私欲已至最高境界，敦实厚重，自然吉祥。

渐卦第五十三 ䷴

卦辞：女归吉，利贞。
女子依循礼法出嫁，吉祥，利于固守正道。

初六　鸿渐于干。小子厉，有言，无咎。
鸿雁离水上岸，行进于水边。年轻小子刚处社会，需勤奋历练学习，遭遇批评责骂，改正就无过咎。

六二　鸿渐于磐。饮食衎衎，吉。
鸿雁栖息于溪床的磐石上，饮食充足，和乐安逸，吉祥。

九三　鸿渐于陆。夫征不复，妇孕不育，凶，利御寇。
鸿雁飞上小山头。丈夫出门不回家，妻子不守贞洁而怀孕，私生子得不到正常养育照顾，有凶险。最好能分而复合，一同抵抗外敌。

六四　鸿渐于木，或得其桷，无咎。
鸿雁飞上树梢，若能找到方平的桷木栖止，则没有过咎。

九五　鸿渐于陵。妇三岁不孕，终莫之胜，吉。
鸿雁渐进登顶成功。夫妇分离三年，妻子不能怀孕生子，终于突破一切阻碍复合，转为吉祥。

上九　鸿渐于陆，其羽可用为仪，吉。
头雁领着雁群登顶之后，又回到行列中一起飞回小山头，羽毛质轻而美，成群结队飞翔数千里非常壮观。进退有序，堪为表率，至为吉祥。

《彖传》：渐之进也，女归吉也。进得位，往有功也。进以正，可以正邦也。其位，刚得中也。止而巽，动不穷也。

渐渐向前行进，女子依循礼法出嫁而获吉祥。九五渐进获得领导之位，往前奋斗成功。过程皆依循正道，可做邦国的表率，其位阳刚居上卦之中。渐下卦艮止，上卦巽顺，知止又巽顺，往前推进没有止境。

《大象传》：山上有木，渐。君子以居贤德善俗。

渐下卦艮山，上卦巽木，为山上育林之象。君子固守贤良德行，以身作则带动善良风俗。

《小象传》：

小子之厉，义无咎也。

年轻小子需经磨炼，改正即无过咎，实属天经地义。

饮食衎衎，不素饱也。

饮食充足，和乐安逸，不能吃饱不做事。

夫征不复，离群丑也；妇孕不育，失其道也；利用御寇，顺相保也。

丈夫出门不回家，抛妻弃子；妻子失贞怀孕，不守妇道；最好复合，共同抵御外敌。

或得其桷，顺以巽也。

鸿雁若能找到方平的桷木栖止，巽顺候时再登上峰顶，可望最后成功。

终莫之胜吉，得所愿也。

外在一切障碍最终未能阻止夫妻复合，终于得偿心愿。

其羽可用为仪吉，不可乱也。

鸿雁羽毛质轻而美，成群结队飞翔数千里非常壮观。人间团队应以为典范，群行以序，往来以时，不可乱了规矩。

归妹卦第五十四 ䷵

卦辞：征凶，无攸利。
往前躁进会有凶险，没有任何利益。

初九　归妹以娣，跛能履，征吉。
少女以侧室出嫁，就像跛脚还能走路一样，往前进可以获吉。

九二　眇能视，利幽人之贞。
少一只眼睛勉强能看，最好幽居固守不动。

六三　归妹以须，反归以娣。
少女想嫁作正室，挑拣很久，最后还是以侧室出嫁。

九四　归妹愆期，迟归有时。
少女耽误了适婚时期，最后仍会缔结美满良缘。

六五　帝乙归妹，其君之袂，不如其娣之袂良。月几望，吉。
殷王帝乙的女儿出嫁，婚礼上新娘的衣饰还没有陪嫁诸女的衣饰讲究。满月过盈则缺，近圆未圆最佳，为人处世谦抑为宜，可获吉祥。

上六　女承筐无实，士刲羊无血。无攸利。
女子手捧竹筐空无一物，男子拿刀割羊不见喷血，代表婚姻难成，没有任何利益。

《象传》：归妹，天地之大义也，天地不交而万物不兴。归妹，人之终始也。说以动，所归妹也。征凶，位不当也。无攸利，柔乘刚也。

少女出嫁是天经地义，天地阴阳不交感，万物就不兴旺。男女婚嫁，人类才能代代繁衍不绝。归妹内卦兑悦，外卦震动，两情相悦采取行动，希望结成婚配。往前躁进会有凶险，因为居位不适当；没有任何利益，因为阴柔乘于阳刚之上，象征情欲蒙蔽理智。

《大象传》：泽上有雷，归妹。君子以永终知敝。

归妹卦下兑为泽，上震为雷，泽上响雷之象。君子做事希望有好结果，必须做种种破败崩坏的准备。

《小象传》：
归妹以娣，以恒也。跛能履吉，相承也。

少女以侧室出嫁，是古代婚嫁的常道。开始地位不高，若广结善缘长期可能改善，就像跛子与独眼者密切合作仍能行走一样，终可获吉。

利幽人之贞，未变常也。

利于幽居之人静守不动，没有改变恒常之道。

归妹以须，未当也。

少女想嫁作正室，挑拣很久，这样做很不恰当。

愆期之志，有待而行也。

虽然耽误了适婚时期，但立志嫁个好丈夫，一定等到理想伴侣才出嫁。

帝乙归妹，不如其娣之袂良也。其位在中，以贵行也。

殷王帝乙的女儿出嫁，新娘的衣饰还没有陪嫁诸女的衣饰讲究。人的尊贵不在外表，六五居上卦之中，贵而不骄很有智慧。

上六无实，承虚筐也。

上六忙到最后一场空，女子的竹筐里什么也没有。

丰卦第五十五 ䷶

卦辞：亨。王假之，勿忧，宜日中。

亨通。王者有中心理念感召聚众，又有强大的执行力贯彻落实，不必担心个人私事，应像中午的太阳光照天下四方。

初九　遇其配主，虽旬无咎，往有尚。

人在基层奋斗，希望能遇到高层长官赏识，彼此配合做事。机遇难求，就算花了一个十天干计时的期间，遇到即无过咎，往前发展就有希望。

六二　丰其蔀，日中见斗。往得疑疾，有孚发若，吉。

发生日食现象，黑影遮蔽的区域很广大，中午时分居然看见了北斗星。六二若急于前往六五领导处解释，可能反遭怀疑猜忌，不如继续发挥诚信，日久误会冰释而获吉。

九三　丰其沛，日中见沬。折其右肱，无咎。

日食到了最严重阶段，太阳全部被遮住，天空黑暗到平常肉眼难见的小星星都看到了。可能折断右臂，牺牲局部以保全整体。

九四　丰其蔀，日中见斗。遇其夷主，吉。

日食由全黑渐转淡，遮蔽的区域仍很广大，看得见北斗星。高层长官若能遇到充分合作的基层，可以获吉。

六五　来章。有庆誉，吉。

日食过去恢复光明，领导人承认犯错，改弦更张，民众皆大欢喜，重新赞誉拥护，最后获吉。

上六　丰其屋，蔀其家。窥其户，阒其无人。三岁不觌，凶。

住屋豪华气派，居家层层遮掩，人从门户外向内窥视，寂静不见人影。长达三年之久都不跟外界接触见面，必有凶险。

《彖传》：丰，大也。明以动，故丰。王假之，尚大也。勿忧宜日中，宜照天下也。日中则昃，月盈则食，天地盈虚，与时消息。而况于人乎？况于鬼神乎？

丰是资源丰富强大，内卦离明，外卦震动，有明判形势积极行动之意，知行合一故成丰功伟业。王者有中心理念感召聚众，又有强大的执行力贯彻落实，推崇向往成就大事。不必担心个人私事，应像中午的太阳般光照天下四方。日中之后就会西斜，月满之后就会转亏，天地之间的自然现象盈满就会转为空虚，永远随时变化消减或生息，人也不能例外，鬼神也不能例外。

《大象传》：雷电皆至，丰。君子以折狱致刑。

丰上卦震为雷，下卦离为明、为电，有雷电并至之象。君子审理讼狱勿枉勿纵，依法量刑。

《小象传》：

虽旬无咎，过旬灾也。

花了一个十天干计时的期间，遇到即无过咎，如果超过了还没机遇，就有灾患。

有孚发若，信以发志也。

继续发挥诚信，将自己的意志让对方知晓。

丰其沛，不可大事也。折其右肱，终不可用也。

日食到了最严重阶段，太阳全部被遮住，不可能再干大事。折断右臂后，终究没法再发挥作用。

丰其蔀，位不当也。日中见斗，幽不明也。遇其夷主，吉行也。

日食阴影面积仍很广大，居位不恰当。中午时分看见北斗星，幽暗不光明。遇见可充分配合的基层，共同行事可获吉祥。

六五之吉，有庆也。

六五获吉，全民蒙受福报，皆大欢喜。

丰其屋，天际翔也。窥其户，阒其无人，自藏也。

住屋豪华气派，高楼飞檐像在天际飞翔。人从门户外向内窥视，寂静不见人影，自己藏匿起来，不敢跟人见面。

旅卦第五十六 ䷷

卦辞：小亨。旅贞吉。

小心柔和可致亨通。行旅之时，固守正道获吉。

初六　旅琐琐，斯其所取灾。

旅行之时，需处理许多生活琐事，这就容易招致灾患。

六二　旅即次，怀其资，得童仆贞。

旅行时投宿在旅舍，怀藏资财不敢露白，有童仆打理生活琐事，宜固守正道勿失客居分寸。

九三　旅焚其次，丧其童仆，贞厉。

暂时栖身的旅舍被烧掉，童仆丧命或逃走，情势危殆不安。

九四　旅于处，得其资斧，我心不快。

客居有了固定处所，得到些资财与安全的保障，内心却不痛快。

六五　射雉，一矢亡，终以誉命。

射野鸡一箭致命，象征在异域有了文明上的伟大贡献，最终备受称誉而实现了天命。

上九　鸟焚其巢。旅人先笑后号咷。丧牛于易，凶。

鸟巢被焚烧殆尽，行旅之人先得意欢笑，而后号咷大哭。客居掉以轻心，丧失了农业社会最宝贵的耕牛，大凶特凶。

《彖传》：旅，小亨。柔得中乎外而顺乎刚，止而丽乎明，是以小亨，旅贞吉也。旅之时义大矣哉！

旅行在外，小心低调可获亨通。六五阴柔居外卦中心地位，往上又顺承上九阳刚。下卦艮止，上卦离明，有暂止而依附光明之象，所以和柔可致亨通，在外旅居固守正道获吉。人生行旅之时如何应对的智慧太重要了！

《大象传》：山上有火，旅。君子以明慎用刑而不留狱。

旅下卦艮山，上卦离火，为山上有火的森林火灾之象。君子审案明断慎用刑罚，不受政权的干扰而致稽留拖延。

《小象传》：

旅琐琐，志穷灾也。

旅行之时，需处理许多生活琐事，志向狭小易招灾患。

得童仆贞，终无尤也。

有童仆打理生活琐事，宜固守正道勿失分寸，最终不招怨尤。

旅焚其次，亦以伤矣。以旅与下，其义丧也。

暂时栖身的旅舍被烧掉，损伤严重。外人宜善待当地民众，否则必致败亡。

旅于处，未得位也。得其资斧，心未快也。

客居有了固定处所，却未真正自主，得到些资财与安全保障，内心却不痛快。

终以誉命，上逮也。

最终备受称誉而实现了天命，上进到了文明成就的巅峰。

以旅在上，其义焚也。丧牛于易，终莫之闻也。

旅行在外却高居上位，引起当地人强烈反感，巢穴当然会被烧掉。丧失了农业社会最宝贵的耕牛，而且所有的奋斗经历都被漠视抹杀，以后永远没有人再记得他。

巽卦第五十七 ☴

卦辞：小亨。利有攸往，利见大人。

谦卑柔顺可致亨通。利于往前奋斗，利于见到德智俱全的大人。

初六　进退，利武人之贞。

犹豫进退不决，利于武人的行事风格，往前行进就是。

九二　巽在床下，用史巫纷若，吉。无咎。

深入潜伏到床底下，知道过去的经历，预测未来的发展，不断增进对内情的了解，吉祥而没有过咎。

九三　频巽，吝。

频频出现难以再深入的状况，小心路子愈走愈窄。

六四　悔亡，田获三品。

悔恨消亡。打猎丰收，囊括了各个品级的猎物。

九五　贞吉，悔亡，无不利。无初有终。先庚三日，后庚三日，吉。

固守正道获吉，悔恨消亡，没有任何不利。开始不显眼，最后却有好结果。变更前做好周密计划，变更后还要视情况做调整，必然获吉。

上九　巽在床下，丧其资斧，贞凶。

潜伏到床底下过了头，丧失了资财与安全防护，这样干必然凶险。

**《象传》：重巽以申命，刚巽乎中正而志行。柔皆顺乎刚，是以小亨，利有攸往，利见大人。

深入再深入，以伸张天命。九五阳刚居上卦中正之位，志向得以实现。初六顺九二、六四顺九五，阴柔皆顺承阳刚，所以谦卑柔顺可致亨通。利于往前奋斗，利于见到德智俱全的大人。

《大象传》：随风巽，君子以申命行事。

巽为风，君子随顺时代风向行事，可以顺利伸张天命。

《小象传》：

进退，志疑也。利武人之贞，志治也。

进退不决，心志犹疑。利于武人的行事风格，往前行进心志坚定。

纷若之吉，得中也。

不断增进对内情的了解，得以依中道行事。

频巽之吝，志穷也。

频频出现难以再深入的状况，路子愈走愈窄，因为意志到了山穷水尽。

田获三品，有功也。

打猎丰收，囊括了各个品级的猎物，大获成功。

九五之吉，位正中也。

九五获得成功，位居上卦正中的君位。

巽在床下，上穷也。丧其资斧，正乎凶也。

潜伏到床底下过了头，居上而陷入穷途。丧失了资财与安全防护，真正凶险。

兑卦第五十八 ䷹

卦辞：亨利贞。
亨通，利于固守正道。

初九　和兑，吉。
和颜悦色与人交往，吉祥。

九二　孚兑，吉，悔亡。
诚信与人交往，吉祥，悔恨消亡。

六三　来兑，凶。
与人交往太过急切，遭凶。

九四　商兑未宁，介疾有喜。
商议未获共识前心神不宁，需冷静面对问题徐图解决，双方皆可欣喜。

九五　孚于剥，有厉。
领导者诚信受到质疑，有不低的风险。

上六　引兑。
暗中引诱领导者，影响相当大。

《象传》：兑，说也。刚中而柔外。说以利贞，是以顺乎天而应乎人。说以先民，民忘其劳，说以犯难，民忘其死。说之大，民劝矣哉！

兑是和悦欢喜，九二、九五阳刚，分居上下卦之中，六三、上六阴柔，包覆其外。态度和悦，固守正道才有利。所以顺乎天理应乎人心，动员群众先要激励他们喜悦认同，就会不辞劳苦冒险犯难。喜悦的效用之大，能让民众相互劝勉参与行动。

《大象传》：丽泽兑，君子以朋友讲习。

两泽相互浸润映照，君子与好朋友相聚，切磋琢磨，分享心得。

《小象传》：

和兑之吉，行未疑也。

和颜悦色与人交往的吉祥，行事不会让人怀疑。

孚兑之吉，信志也。

诚信与人交往的吉祥，志向得以伸张。

来兑之凶，位不当也。

与人交往太过急切的凶险，居位不适当。

九四之喜，有庆也。

九四商议成功的欣喜，会给大家带来福报。

孚于剥，位正当也。

诚信虽然受到质疑，领导者毕竟职位正当。

上六引兑，未光也。

上六暗中引诱领导者，行径并不光明。

涣卦第五十九 ䷺

卦辞：亨。王假有庙，利涉大川，利贞。

亨通。王者有聚众的核心理念，领导群众渡过重大险难，利于固守正道。

初六　用拯马壮，吉。

基层民众借助壮马拯救，可获吉祥。

九二　涣奔其机，悔亡。

群众信心涣散时极速驰援，建立救难平台，悔恨可以消亡。

六三　涣其躬，无悔。

化散私心私欲，再无悔恨。

六四　涣其群，元吉。涣有丘，匪夷所思。

化散小群组的自我设限，大为吉祥。进而再化散像山丘一般巨大的群体，这不是平常人能够想象的境界。

九五　涣汗其大号，涣王居，无咎。

领导人发布重大号召，天下四方都是王道乐土，没有过咎。

上九　涣其血，去逖出，无咎。

放掉脏血远离身体，无所过咎。

**《象传》：涣，亨。刚来而不穷，柔得位乎外而上同。王假有庙，王乃在中也。利涉大川，乘木有功也。

涣是化散，由中心点传播教化至天下四方，以致亨通。九二阳刚来居下卦坎险之中，拯济初九基层民众的患难，免于困穷。六四阴柔得居外卦高位，与上面的九五同心协力济渡险难。王者有聚众的核心理念，居于上卦巽风之中，利于领导群众渡过重大险难，乘着木船安抵彼岸成就大功。

《大象传》：风行水上，涣。先王以享于帝立庙。

涣上卦巽为风，下卦坎为水，有风行水上之象。古圣先王建立宗庙，祭祀上帝。

《小象传》：

初六之吉，顺也。

初六获得吉祥，因为顺承其上的九二。

涣奔其机，得愿也。

群众信心涣散时极速驰援，建立救难平台，得偿心愿。

涣其躬，志在外也。

化散私心私欲，立志为外界众生服务。

涣其群元吉，光大也。

化散小群组的自我设限，大为吉祥，胸怀宽广，光明正大。

王居无咎，正位也。

天下四方都是王道乐土，没有过咎，领导人在其位分上端正行事。

涣其血，远害也。

放掉体内的脏血，远离祸害。

节卦第六十 ䷻

卦辞：亨。苦节不可贞。

亨通。节制过度痛苦不堪，则不宜固守。

初九　不出户庭，无咎。

不跨出家中户庭，没有咎害。

九二　不出门庭，凶。

不跨出家中门庭，遭遇凶险。

六三　不节若，则嗟若。无咎。

言行不节制，就会嗟叹后悔，必须改过才无咎害。

九四　安节，亨。

安于节制，可获亨通。

九五　甘节，吉，往有尚。

领导让大家甘心乐意接受节制，吉祥，往前行进大有希望。

上六　苦节，贞凶。悔亡。

节制过度痛苦不堪，固执不知变通，招致凶险，最好调整使悔恨消亡。

《象传》：节亨，刚柔分而刚得中。苦节不可贞，其道穷也。说以行险，当位以节，中正以通。天地节而四时成，节以制度，不伤财，不害民。

节制而获亨通，卦中六爻刚柔各半，九五、九二阳刚分居上、下卦之中。节制过度痛苦不堪，则不宜固守，因为很难行得通。内卦兑悦，外卦坎险，内心欣悦行于险难。九五既中且正，节制天下皆获亨通。天地四时更迭都有节制，人间各种组织都得建立制度，不浪费钱财，不伤害百姓。

《大象传》：泽上有水，节。君子以制数度，议德行。

节卦下兑为泽，上坎为水，为泽上蓄水之象。君子订立种种制度，皆有数字规范的标准，同时还得重视德行的评议，让民众言行适当。

《小象传》：

不出户庭，知通塞也。

不跨出家中户庭，明确知道情势是通畅还是阻塞。

不出门庭凶，失时极也。

不跨出家中门庭，遭遇凶险，错失了最好的时机。

不节之嗟，又谁咎也？

言行不节制，嗟叹不已，又能怪谁呢？

安节之亨，承上道也。

安于节制获得亨通，因为承奉上级的领导。

甘节之吉，居位中也。

大家甘心乐意接受节制而吉祥，因为领导居上位之中。

苦节贞凶，其道穷也。

节制过度痛苦不堪，固执不知变通，招致凶险，很难持续下去。

中孚卦第六十一

卦辞：豚鱼吉，利涉大川，利贞。

诚信能感化小猪小鱼，虔诚祭祀可获吉祥，利于渡过重大险难，利于固守正道。

初九　虞吉，有它不燕。

先做征信调查，通过后放心交往获吉。如果还有其他想法，就享受不到相互信任的快乐。

九二　鸣鹤在阴，其子和之。我有好爵，吾与尔靡之。

母鹤在山阴处鸣叫，小鹤欣然应和。我有一壶美酒，想跟你分享。

六三　得敌，或鼓或罢，或泣或歌。

六三碰到上九这失信的对手，气愤不过，想击鼓开战，心软又撤退作罢，一会儿悲泣一会儿又高兴地唱起歌来。

六四　月几望，马匹亡，无咎。

月亮接近满圆，表示态度谦逊。割舍与初九的匹配关系，往上承奉九五，没有过咎。

九五　有孚挛如，无咎。

领导者与各方建立互信，就像亲子般亲密，没有过咎。

上九　翰音登于天，贞凶。

鸡飞不高，叫声却响彻天空，这样干会有凶害。

《彖传》：中孚，柔在内而刚得中，说而巽，孚乃化邦也。豚鱼吉，信及豚鱼也。利涉大川，乘木舟虚也。中孚以利贞，乃应乎天也。

中孚卦二阴爻在内，九五、九二阳刚二爻得居上下卦之中，内卦兑悦，外卦巽入，诚信教化整个邦国。小猪小鱼获吉，能受福佑感化。利于渡过重大险难，乘着中空的木船载人过河。中孚利于固守正道，与天道完全相应。

《大象传》：泽上有风，中孚。君子以议狱缓死。

中孚下兑为泽，上巽为风，为泽上有风之象。君子审议刑狱，宽缓死刑。

《小象传》：

初九虞吉，志未变也。

初九先做征信调查，通过后放心交往获吉，心志坚定，不再改变。

其子和之，中心愿也。

小鹤呼应母鹤的鸣叫，完全发自内心的真诚。

或鼓或罢，位不当也。

想击鼓开战，心软又撤退作罢，处位极不恰当。

马匹亡，绝类上也。

割舍与初九的匹配关系，断绝旧情往上发展。

有孚挛如，位正当也。

领导者与各方建立互信，就像亲子般亲密，居位正当。

翰音登于天，何可长也？

鸡飞不高，叫声却响彻天空，怎么能够保持长久？

小过卦第六十二 ䷽

卦辞：亨利贞。可小事，不可大事。飞鸟遗之音。不宜上，宜下，大吉。

亨通，利于固守正道。可以做些小事，不可任天下大事。鸟飞过高可能出事，空留凄厉遗响。不适宜往上高飞，适宜往下栖息，才可大吉。

初六　飞鸟以凶。

小鸟逆势上飞，必遭凶险。

六二　过其祖，遇其妣。不及其君，遇其臣。无咎。

面对六五求贤，六二不要过度期盼其为创业明君，其实他守成的才具都不足。六五不够当领导，只有任干部的本事。六二静止而不受召才无过咎。

九三　弗过防之，从或戕之。凶。

千万别冲动犯错，防止意外发生，如果贸然出外，可能会被杀害，凶险无比。

九四　无咎。弗过遇之，往厉必戒，勿用永贞。

静守不动以免咎害。千万别犯错还有机会生存，往前行危险不安，必得戒慎恐惧，眼前不可能发挥作用，永远固守不动就对了。

六五　密云不雨，自我西郊。公弋取彼在穴。

满天密布的乌云却不下雨，闷得难受，这是因为从西方郊外吹来的风较干燥，水气凝结不够的缘故。领导者想邀请隐居山林的贤才六二出来任事，恐怕难以如愿。

上六　弗遇过之。飞鸟离之，凶。是谓灾眚。

没有任何机会，冲动过头了。小鸟飞得太高，摔下来跌得粉身碎骨，大凶特凶，这是咎由自取的灾难。

《象传》：小过，小者过而亨也。过以利贞，与时行也。柔得中，是以小事吉也。刚失位而不中，是以不可大事也。有飞鸟之象焉。飞鸟遗之音，不宜上宜下，大吉，上逆而下顺也。

小过四阴二阳，阴柔过度而致亨通。人生在不断犯错与改过中学习成长，利于固守正道，与时俱进。六五与六二皆阴柔，分居上下卦之中，所以能干些小事而获吉。九三与九四阳刚不居中，所以没法任天下大事。二阳爻为上下四阴爻包覆，有小鸟展翼飞翔之象。鸟飞过高可能出事，空留凄厉遗响。不适宜往上高飞，适宜往下栖息，才可大吉。往上逆势违理，往下才顺势依理。

《大象传》：山上有雷，小过。君子以行过乎恭，丧过乎哀，用过乎俭。

小过下卦艮为山，上卦震为雷，为山上有雷之象。君子行事稍过恭敬，参加丧礼过分悲哀，财用过度省俭。

《小象传》：

飞鸟以凶，不可如何也。

小鸟逆势上飞，必遭凶险，这是自找死路，没有办法。

不及其君，臣不可过也。

六五不够格任领导，只有任干部的才具，没法强求。

从或戕之，凶如何也？

贸然出外，可能会被杀害，多么凶险。

弗过遇之，位不当也。往厉必戒，终不可长也。

千万别犯错还有机会生存，居位极不恰当。往前行危险不安，必得戒慎恐惧，情势不会永远如此。

密云不雨，已上也。

满天密布的乌云却不下雨，局面很难突破，因为六五居位过高，违反了不宜上的限制。

弗遇过之，已亢也。

没有任何机会，冲动过头了，飞得太高必然遭凶。

既济卦第六十三 ䷾

卦辞：亨小，利贞，初吉终乱。
亨通有限，利于固守正道。初时获吉，终将危乱。

初九　曳其轮，濡其尾，无咎。
踩刹车拖曳车轮，小狐狸过河弄湿了尾巴，水行陆行都不顺利，审慎才免于过咎。

六二　妇丧其茀，勿逐，七日得。
妇女找不着珠宝首饰佩戴，不要出门，等七天失而复得再作道理。

九三　高宗伐鬼方，三年克之。小人勿用。
殷高宗武丁讨伐鬼方，历经三年之久才克敌制胜，切勿酬庸不适合的人做官。

六四　繻有衣袽，终日戒。
丝绸华美的衣服外面加一件朴素的罩袍，伪装又怕人发现，整天小心戒慎。

九五　东邻杀牛，不如西邻之禴祭，实受其福。
东边邻国杀牛作盛大的祭祀，不如西边邻国举行的薄祭，更能受到神灵实际的降福。

上六　濡其首，厉。
小狐狸渡河可能灭顶，非常危险。

《象传》: 既济亨，小者亨也。利贞，刚柔正而位当也。初吉，柔得中也。终止则乱，其道穷也。

既济之所以亨通，是指顺势用柔所致。利于固守正道，六爻皆阳居阳位，阴居阴位，各得其所。初时获吉，六二阴柔得居下卦之中；终将危乱，因为自满不再往前进步，遂致困穷。

《大象传》: 水在火上，既济。君子以思患而豫防之。

既济上卦坎水，下卦离火，有水在火上烹煮之象。君子考虑未来的祸患预先防备。

《小象传》:

曳其轮，义无咎也。

踩刹车拖曳车轮，道理上不致咎害。

七日得，以中道也。

等七天失而复得，因为依中道而行。

三年克之，惫也。

历经三年之久才克敌制胜，疲惫不堪。

终日戒，有所疑也。

整天小心戒慎，因为有所疑惧。

东邻杀牛，不如西邻之时也。实受其福，吉大来也。

东边邻国杀牛作盛大的祭祀，不如西边邻国合乎时宜。受到神灵实际的降福，吉祥源源而来。

濡其首厉，何可久也？

小狐狸渡河可能灭顶，非常危险，还能撑多久？

未济卦第六十四 ䷿

卦辞：亨。小狐汔济，濡其尾，无攸利。

亨通。小狐狸泅泳渡河，只差一点登上彼岸，沾湿了尾巴，没有任何利益。

初六　濡其尾，吝。

小狐狸泅泳渡河，沾湿了尾巴，未能突破难关。

九二　曳其轮，贞吉。

踩刹车拖曳车轮，固守正道获吉。

六三　未济征凶，利涉大川。

实力不足强行渡河遭凶，吸取失败的教训，有利于未来渡河成功。

九四　贞吉，悔亡。震用伐鬼方，三年有赏于大国。

固守正道获吉，悔恨消亡。用威慑方式讨伐鬼方，和平解决对立的问题，三年后获得大国的封赏。

六五　贞吉，无悔。君子之光，有孚，吉。

固守正道获吉，全无悔恨。这是君子创造的文明光辉，心怀诚信，吉祥。

上九　有孚于饮酒，无咎。濡其首，有孚失是。

大家真诚交往，饮酒庆贺，没有过咎。如果乐过头喝醉失态，影响情谊，又会生出变故。

《象传》：未济亨，柔得中也。小狐汔济，未出中也。濡其尾，无攸利，不续终也。虽不当位，刚柔应也。

未济所以亨通，因为六五阴柔居上卦之中，光明照耀四方。小狐狸泅泳渡河，只差一点登上彼岸，没能脱出坎险之中。沾湿了尾巴，没有任何利益，不能持续游到终点。全卦六爻处位都不适当，阳爻居阴位，阴爻居阳位，但初与四、二与五、三与上都刚柔相应，配合绝佳。

《大象传》：火在水上，未济。君子以慎辨物居方。

未济上卦离火，下卦坎水，有火在水上之象。君子审慎辨明各样物事，以及所居方位，才不致轻易失败。

《小象传》：

濡其尾，亦不知极也。

小狐狸泅泳渡河，沾湿了尾巴，不知道自己能力的极限。

九二贞吉，中以行正也。

九二固守正道获吉，居坎险之中正确行事。

未济征凶，位不当也。

实力不足强行渡河遭凶，处位极不适当。

贞吉悔亡，志行也。

固守正道获吉，悔恨消亡，志向得以实现。

君子之光，其晖吉也。

君子创造文明的光辉，遍照天下而得吉。

饮酒濡首，亦不知节也。

酗酒过度以致席前失态，严重影响情谊，也太不知道节制了。

三、白话《系辞传》

1. 系辞上传

第一章

天尊地卑，乾坤定矣。卑高以陈，贵贱位矣。动静有常，刚柔断矣。方以类聚，物以群分，吉凶生矣。在天成象，在地成形，变化见矣。是故刚柔相摩，八卦相荡，鼓之以雷霆，润之以风雨，日月运行，一寒一暑。乾道成男，坤道成女。

天高远在上，地低近在下，乾卦象天，坤卦象地，确定了自然界的格局。万物由低到高排列，一卦六爻即象征从基层到高层的不同位置。万物或动或静，都有其恒常的道理，六爻或阳刚或阴柔，借此可判断其行止。事物区分为好多类别，同类的自然聚集在一起，趋向不同的结成各个群组，相互间的合作或敌对就产生了成败与吉凶。在天上有日月星辰照耀，在地上有山陆河海具体成形，显现出种种变化。乾卦阳刚与坤卦阴柔贴近接触，交合生出震、巽、坎、离、艮、兑六卦，而后八卦与八卦遥相感应，形成更丰富的六十四卦的变化。雷鸣电闪风吹雨打，昼夜日月更迭，四季寒暑交替，乾道形成雄性男性，坤道形成雌性女性。

乾知大始，坤作成物。乾以易知，坤以简能。易则易知，简则易从；易知则有亲，易从则有功；有亲则可久，有功则可大；可久则贤人之德，可大则贤人之业。易简而天下之理得矣，天下之理得，而成位乎其中矣。

乾象征宇宙万象的创始，有觉识明照的大能，坤顺势而动便凝结发展成天地万物。自然宇宙形成后，物种继续演化，不断推陈出新，我们虚心探讨可化繁为简，以简驭繁，进而建立知识，发为行动。真理平易可亲，奉行即能成就。可亲自然持久，成就不可限量。持久能成贤人之德，成就伟大事业。恪守易简的方法态度，确可得知天下事物之理，知理透彻后依中道而行，必有大成。

第二章

圣人设卦观象，系辞焉而明吉凶，刚柔相推而生变化。是故吉凶者，失得之象也；悔吝者，忧虞之象也；变化者，进退之象也；刚柔者，昼夜之象也；六爻之动，三极之道也。

圣人发明设计了卦的符号图像，以此观察研究宇宙万象，再系上文辞以说明吉凶，刚柔互动，相反相成，引发形形色色的各种变化。所以吉凶就是有所得或有所失之象，悔吝就是改过与否决定或忧或乐之象，变化就是或进或退之象，刚柔就像昼夜交替般随时转换，一卦六爻的变动体现了天、地、人三才关系的配置。

是故君子所居而安者，《易》之序也；所乐而玩者，爻之辞也。是故君子居则观其象而玩其辞，动则观其变而玩其占，是以自天佑之，吉无不利。

所以君子所持守安身的，是《易经》六十四卦依序推演的道理，所悦乐玩味的是爻辞描述的应对变化。所以君子平素深观卦象并玩味爻辞，有所行动时深观事态的变化玩味占卦显示的对策，必然如有天命相助般吉祥，没有任何不利。

第三章

彖者，言乎象者也；爻者，言乎变者也；吉凶者，言乎其失得也；悔吝者，言乎其小疵也；无咎者，善补过也。

象辞即卦辞，是表述卦象的；爻辞则是表述一卦中不同时位的变动。吉凶是讲一事的成败得失，悔吝是讲处事过程中的小毛病，无咎则是善于改正弥补过失。

是故列贵贱者，存乎位；齐小大者，存乎卦；辨吉凶者，存乎辞；忧悔吝者，存乎介；震无咎者，存乎悔。是故卦有小大，辞有险易。辞也者，各指其所之。

所以一卦六爻象征从基层到高层的组织结构，位高权责重大者称贵，位低职微者称贱；阳刚有实力称大，阴柔缺资源称小；各有其作用与职能，全部储藏在卦象中，供习《易》者深入体会以培养应世的智慧。爻辞中明言吉凶，教人知所趋避，过刚生悔过柔为吝，需及早忧虑警醒，尽快调整；如果行动犯错得知过悔改，才没有咎害。所以卦中六爻有阳称大，有阴称小，爻辞中描述的情境有的极艰险，有的很平易，都明确指示出未来发展的方向，教人审慎应对。

第四章

《易》与天地准，故能弥纶天地之道。仰以观于天文，俯以察于地理，是故知幽明之故。原始反终，故知死生之说。精气为物，游魂为变，是故知鬼神之情状。与天地相似，故不违；知周乎万物而道济天下，故不过；旁行而不流，乐天知命故不忧；安土敦乎仁，故能爱。范围天地之化而不过，曲成万物而不遗，通乎昼夜之道而知，故神无方而易无体。

《易》与天地平齐，所以能包含尽天地间的所有道理又条理分明。我们以《易》来仰观天文现象，俯察地理景观，所以知道一切隐微不显和清楚呈现事物间的关系。追溯事变的开始和结束，了悟其因果关系，便能知道死和生的奥秘。人活着只是精气的聚合，精气一散，灵魂离体便告死亡，由此便知道鬼神的作用和情状。《易》与天地相似，所以不会违背自然的规律，其蕴含的智慧透彻研究万事万物之后，了悟的真理可用来解决天下众生的问题，一点也不会偏差。我们习《易》有成，人生行事因机顺势无所不至，不致泛滥无归。深知天命乐于行健不息，所以从不忧虑小我的私利；安于所居土地，仁德深厚，爱护群生。活用易理可形塑控制天地间的自然造化，创造发明而不致偏失，实行种种周到细致的方式育成万物，一个也不放弃或遗漏。通达昼夜刚柔变化之理，以绝高智慧灵活应世，所以最高的存在变化不测没有固定的方所，易理的运用亦无固定的形体，无定在而无所不在。

第五章

一阴一阳之谓道，继之者善也，成之者性也。仁者见之谓之仁，知者见之谓之知，百姓日用而不知，故君子之道鲜矣！显诸仁，藏诸用，鼓万物而不与圣人同忧。盛德大业至矣哉！富有之谓大业，日新之谓盛德。生生之谓易，成象之谓乾，效法之谓坤，极数知来之谓占，通变之谓事，阴阳不测之谓神。

统合阴阳的就是道，继续往下生发推衍就是善，因此而凝铸成形的万事万物便有了各自的物性。人的修为不同，体悟真理就有见仁见智的差别，仁者认为是仁，智者认为是智，一般老百姓天天生活在大道中却不自知，所以君子之道很不容易修成。大道显现出来就是生生不息的仁德，藏在形形色色的作用中，鼓荡万物变化一切自然而然，不随个人主观意志而转移，圣人悲悯忧世情怀固然伟大，也未必能影响天地造化。无论如何，人生仍应积极进取开出文明创造之路。厚蓄资源利益众生就是大业，日新又新不断精进就是盛德。生生不息就是易，形成创意理念就是乾，落实执行就是坤，彻底研究清楚易数以预知未来就是占，根据现实情况变化随机调整就是事，阴阳变化难以绝对测度就是神。

第六章

夫易广矣大矣！以言乎远则不御，以言乎迩则静而正，以言乎天地之间则备矣！夫乾，其静也专，其动也直，是以大生焉；夫坤，其静也翕，其动也辟，是以广生焉。广大配天地，变通配四时，阴阳之义配日月，易简之善配至德。

易象易理真是广大无边，用来探测再遥远的事象都不会有任何障碍，用来探测近处的事例如人的内心世界，也能如实呈现，用来表述天地间万事万物都没问题。乾阳之性静止时专一集聚，发动时勇往直前，所以能创生万物；坤阴之性静止时紧密闭合，发动时开拓扩张，所以能广阔包容。广大配合天地之象，变通配合四季更迭之象，阴阳之宜配合日月交辉，易简之善配合至高的德行。

第七章

子曰："《易》其至矣乎！"夫《易》，圣人之所以崇德而广业也。知崇礼卑，崇效天，卑法地，天地设位，而易行乎其中矣！成性存存，道义之门。

孔子赞叹说："《易》真是达到了最高的境界吧！"《易》是古代圣人用来内修德性外拓事业的伟大经典。智慧极尽高明，行礼则须谦卑，高明象天，谦卑如地，一旦卦象模拟布设了天高地卑的位置后，生生不息的变化便于其中运行。习易者当体悟其间妙用，存养精进成就自性，天道人事的无上智慧皆由此出皆由此入。

第八章

圣人有以见天下之赜，而拟诸其形容，象其物宜，是故谓之象。圣人有以见天下之动，而观其会通，以行其典礼，系辞焉以断其吉凶，是故谓之爻。言天下之至赜而不可恶也，言天下之至动而不可乱也，拟之而后言，议之而后动，拟议以成其变化。

圣人观察全天下种种复杂幽深的现象，以易的卦爻符号比拟其形态和样貌，抓住其神韵与节奏，呈现出事物的真相，所以称作卦象。

圣人观察天下种种变动，研究出因应的共通规律，复合系之以辞，而断定它的吉凶，所以称作爻辞。表述天下最复杂幽深的现象，教人冷静面对不可厌烦，描绘天下最变动的事态而一丝不乱，一切比拟恰当了才陈述，商议周全才采取行动，依此思考行事必获成功。

"鸣鹤在阴，其子和之。我有好爵，吾与尔靡之。"子曰："君子居其室，出其言善，则千里之外应之，况其迩者乎？居其室，出其言不善，则千里之外违之，况其迩者乎？言出乎身，加乎民，行发乎迩，见乎远。言行，君子之枢机，枢机之发，荣辱之主也。言行，君子之所以动天地也，可不慎乎？"

中孚卦九二爻辞称："母鹤在山阴处鸣叫，小鹤欣然应和。我有一壶美酒，想跟你分享。"孔子称："君子住在家里发表好的言论，千里之外都会起共鸣而呼应，何况近处更不用说。住在家里发表不好的言论，千里之外都不会接受，近处更是如此。言论从本身发出，影响施加于民众，行为由近处发出，必然影响到远处，一言一行就像君子门户开阖的枢纽，一旦发动或受光荣或取羞辱。君子的言行会打动天地，能不谨言慎行吗？"

"同人，先号咷而后笑。"子曰："君子之道，或出或处，或默或语。二人同心，其利断金，同心之言，其臭如兰。"

同人卦九五爻辞称："与人和同，先痛哭悲泣，最后破涕为笑。"孔子称："君子处世之道，或出来任事，或安居静处，或沉默或说话。两人若真同心交往，其力量就像锋利的宝剑一般削铁如泥，所说出来的话如兰花般清香。"

初六："藉用白茅，无咎。"子曰："苟错诸地而可矣！藉之用茅，何咎之有？慎之至也。夫茅之为物薄，而用可重也。慎斯术也以往，其无所失矣！"

大过卦初六爻辞称："用洁白的茅草铺在地上承放东西，没有过咎。"孔子称："其实直接放到地上就可以了！先铺上白茅草再放东西，还有什么咎害呢？真是敬慎到了极点。白茅草只是个微薄的东西，却可以发挥重大的作用。人若能慎持这种方法去奋斗，永远都不会失败。"

"劳谦君子，有终，吉。"子曰："劳而不伐，有功而不德，厚之至也，语以其功下人者也。德言盛，礼言恭。谦也者，致恭以存其位者也。"

谦卦九三爻辞称："对社会有大功劳的君子谦让不居，如此必有后福而获吉祥。"孔子称："勤劳任事而不夸耀，成事有功却不自以为德，真是厚道到了极点。不居功还甘居人下，德行盛大，谦恭有礼。所谓谦德，就是将恭敬的精神发挥到极致，这样才能永远保持其地位。"

"亢龙有悔。"子曰："贵而无位，高而无民，贤人在下位而无辅，是以动而有悔也。"

乾卦上九爻辞称："龙飞得过高直往不返，人居高位恋栈不退必为群众厌弃，而生悔恨。"孔子称："这是说上九已离退休，身份尊贵无有职位，资历虽高无人跟随，就算有些贤能的旧属也帮不上忙，若执意行动必遭悔恨。"

"不出户庭，无咎。"子曰："乱之所生也，则言语以为阶。君不密则失臣，臣不密则失身，几事不密则害成，是以君子慎密而不出也。"

节卦初九爻辞称："不跨出家中户庭，没有咎害。"孔子称："人生许多祸乱，皆由出言不慎所致。领导人口风不密，会失去干部的信任；干部不守密，甚至可能有杀身之祸。事情的机密一旦泄漏，一定会带来失败，所以君子做事绝对谨慎周密，守口如瓶。"

子曰："作《易》者其知盗乎？《易》曰：'负且乘，致寇至。'负也者，小人之事也；乘也者，君子之器也。小人而乘君子之器，盗思夺之矣！上慢下暴，盗思伐之矣！慢藏诲盗，冶容诲淫。《易》曰：'负且乘，致寇至。'盗之招也。"

孔子称："《易》的作者很知道人生盗窃的根由吧？解卦六三爻辞称：'背着沉重的包袱乘坐大车，会引起敌寇前来抢夺，这样干前景不妙．'一般小民背着包袱在路上走，做官的才有车坐，坐上车还背着包袱不放下，显然角色错乱不称职，只有小民的才具窃据高位，当然就有外敌想把他拉下来。组织里居上位的人轻忽傲慢，在下位的狂暴无理，外敌就想伺机攻伐。这就像看守仓库的人失职，引诱强盗去抢，女人打扮得妖里妖气，遭人强暴一样，完全自招其祸，不能怪人。《易》称：'背着沉重的包袱乘坐大车，会引起敌寇前来抢夺'，就是这个缘故啊！"

第九章

天一，地二，天三，地四，天五，地六，天七，地八，天九，地十。天数五，地数五，五位相得而各有合。天数二十有五，地数三十，凡天地之数五十有五，此所以成变化而行鬼神也。

天数奇，一三五七九，地数偶，二四六八十。天地之数各五，一配二、三配四、五配六、七配八、九配十，皆能谐和。五个天数相加为二十五，五个地数相加为三十，天地之数总和为五十五，这就是以易数象征变化神机妙算的道理。

大衍之数五十，其用四十有九，分而为二以象两，挂一以象三，揲之以四以象四时，归奇于扐以象闰，五岁再闰，故再扐而后挂。乾之策，二百一十有六；坤之策，百四十有四，凡三百有六十，当期之日。二篇之策，万有一千五百二十，当万物之数也。

大衍之数用于蓍占，共五十根蓍草，演算时只用到四十九根，一根不用象征太极。将四十九根任意分为两份，象征天地两仪，从右半边取出一根象征三才中的人位，挂于左手小指尖，然后每四根四根一数象征四季的更迭，所余一到四根则夹在左手无名指间以象征闰月。历法每五年一闰，所以再将左半边直接每四根一数，将所余一到四根夹在左手中指间。如此完成一次变化，左右两边都是四的倍数，再将之合并，往下依据上述操作程序分二、挂一、揲四、归奇，进行第二次变化，总共三次变化决定一个爻的阴阳老少。最后剩下四根一数的九堆为老阳，八堆为少阴，六堆为老阴，七堆为少阳。老可变，阳极转阴，或阴极转阳，少则不变。一根蓍草称一策，乾卦六爻皆阳，六乘四乘九为二百一十六策，坤卦六爻皆阴，六乘四乘六为一百四十四策，二者之和为三百六十策，约当一年三百六十天之数。全《易》上下篇以三百六十乘三十二计，共一万一千五百二十策，相当于万物之数。

是故四营而成《易》，十有八变而成卦，八卦而小成，引而伸之，触类而长之，天下之能事毕矣！显道神德行，是故可与酬酢，可与佑神矣！子曰："知变化之道者，其知神之所为乎？"

所以分二、挂一、揲四、归奇四道操作程序决定一次变化，三变决定一爻，十八次变化决定一卦。这只是小成，往下还要考虑更繁复的几爻变与引发卦变的问题，就得引申其义，触类旁通，做出最后的综合判断，天下所有的复杂变化都可以精确估算。一旦练达贯通，可以彰显真理提升德行，便能在人际间应对裕如，甚至进一步丰富而改造了自然。孔子称："人一旦彻底了解天地间变化的道理，就知道无方无体的神的所作所为了吧？"

第十章

《易》有圣人之道者四焉：以言者尚其辞，以动者尚其变，以制器者尚其象，以卜筮者尚其占。

《易》有四种圣人之道：用来表达思想铺陈理论的崇尚其文辞，用来指导行动以建功立业的崇尚其变化规律，用来创造发明制作器物的崇尚其卦爻象征，用来卜问决疑的崇尚其占筮方法。

是以君子将有为也，将有行也，问焉而以言，其受命也如向，无有远近幽深，遂知来物。非天下之至精，其孰能与于此？

所以君子将要有所作为和行动之前，敬慎问占以谋定夺，意之所在都能充分反映在卦象中，无论所问之事遥远或切近，幽隐深藏，都能充分预知未来发展的情势。如果不是天下最精密的学问，怎么能够达到这种境界呢？

参伍以变，错综其数，通其变，遂成天地之文；极其数，遂定天下之象。非天下之至变，其孰能与于此？

成卦以后，再考虑爻变、卦变等错综复杂的变化，尽量圆融周到处理，即可成就天地间的丰功伟业；深度发挥其数理，就能决定事变的最后结果。不是天下最通达的学问，怎么能够达到这种境界呢？

无私也，无为也，寂然不动，感而遂通天下之故。非天下之至神，其孰能与于此？

没有私情私欲，没有染习造作，心思寂静至极，靠感应于瞬间而遍知天下事故之所以然。不是天下最神妙的学问，怎么能够达到这种境界呢？

夫《易》，圣人之所以极深而研几也。唯深也，故能通天下之志；唯几也，故能成天下之务；唯神也，故不疾而速，不行而至。子曰："'《易》有圣人之道者四焉'者，此之谓也。"

《易》是圣人用来下最深切的功夫，去研究事理人心的机微。因为深入，所以能沟通天下众人的心志；因为机微，所以能成就天下的事务；因为神妙，所以能没有毛病又快又准，不见行动就达到了目的。孔子称："'《易》有四种圣人之道'，就是指此而言。"

第十一章

子曰："夫《易》何为者也？夫《易》，开物成务，冒天下之道，如斯而已者也。是故圣人以通天下之志，以定天下之业，以断天下之疑。"

孔子称："《易》是为什么而作的呢？《易》是为了开发利用天地万物的资源，以成就天下的事务，包含尽天下所有的道理，也就是这样而已。所以圣人用来沟通天下众人的心志，底定天下的事业，决断天下所有的疑难。"

　　是故蓍之德圆而神，卦之德方以知，六爻之义易以贡，圣人以此洗心，退藏于密，吉凶与民同患。神以知来，知以藏往，其孰能与于此哉？古之聪明睿智神武而不杀者夫？是以明于天之道而察于民之故，是兴神物以前民用，圣人以此斋戒，以神明其德夫！

　　所以用蓍草占筮，圆转变化，神妙难测，成卦之后方可明确解读而获启示，六爻还有阴阳变动的可能，必须深入检验评估才能全面掌握情势。圣人借此洞烛先机后，还得严守机密以免败事，与民众同甘苦共患难。蓍的功能帮助我们预知未来，卦的功能储藏了许多前人的智慧和经验，究竟谁有这样贯通过去未来的本事呢？是古代那些有绝高智慧，且能以和平方式解决重大纷争的人物吗？所以了悟天道，就能明察人事之所以然，所以发明筮法以供民众运用，圣人借此仪式戒除染习使心思清净，依天道理人事，增长智能与德行。

　　是故阖户谓之坤，辟户谓之乾，一阖一辟谓之变，往来不穷谓之通。见乃谓之象，形乃谓之器，制而用之谓之法，利用出入，民咸用之谓之神。

　　所以关闭门户叫作坤，打开门户叫作乾，一闭一开叫作变化，往来无穷叫作会通，显现出来为人感知叫作象，进一步有了确定形体叫作器，制作器物供人学习使用叫作法，将之全面运用于人民生活谁也离不开叫作神。

　　是故《易》有太极，是生两仪，两仪生四象，四象生八卦，八卦定吉凶，吉凶生大业。

　　所以一切生生的现象必有创造的根源本体，由此显现为相反相成的阴阳两仪，再交互作用生成太阳、太阴、少阳、少阴四象，继续分阴分阳得出三画的八卦及六画的六十四卦。运用卦爻符号便可确定人生的吉凶祸福，经历无数的艰险成败，缔造富有日新的伟大事业。

　　是故法象莫大乎天地，变通莫大乎四时，悬象著明莫大乎日月，

三、白话《系辞传》| 217

崇高莫大乎富贵；备物致用，立成器以为天下利，莫大乎圣人。探赜索隐，钩深致远，以定天下之吉凶，成天下之亹亹者，莫大乎蓍龟。

所以自然界的法与象没有比天地更大的，变化通达没有比一年四季更大的，高悬天际照耀人寰没有比太阳跟月亮更大的，人们效法自然没有比盛德大业更值得尊崇高尚的，将许多自然资源凑齐使之发挥最大功效，再制作出便利的各种工具供民众使用以产生无穷的利益，没有比圣人的贡献更伟大的。探索复杂幽深的现象，洞察事理的机微，掌握变化的趋势，做出最好的布局因应，以确定天下的吉凶，激励人奋发勤勉任事，没有比蓍草占筮与龟卜更有神效的。

是故天生神物，圣人则之；天地变化，圣人效之。天垂象见吉凶，圣人象之。河出图洛出书，圣人则之。《易》有四象，所以示也；系辞焉，所以告也；定之以吉凶，所以断也。

所以天生蓍龟这种神奇的物种，圣人取法定规；天地自然的种种变化，圣人研究效法；星空垂示天象，预兆吉凶，圣人取为象征；黄河出现龙马负图，洛水出现龟书，圣人亦取法定规。《易》有四象，显示四时变化的规律，卦爻系上文辞，告知变动征兆，确定吉凶成败，助人判断得失。

第十二章

《易》曰："自天佑之，吉无不利。"子曰："佑者助也。天之所助者，顺也；人之所助者，信也。履信思乎顺，又以尚贤也。是以自天佑之，吉无不利也。"

《易经》大有卦上九爻辞称："自强不息得获上天佑助，一切吉祥，没有任何不好。"孔子解释："佑就是帮助，上天所帮助的，必是那些顺天理行事的人；人会帮助别人，一定是因为对方值得信赖。一个人若能依诚信行事，思维顺乎天理，再懂得尊重贤者，必蒙上天福佑，获致成功，且无任何后患。"

子曰:"书不尽言,言不尽意,然则圣人之意,其不可见乎?"子曰:"圣人立象以尽意,设卦以尽情伪,系辞焉以尽其言,变而通之以尽利,鼓之舞之以尽其神。"

孔子称:"书写的文字有篇幅的限制,完全畅所欲言很难,即使已经说出写出的话,也没有办法充分表述我们心中的意念。"那么圣人的意念后人就没办法了解了吗?孔子又说:"圣人发明阴阳符号的象征来表述意念,设计卦象说明事态的真伪,然后系上卦爻辞尽量讲清楚,后人体悟之后付诸实践,任事懂得变通以发挥最大的效益,鼓舞激励群体行动才臻道体发用的最高境界。"

乾坤其《易》之缊邪?乾坤成列,而《易》行乎其中矣!乾坤毁,则无以见《易》;《易》不可见,则乾坤或几乎息矣!

乾坤二卦就是《易》的主要内涵吧?乾坤相对,刚柔相推而生变化,《易》就立于其中;乾坤若毁,失去了相对激荡的力量,孤阴不生,独阳不长,自然无法显现《易》的生生变化。生机一停滞,乾坤也就几乎不能再存在。

是故形而上者谓之道,形而下者谓之器,化而裁之谓之变,推而行之谓之通,举而措之天下之民谓之事业。

所以超乎形体之上的叫作道,其下有形体的叫作器,在自然的造化上斟酌裁度加工改造叫作变,推动文明进步叫作通,让天下民众都因而受惠叫作事业。

是故夫象,圣人有以见天下之赜,而拟诸其形容,象其物宜,是故谓之象。圣人有以见天下之动,而观其会通,以行其典礼,系辞焉以断其吉凶,是故谓之爻。极天下之赜者存乎卦,鼓天下之动者存乎辞,化而裁之存乎变,推而行之存乎通;神而明之,存乎其人;默而成之,不言而信,存乎德行。

因此所谓象,是圣人观察全天下种种复杂幽深的现象,以《易》的卦爻符号比拟其形态和样貌,抓住其神韵与节奏,呈现出事物的真相，所以称作卦象。圣人观察天下种种变动，研究出因应的共通规律，并附上说明的文辞，以判断吉凶，所以称作爻辞。极尽天下复杂幽深的道理都储存于卦中，鼓舞天下人积极热情行动的都储存于爻辞里，在自然的造化上斟酌裁度加工改造存在于变动，推动文明进步存在于会通，道体阴阳不测的作用，表现为人文光显之功，都存在于人的作为，默然实践有所成就，不需言辞即能取信于人，完全在于美好的德行。

2. 系辞下传

第一章

八卦成列，象在其中矣。因而重之，爻在其中矣。刚柔相推，变在其中矣。系辞焉而命之，动在其中矣。吉凶悔吝者，生乎动者也。刚柔者，立本者也；变通者，趣时者也；吉凶者，贞胜者也。天地之道，贞观者也；日月之道，贞明者也。天下之动，贞夫一者也。

八卦相对排列，呈现出丰富的卦象变化；三画的八卦重叠成六画的六十四卦，爻的意义也正式确立。阳爻阴爻相互推移，各种复杂的变化于是产生；依据爻所代表的不同时位，系上精致的爻辞，指引人正确行动。人生一切吉凶悔吝都由行动中产生，阳刚阴柔是爻的本质，所有的变通都是为了趋向合宜的时机；吉凶输赢固然重要，固守正道价值更高。天地自然的道理，因为守恒持正而为人所观仰；日月交替辉映，因为依循常道而焕发光明；天下所有的变动不离其本，化繁为简，都得专一守正。

夫乾，确然示人易矣；夫坤，隤然示人简矣。爻也者，效此者也；象也者，像此者也。爻象动乎内，吉凶见乎外，功业见乎变，圣人之情见乎辞。

乾道明确启示人易的道理，坤道柔顺提醒人简的法则，爻象仿效这个而作，卦象模拟这个而立。爻象变动于内，吉凶显现于外，建功立业从不断的变动历练中得来，圣人对世界的热切关怀充分表现在卦爻辞中。

天地之大德曰生，圣人之大宝曰位。何以守位曰仁，何以聚人曰财。理财正辞，禁民为非曰义。

天地最伟大的功能就是创生万物，圣人最重要的珍宝就是时位，如何守住正位关键在仁德，如何聚众成事非钱莫办。理财必须公正、公平、公开以防弊端，才合乎公义原则。

第二章

古者包牺氏之王天下也，仰则观象于天，俯则观法于地，观鸟兽之文，与地之宜，近取诸身，远取诸物，于是始作八卦，以通神明之德，以类万物之情。作结绳而为网罟，以佃以渔，盖取诸离。

上古伏羲氏治理天下，仰观天象，上探宇宙星云的运转规律，俯察地理，研究山河大地的构造法则，再比较鸟兽行经地面所留下的足迹，与各方不同水土所适合生产的百果草木，从近处取人身体，远处取各种事物为象征，于是首先创作了八卦，用来通晓自然造化生生不息的作用，以及各种各类事物的实情。发明了结绳制作成罗网供狩猎和捕鱼之用，这大概就是中虚而孔目相连的离卦的象。

包牺氏没，神农氏作，斲木为耜，揉木为耒，耒耨之利，以教天下，盖取诸益。日中为市，致天下之民，聚天下之货，交易而退，各得其所，盖取诸噬嗑。

伏羲氏过世后，神农氏继起，砍削树木做犁头，揉弯做曲柄，发明农耕而有收获，以教导天下人民，大概就从上巽柔下震动的益卦而得的启示。又规定中午为买卖时间，招致天下民众，聚集各种货物，交易后各获所需返回本处，大概是从上离日下震动的噬嗑卦得到灵感。

神农氏没，黄帝、尧、舜氏作，通其变，使民不倦，神而化之，使民宜之。易穷则变，变则通，通则久，是以自天佑之，吉无不利。

黄帝、尧、舜垂衣裳而天下治,盖取诸乾坤。刳木为舟,剡木为楫,舟楫之利,以济不通,致远以利天下,盖取诸涣。服牛乘马,引重致远,以利天下,盖取诸随。重门击柝,以待暴客,盖取诸豫。断木为杵,掘地为臼,杵臼之利,万民以济,盖取诸小过。弦木为弧,剡木为矢,弧矢之利以威天下,盖取诸睽。

神农氏过世,黄帝、尧、舜先后继起,通权达变使民众不会厌倦,政治管理出神入化使民众生活合宜。易理教人旧方法不行就得变化创新,创新后又能通行很长一段时日,所以若有天命相助般吉祥,没有任何不利。黄帝、尧、舜擅于无为而治,以德行为天下万民表率,华夏衣冠文物鼎盛,天下太平,大概是从乾坤二卦取法,上衣下裳,君主民从。剖空树木造船,削尖树木做桨楫,用来济渡江河,通航到远方而便利天下,大概从涣卦取象,上卦巽为风、为木,下卦坎为水、为险。驾驭牛使拉车负重,骑马通行远方,使天下交通便利,大概是取象于随卦,下卦震动而上卦兑悦吧?古代城防设多重门禁,另有敲击梆子机动示警,以防备外敌入侵,大概是取象于豫卦,外卦震动内卦坤为土地民众。砍断木头做捣杵,挖掘地面为土臼,舂米加工以供天下万民食用,大概是取象于小过卦,上卦震动为木,下卦艮止为土。弯曲木条且在两端系上弦绳做弓,削尖木头做箭,以弓箭威慑敌人,大概取象于睽卦,上下内外猜疑斗争吧?

上古穴居而野处,后世圣人易之以宫室,上栋下宇,以待风雨,盖取诸大壮。古之葬者,厚衣之以薪,葬之中野,不封不树,丧期无数,后世圣人易之以棺椁,盖取诸大过。上古结绳而治,后世圣人易之以书契,百官以治,万民以察,盖取诸夬。

上古时代居住在洞穴而散处野外,后代圣人营建房屋,上有栋梁下有檐宇,可遮风挡雨,改善了居住方式,大概取象于大壮卦,上震下乾四阳连成一片稳固厚实。上古丧葬只用薪材厚厚裹缠遗体,埋在荒野之间,不封土为坟,也不种树或立碑以表示身份,更没有一定的守丧日数与繁复的礼法，后代圣人发明棺椁以改变习俗，大概取象于大过卦，上卦兑为泽，下卦巽为入、为木，中间四阳全陷于上下二阴之中。上古结绳记事，后世圣人发明契刻文字，政府百官用以治理政务，天下万民记载日常琐事，文明得以传衍，大概取象于夬卦，积累五阳的经验与记录做出适宜的决断。

第三章

是故《易》者象也；象也者，像也。彖者，材也；爻也者，效天下之动者也。是故吉凶生而悔吝著也。

所以《易》就是象，象就是与原物非常相像。彖是卦体，呈现事物的样态，像一堆待用的素材；爻象征流变，仿效天下各种行动，所以吉凶成败随之而生，过刚生悔过柔生吝也显现出来。

第四章

阳卦多阴，阴卦多阳，其故何也？阳卦奇，阴卦偶，其德行何也？阳一君而二民，君子之道也；阴二君而一民，小人之道也。

三画的八卦分阴分阳，除乾坤外，震、坎、艮为阳卦，皆为二阴爻一阳爻的结构；巽、离、兑为阴卦，皆为二阳爻一阴爻的结构，这是什么缘故？以阴阳爻符号的线段数，或以大衍占法七、九为阳，八、六为阴的算法，阳卦三爻总和皆为奇数，阴卦则为偶数，这又代表什么意义？乾阳为君，坤阴为民，阳卦一阳二阴，一君二民，以少统多，合乎政事常轨，为君子之道。阴卦二阳一阴，二君一民，以多统少，大违常理，为小人之道。

第五章

《易》曰："憧憧往来，朋从尔思。"子曰："天下何思何虑？天下同归而殊途，一致而百虑，天下何思何虑？日往则月来，月往则

日来，日月相推而明生焉。寒往则暑来，暑往则寒来，寒暑相推而岁成焉。往者屈也，来者信也，屈信相感而利生焉。尺蠖之屈，以求信也；龙蛇之蛰，以存身也；精义入神，以致用也；利用安身，以崇德也。过此以往，未之或知也；穷神知化，德之盛也。"

《易经》咸卦九四爻辞称："固守不动收摄心神才吉，悔恨得以消亡。受外界感应影响，彼此心思都扰动不宁。"孔子称："天下事何必苦思忧虑？既然都从大道所生，探讨真理可有各种不同的思维与表述方式，最后仍得统合回归于自然的大道。天下事何必苦思忧虑？每天日落则月升，月落则日升，日月交相推移而光明恒在。寒季过去暑气前来，暑季过去寒气又生，寒暑交相推移年岁形成。既往的已成历史，逐渐丧失对现实的影响；未来的有待好好规划，以伸张我们的志向。一屈一伸之间，人群社会的大利便由此生出。山野间常见的尺蠖小虫，行进时必先蹐曲而后伸，龙蛇这种大虫当气候严寒或环境险恶时，也会深藏洞穴中以保存性命。我们研究学问到了高深莫测的境界，是为了经世致用，解决人生实际的问题。安身立命，不断在日常生活的实践中累积经验，以提高我们的德行。超过这些以外，其他难信难凭的学说理论，只能存而不论。然而穷究大道的奥妙，了解天地造化的缘由，就是真积力久豁然贯通的盛德。"

《易》曰："困于石，据于蒺藜，入于其宫，不见其妻，凶。"子曰："非所困而困焉，名必辱；非所据而据焉，身必危。既辱且危，死期将至，妻其可得见邪？"

《易经》困卦六三爻辞称："前行巨石挡道，本身又据于蒺藜多刺的环境中，难已极，回到自己家里，发现妻子都跑掉了，凶险无比。"孔子称："不应该受困而居然受困，声名必受羞辱；不应该作为据点的却选错据点，生命必遭危险。既蒙耻辱又遭危险，灭亡之日都快来临，哪有可能见到妻子呢？"

《易》曰："公用射隼于高墉之上，获之无不利。"子曰："隼者，禽也；弓矢者，器也；射之者，人也。君子藏器于身，待时而动，何不利之有？动而不括，是以出而有获，语成器而动者也。"

《易经》解卦上六爻辞称："为了确保公众利益，在高高的城墙上弯弓搭箭射鹰隼，一举击毙没有不利。"孔子称："鹰隼是禽鸟，弓箭是利器，射箭的是人。君子身上预藏利器，等待恰当时机行动，怎么会有不利呢？一旦采取行动毫无凝滞，所以出手就有斩获，这是告诉我们必有充分准备再采取行动。"

子曰："小人不耻不仁，不畏不义，不见利不动，不威不惩。小惩而大诫，此小人之福也。《易》曰：'屦校灭趾，无咎。'此之谓也。善不积不足以成名，恶不积不足以灭身。小人以小善为无益而弗为也，以小恶为无益而弗去也，故恶积而不可掩，罪大而不可解。《易》曰：'何校灭耳，凶。'"

孔子称："小人不以不仁为耻，不害怕行事不义，没看到利益不劝勉行动，没遭威胁不知戒惕。受到微小的惩罚而获得重大的告诫，这是小人的幸运。《易经》噬嗑卦初九爻辞称：'脚上戴了刑具，不能自由行动，改过则没有咎害。'说的就是这个道理。善行不积累不足以成就美名，恶行不积累不足以灭亡其身，小人把小善看成没有利益而不肯做，把小恶看成无伤大雅而不愿去除，所以恶行积累而无法掩饰，罪大恶极后无法解救。噬嗑卦上九爻辞称：'脖子上戴着沉重的枷锁，遮蔽了双耳，非常凶险。'"

子曰："危者，安其位者也；亡者，保其存者也；乱者，有其治者也。是故君子安而不忘危，存而不忘亡，治而不忘乱，是以身安而国家可保也。"《易》曰："其亡其亡，系于苞桑。"

孔子称："今日陷于危险的，是曾经在其位子上很安全的；今日灭亡的，是自以为能长久保障生存的；今日陷于混乱的，是曾经治理得很好的。所以君子安居时别忘危险，生存时别忘可能灭亡，治理好时别忘败乱，所以自身可常安而国家可长保。《易经》否卦九五爻辞称：

'随时还可能败亡啊,随时还可能败亡啊!必得稳定基层,就像根深蒂固的苞桑一样坚韧不动。'"

子曰:"德薄而位尊,知小而谋大,力小而任重,鲜不及矣!《易》曰:'鼎折足,覆公悚,其形渥,凶。'言不胜其任也。"

孔子称:"德行薄弱而地位崇高,智慧浅小而谋划大事,力量渺小而身负重任,很少不招致灾祸的。《易经》鼎卦九四爻辞称:'鼎脚折断,整座鼎倾覆,肉汤流了一地,沾湿肮脏,弃置遭凶。'这是说完全不能胜任。"

子曰:"知几其神乎!君子上交不谄,下交不渎,其知几乎!几者,动之微,吉之先见者也。君子见几而作,不俟终日。《易》曰:'介于石,不终日,终吉。'介如石焉,宁用终日?断可识矣!君子知微知彰,知柔知刚,万夫之望。"

孔子称:"预知事机的变化,智慧真是达到了神妙的境界。君子与居上位者交往绝不谄媚,与下位者交往绝不渎乱,可说是预知事机的变化了吧?机就是事物变动的微小征兆,吉凶的结果已经显现出来。君子见到事机的变化立刻采取行动,绝不等一天过完。《易经》豫卦六二爻辞称:'立场坚定,明识机微,不该动的时候绝不妄动,一旦时机成熟迅速出手,必可获吉。'既然耿介如石头般坚定,哪里还需要等一天过完?当下就可做出正确裁断。君子知道隐微不显的机兆,也知道事后彰显明白的结果,知道何时该阳刚坚定,何时得顺势阴柔,这是千万人仰望的领袖人物啊!"

子曰:"颜氏之子,其殆庶几乎?有不善未尝不知,知之未尝复行也。《易》曰:'不远复,无祗悔,元吉。'"

孔子称:"颜回这个年轻人德行接近完美了吧?心中一有不善的念头,立刻警觉,一旦感知就不会再去做。《易经》复卦初九爻辞称:'人的良知自性不待远求,切近身心去体认即可开发致用,走偏了立刻调整,不至于犯错悔恨,充满了创造性而获吉。'"

"天地氤氲，万物化醇；男女构精，万物化生。《易》曰：'三人行，则损一人；一人行，则得其友。'言致一也。"

"天地阴阳二气缠绵交合，万物化育醇厚，男女雌雄二性浓情交媾，万物孕育化生。《易经》损卦六三爻辞称：'三人同行，关系复杂，最好去掉一人；那人离开后会另外结交新的朋友。'这是说阴阳互动必须专注和合为一。"

子曰："君子安其身而后动，易其心而后语，定其交而后求。君子修此三者，故全也。危以动，则民不与也；惧以语，则民不应也；无交而求，则民不与也。莫之与，则伤之者至矣。易曰：'莫益之，或击之。立心勿恒，凶。'"

孔子称："君子安定自身后再采取行动，平和内心再说话，与人有一定交情后再有所要求。君子修这三种德行，才能在人群社会中安全立足。如果自身危险而采取行动，民众不会参与；内心疑惧而轻率说话，民众不会应和；没有交情还过分要求，民众也不会给予。一旦不给予不参与，还会有人来破坏伤害。所以《易经》益卦上九爻辞称：'无法再获益，反而招致意外的打击。这是因为居心不善自私自利，必遭凶险。'"

第六章

子曰："乾坤其《易》之门邪？乾，阳物也；坤，阴物也。阴阳合德而刚柔有体，以体天地之撰，以通神明之德。其称名也杂而不越，于稽其类，其衰世之意邪？夫《易》，彰往而察来，而微显阐幽，开而当名辨物，正言断辞则备矣！其称名也小，其取类也大，其言曲而中，其事肆而隐，因贰以济民行，以明失得之报。"

孔子称："乾坤二卦应该是《易》的门户吧？乾是阳的物象，坤是阴的物象，阴阳互动和合才有了刚柔的形体，可以体现天地造化的奥妙，用来通晓自然界生生不息的作用。《易》中卦爻辞所称述的物名虽然繁杂，却不逾越阴阳互动的基本规范，我们反复考求核验其分类，或许是流露圣人作《易》的衰世情怀吧？《易》彰显过去的事例，能帮助我们探察未来，洞察人性人事的幽微予以精确描述，深刻阐明其道理。开始行动时，必有正当名义将所有事物分辨清楚，然后提出正面的看法和解决问题的方略，当机立断付诸实践，一切都很完整周备。所称述的物名虽然细小，取类比喻却很博大，旨意很深远，修辞富文采，所讲述的委曲婉转却切中事理，谈的事好像很公开，真正的深意仍隐微难明。任何事情皆从两面思考，以帮助民众行事，明白吉凶得失的报应。"

第七章

《易》之兴也，其于中古乎？作《易》者，其有忧患乎？

《易》道大为兴盛，大概是在殷商末年的中古时代吧？创作《易》的圣人当时充满了忧患意识吧？

是故履，德之基也；谦，德之柄也；复，德之本也；恒，德之固也；损，德之修也；益，德之裕也；困，德之辨也；井，德之地也；巽，德之制也。

所以履卦重实践，是一切德行的基础；谦卦是修德的入手处；复卦是修德的根本；恒卦指示德行需长久固守不变；损卦节制欲望清心修德；益卦心量宽裕行善；困卦考验人是否坚持操守；井卦开发新资源是修德的宝地；巽卦因地随时制宜。

履，和而至；谦，尊而光；复，小而辨于物；恒，杂而不厌；损，先难而后易；益，长裕而不设；困，穷而通；井，居其所而迁；巽，称而隐。

履卦教人和平达到目的；谦卦最后获得尊荣光显；复卦用心微细能明辨事物之理；恒卦虽处繁杂而不厌倦；损卦压抑情感开始艰难，习惯后就从容和易；益卦长久宽裕而不费心做作；困卦遭遇穷境而能亨通；

井卦开发新资源成功足以改变世界；巽卦考虑周到，行事稳当隐秘，不易被发现。

履，以和行；谦，以制礼；复，以自知；恒，以一德；损，以远害；益，以兴利；困，以寡怨；井，以辨义；巽，以行权。

履卦行事以和为贵；谦卦的精神用来制定礼法；复卦让人深入内省以发扬自性；恒卦久历忧患不改常度；损卦节制欲望以远离祸害；益卦广兴福利济度众生；困卦教人遭遇逆境而少怨尤；井卦教人行义，开拓新路自助助人；巽卦因势利导主控全局。

第八章

《易》之为书也，不可远，为道也屡迁。变动不居，周流六虚。上下无常，刚柔相易，不可为典要，唯变所适。

《易》这部书切近生命生活，不可远离，其中讲述的道理总是因时因地而变迁，不会固守拘执，周遍流转于一卦六爻之间。或上升或下降，阳刚阴柔相互变易，不要当成金科玉律死守奉行，永远紧盯变化而做适宜的调整。

其出入以度，外内使知惧，又明于忧患与故，无有师保，如临父母。初率其辞而揆其方，既有典常，苟非其人，道不虚行。

人生出入行藏，必须遵守法度，在外在内要知所戒惧，又得明白世上的忧患与其发生的原因。虽然没有负责提携教导的师保，也像父母亲临爱顾一样知所应对。处事之初遵循卦爻辞而推度设想应变的方法，一旦掌握了个中规律，仍得不断精进修行，不然《易》中的真理也无从体现。

第九章

《易》之为书也，原始要终，以为质也；六爻相杂，唯其时物也。其初难知，其上易知，本末也。初辞拟之，卒成之终。若夫杂物撰德，辨是与非，则非其中爻不备。噫，亦要存亡吉凶，则居可知矣！知者观其象辞，则思过半矣！

《易》这部书追溯事情的开始，并据此推断其结果，这是这门学问的本质，一卦六爻有阴有阳相互错杂，最重要的是把握其随时变动的关系。初爻爻辞模拟其情境，一旦切合，顺理成章发展到上爻，爻辞就容易了解。初爻为本，像树木的根柢，上爻为末，像树木的枝梢，有本末终始的关系。至于根据阴阳爻间杂出现的状况，以撰述其可能的际遇和表现，彻底辨别人事的是非对错，那么非研究其二、三、四、五爻的历程变化，否则必不完备。啊，一旦居中把握了存亡吉凶的规律，即使平居无事之时也能洞察事理。有智慧的人深入研究卦辞，对该卦的吉凶祸福就可有大致过半的掌握。

二与四，同功而异位，其善不同；二多誉，四多惧，近也。柔之为道，不利远者，其要无咎，其用柔中也。三与五，同功而异位，三多凶，五多功，贵贱之等也。其柔危，其刚胜邪？

二爻与居君位的五爻相应，四爻上承五爻，都有辅佐配合领导者的功能，而分居上下卦不同的职位，善处的智慧不同。二爻多获美誉，四爻离君位太近，与闻机密，伴君如伴虎，得戒慎恐惧。二、四爻皆处阴柔之位，本身不宜主事，二爻离权力核心太远，可能被边缘化，这是不利处，但离得远也不易招祸，要点是依中道行事，以保善终。三爻与五爻皆处阳刚之位，可积极主导行事，但结果往往不同。三爻多半遭凶，五爻则多建功，又是什么缘故？因为五爻君位为贵，三爻臣位为贱，等级有差，莫可奈何。整体来说，居阴柔之位的二、四爻依人成事，或近而多惧，或远而无咎，都有危险；居阳刚之位的三、五爻，可直接主导局部或全部事宜，不论遭凶或建功，还是较为殊胜呢？

第十章

《易》之为书也，广大悉备，有天道焉，有人道焉，有地道焉。

兼三才而两之，故六；六者非它也，三才之道也。道有变动，故曰爻；爻有等，故曰物；物相杂，故曰文；文不当，故吉凶生焉。

《易》这部书，像天地一般广大，包罗万象，含有天的道理、地的道理与人的道理。天、地、人各分阴阳，易卦遂以六画而成。初、二爻为地位，三、四爻居人位，五、上爻属天位。六画不是别的，就是天、地、人三才的道理。《易》的道理就在变化，仿效变化的就是六爻；爻分上下等次，称为物，刚柔杂处称为文；配置不恰当就产生吉凶成败。

第十一章

《易》之兴也，其当殷之末世，周之盛德邪？当文王与纣之事邪？是故其辞危。危者使平，易者使倾，其道甚大，百物不废。惧以终始，其要无咎，此之谓易之《道》也。

《易》道大为兴盛，大概是在殷商末年、西周德业大盛的时候吧？正当周文王姬昌与殷纣王对峙的时期吧？所以卦爻辞多有危惧警戒的意义，越知警惕越可平安度过，越掉以轻心越会失败倾覆。易道宏大，各种事物赖以存续，终而复始都保持戒惧，要旨在于改过无咎。这就是大易之道啊！

第十二章

夫乾，天下之至健也，德行恒易以知险；夫坤，天下之至顺也，德行恒易以知阻。能说诸心，能研诸侯之虑，定天下之吉凶，成天下之亹亹者。

乾卦是天下最刚健的，表现的特性恒常平易而能知艰险之所在；坤卦是天下最柔顺的，表现的特性恒常简约而能知阻碍之所在。易简能透彻领会事理，能深思熟虑，研究该怎么做以决定天下的吉凶成败，促成天下人勤勉奋发。

是故变化云为，吉事有祥，象事知器，占事知来。天地设位，圣人成能，人谋鬼谋，百姓与能。

　　所以在各种环境变化下，当事者该怎么说怎么做？任何言辞和事情若细心体察，都有迹可循，依此预测可早做准备。由卦爻象可创造发明制作器物，用占筮方法卜问决疑可知道未来。天地的自然环境既已形成，圣人顺势开发利用以造就理想的人间世，除了当代人贡献的智慧外，还要参考运用古人的经验与睿智，以为全人类谋福，开放给全民积极参与。

　　八卦以象告，爻象以情言，刚柔杂居而吉凶可见矣！变动以利言，吉凶以情迁，是故爱恶相攻而吉凶生，远近相取而悔吝生，情伪相感而利害生。凡易之情，近而不相得则凶，或害之，悔且吝。

　　八卦用卦形象征来表示哲理，卦爻辞描述事物的具体情态，卦中阳爻阴爻交杂分布，依据刚柔互动的状况，可推断出吉凶祸福的结果。所有的人事变动都是利益取向，吉凶成败亦因喜怒哀乐的人情而变迁，所以主观的爱憎互相攻击就造成吉凶，时空距离的远近产生悔恨或吝惜，真情或假意相感应引发利益或祸害。人之常情，朝夕相处却不投契，反添痛苦当然凶，甚至还可能互相伤害，又增悔恨或吝惜。

　　将叛者其辞惭，中心疑者其辞枝，吉人之辞寡，躁人之辞多，诬善之人其辞游，失其守者其辞屈。

　　将要叛离心怀异志的人说话会不好意思，信念不坚定的人讲话枝蔓歧出欠缺要点，吉人气定神闲说话不多，浮躁的人啰啰唆唆废话连篇，诬赖好人恶意抹黑者缺乏证据，言辞一定闪烁游移，失去操守的人理不直气不壮，自然难以服众。

四、白话《说卦传》《序卦传》《杂卦传》

扫一扫,
听刘君祖诵经

1. 白话《说卦传》

第一章

昔者圣人之作《易》也，幽赞于神明而生蓍，参天两地而倚数，观变于阴阳而立卦，发挥于刚柔而生爻，和顺于道德而理于义，穷理尽性以至于命。

古代圣人创作《易经》，冥思体证宇宙真相与人性幽微，发明了蓍草占筮的方法，一、三、五为天数，二、四为地数，三天数相加为九为老阳，两地数相加为六为老阴，依据九、六之变可定出卦象，一卦六爻或刚或柔，发挥变动更显示出错综复杂的情境。教人顺应自然的道理去做事，将一切调理得恰到好处，穷究事物之理，善尽人性本能，达到与天命合一的终极境界。

第二章

昔者圣人之作《易》也，将以顺性命之理。是以立天之道，曰阴与阳；立地之道，曰柔与刚；立人之道，曰仁与义。兼三才而两之，故易六画而成卦。分阴分阳，迭用柔刚，故易六位而成章。

古代圣人创作《易经》，是要依顺人性与天命的道理，所以确立天道分阴与阳，确立地道为柔与刚，确立人道为仁与义。天、地、人三才各分为二，所以六爻而成一卦。任何事情都有阴阳两面，有利有弊，先判分清楚再处理，该用柔时用柔，该用刚时用刚，随机交互进行，所以熟习易卦六爻的运用，可成就明显的功业。

第三章

天地定位，山泽通气，雷风相薄，水火不相射。八卦相错，数往者顺，知来者逆，是故易，逆数也。

开天辟地之后，上天下地有了确定的位置，启动生生化化的现象。高山与洼泽交互通气，雷声与风啸迫近摩荡，水下流火上燃动向相反。乾天坤地、艮山兑泽、震雷巽风、坎水离火，性质彻底对反。循迹推求过去已发生的事情较易，预料未来的情势发展就比较困难，易象易理却能体悟世事变化的机微，预测相当精准。

第四章

雷以动之，风以散之，雨以润之，日以烜之，艮以止之，兑以说之，乾以君之，坤以藏之。

雷能振奋万物的生机，发为积极的行动；风能散布流通，调畅万物；雨水滋润万物，太阳干燥万物。艮可节制万物的妄动，兑可使万物欣悦向荣。乾无所不施，兼而有之，坤则能将一切涵容收藏。

第五章

帝出乎震，齐乎巽，相见乎离，致役乎坤，说言乎兑，战乎乾，劳乎坎，成言乎艮。万物出乎震，震，东方也。齐乎巽，巽，东南也。齐也者，言万物之洁齐也。离也者，明也。万物皆相见，南方之卦也。圣人南面而听天下，向明而治，盖取诸此也。坤也者，地也。万物皆致养焉，故曰致役乎坤。兑，正秋也，万物之所说也，故曰说言乎兑。战乎乾，乾西北之卦也，言阴阳相薄也。坎者，水也，正北方之卦也，劳卦也。万物之所归也，故曰劳乎坎。艮，东

北之卦也，万物之所成终而所成始也，故曰成言乎艮。

震卦象征生命的主宰，人生一切主宰从行动中来。巽卦继震动生发之后，需深入学习了解众生共存的周遭世界。离卦为火、为日，光明普照，大家学明白了坦荡交往，共建文明社会。坤卦为土、为众，知而必行，教养民众。兑卦为悦、为泽，朋友讲习，悦乐无疆。乾卦为天、为君，龙战于野，清明理智与私欲对抗。坎卦为险陷，劳心劳力克服重重险难。艮卦为山、为止，登峰造极，修成大德。震为雷、为木，有惊蛰及草木初发欣欣向荣之象，居正东方。巽为风、为入，万物齐备生长，清新洁净，居东南方。离卦为光明之象，万物皆显现，为正南方之卦，圣人坐北朝南治理天下，向往光明，天下太平，大概由此取象。坤卦是大地的象征，万物都从中得到滋养，所以说坤致力用事。兑卦当正秋收成时节，万物成熟欣悦，所以说欣悦于兑。乾是西北之卦，阴阳二气迫近相争，所以称战。坎为水，居正北方之卦，劳碌不堪，万物隆冬归藏之所，所以称辛劳于坎。艮是东北之卦，万物终结成就又启动新一轮的开始，所以说大成于艮。

第六章

神也者，妙万物而为言者也。动万物者莫疾乎雷，桡万物者莫疾乎风，燥万物者莫熯乎火，说万物者莫说乎泽，润万物者莫润乎水，终万物始万物者莫盛乎艮。故水火相逮，雷风不相悖，山泽通气，然后能变化既成万物也。

神是大自然的运化作用，奇妙不可思议，难以言传。鼓动万物没有比雷更迅猛的，吹散万物没有比风更迅疾的，干燥万物没有比火更炎热的，欣悦万物没有比泽更欣悦的，滋润万物没有比水更润泽的，最终成就万物又萌生万物的没有比艮更盛大的。所以水火可以相及，雷风不相悖离，山泽气息相通，然后能变动运化形成万物。

第七章

乾,健也;坤,顺也;震,动也;巽,入也;坎,陷也;离,丽也;艮,止也;兑,说也。

乾性刚健不息,坤性和顺载物,震性积极奋动,巽性潜伏深入,坎性险陷不安,离性接续附丽,艮性静止不动,兑性润泽欣悦。

第八章

乾为马,坤为牛,震为龙,巽为鸡,坎为豕,离为雉,艮为狗,兑为羊。

乾行健,可为马象;坤顺载,可为牛象;震威动,可为龙象;巽时至而出鸣,可为鸡象;坎污湿,可为豕象;离明亮,可为雉象;艮门禁森严,可为狗象;兑外表悦顺,可为羊象。

第九章

乾为首,坤为腹,震为足,巽为股,坎为耳,离为目,艮为手,兑为口。

乾主导似头之象;坤包容似腹部之象;震行动似足之象;巽安坐似大腿之象;坎内陷似耳之象;离明亮似目之象;艮止持似手之象;兑言说似口之象。

第十章

乾,天也,故称乎父。坤,地也,故称乎母。震一索而得男,故谓之长男。巽一索而得女,故谓之长女。坎再索而得男,故谓之中男。离再索而得女,故谓之中女。艮三索而得男,故谓之少男。兑三索而得女,故谓之少女。

乾象天,所以称作父亲;坤象地,所以称作母亲。震为乾坤婉转交合初次所生的男性,所以叫作长男。巽为乾坤婉转交合初次所生的女性，所以叫作长女。坎为乾坤婉转交合再次所生的男性，所以叫作中男。离为乾坤婉转交合再次所生的女性，所以叫作中女。艮为乾坤婉转交合三次所生的男性，所以叫作少男。兑为乾坤婉转交合三次所生的女性，所以叫作少女。

第十一章

乾为天，为圆，为君，为父，为玉，为金，为寒，为冰，为大赤，为良马，为老马，为瘠马，为驳马，为木果。坤为地，为母，为布，为釜，为吝啬，为均，为子母牛，为大舆，为文，为众，为柄。其于地也为黑。震为雷，为龙，为玄黄，为旉，为大涂，为长子，为决躁，为苍筤竹，为萑苇。其于马也为善鸣，为馵足，为作足，为的颡。其于稼也为反生，其究为健，为蕃鲜。巽为木，为风，为长女，为绳直，为工，为白，为长，为高，为进退，为不果，为臭。其于人也为寡发，为广颡，为多白眼，为近利市三倍、其究为躁卦。

乾为天象，为圆象，为君象，为父象，为玉象，为金象，为寒象，为冰象，为大赤色象，为良马象，为老马象，为瘦马象，为驳马象，为树木果实象。坤为地象，为母象，为钱币流布之象，为锅釜象，为吝啬象，为平均象，为子牛母牛象，为大车象，为文章象，为群众象，为柯柄象。对于地来说为黑色土壤之象。震为雷象，为龙象，为玄黄色交杂之象，为花朵象，为宽广大路象，为长子象，为刚决躁动象，为青嫩幼竹象，为萑苇象。对于马来说为善于嘶鸣之象，为后左足长有白毛之象，为两足腾举之象，为额首斑白之象。对于禾稼来说为顶着种子的甲壳萌生之象。震卦发展到极致为刚健之象，为草木蕃育鲜明之象。巽为树木象，为风象，为长女象，为笔直的准绳象，为工巧象，为白色象，为长象，为高象，为抉择进退之象，为迟疑不果决之象，为气味象。对于人来说为头发稀少象，为额首宽广之象，为多以白眼看人之象，为近于获利三倍之象。巽卦发展到极致为急躁之卦。

四、白话《说卦传》《序卦传》《杂卦传》| 241

坎为水，为沟渎，为隐伏，为矫輮，为弓轮。其于人也为加忧，为心病，为耳痛，为血卦，为赤。其于马也为美脊，为亟心，为下首，为薄蹄，为曳。其于舆也为多眚，为通，为月，为盗。其于木也为坚多心。离为火，为日，为电，为中女，为甲胄，为戈兵。其于人也为大腹。为干卦。为鳖，为蟹，为蠃，为蚌，为龟。其于木也为科上槁。艮为山，为径路，为小石，为门阙，为果蓏，为阍寺，为指，为狗，为鼠，为黔喙之属。其于木也为坚多节。兑为泽，为少女，为巫，为口舌，为毁折，为附决。其于地也为刚卤，为妾，为羊。

坎为水象，为沟渎象，为隐伏之象，为矫輮屈曲之象，为弯弓转轮象。对于人来说为深加忧虑之象，为内心患病之象，为耳中疾痛之象，为鲜血卦，为赤色象。对于马来说为背脊美丽之象，为内心焦急之象，为头部下垂之象，为足蹄频频踢地之象，为艰难拖曳之象。对于车辆来说为多灾多难之象，为通行无阻之象，为月亮象，为盗寇象。对于树木来说为坚硬而多生小刺之象。离为火象，为太阳象，为闪电象，为中女象，为护身甲胄之象，为戈矛兵器之象。对于人来说为妇女怀孕大腹之象。为干燥卦，为鳖象，为蟹象，为螺象，为蚌象，为龟象。对于树木来说为柯干中空上部枯槁之象。艮为山象，为斜径小路之象，为多碎石象，为崇门高阙之象，为果蓏象，为阉人寺人之象，为手指象，为狗象，为鼠象，为黑嘴刚猛的禽鸟象。对于树木来说为坚硬而多生节纽之象。兑为泽象，为少女象，为巫师象，为口舌象，为毁灭摧折之象，为附从决断之象。对于地来说为土壤刚硬不生植物之象，为妾象，为羊象。

2. 白话《序卦传》

有天地，然后万物生焉。盈天地之间者唯万物，故受之以屯。屯者，盈也。屯者，物之始生也。物生必蒙，故受之以蒙。蒙者，蒙也，物之稚也。物稚不可不养也，故受之以需。需者，饮食之道也。饮食必有讼，故受之以讼。讼必有众起，故受之以师。师者，众也。

开天辟地后，万物开始滋生，渐渐充满了天地之间，所以乾天坤地之后接着是屯卦。屯为生机饱满之意，是万物刚开始萌生。初生对周遭环境不熟习，所以接着是蒙卦。蒙即蒙昧无知，相当幼稚。幼小生命不可不呵护养育，所以接着是需卦。需是饮食的基本需要，为了争食必起纠纷，所以接着是讼卦。不同族群间争吵不已聚众对抗，所以接着是师卦。师就是劳师动众之意。

众必有所比，故受之以比。比者，比也。比必有所畜，故受之以小畜。物畜然后有礼，故受之以履。履而泰然后安，故受之以泰。泰者，通也。物不可以终通，故受之以否。物不可以终否，故受之以同人。与人同者物必归焉，故受之以大有。有大者不可以盈，故受之以谦。

单单暴力对抗不行，还得谈判尝试合作，所以接着是比卦。比就是互助合作。合作组成集团，彼此的资源皆小有蓄积，所以接着是小畜卦。集团中各成员相处得有礼仪规范，订出权利义务，所以接着是履卦。大家依照礼法行事，便能导致通泰相安无事，所以接着是泰卦。泰就是亨通无阻，世事不会永远通泰，所以接着是否卦。世事也不会一直否塞，所以接着是同人卦。与人和同，各种资源必然纷纷归附，所以接着是大有卦。资源富厚者不可骄傲自满，所以接着是谦卦。

有大而能谦必豫，故受之以豫。豫必有随，故受之以随。以喜随人者必有事，故受之以蛊。蛊者，事也。有事而后可大，故受之以临。临者，大也。物大然后可观，故受之以观。可观而后有所合，故受之以噬嗑。嗑者，合也。物不可以苟合而已，故受之以贲。贲者，饰也。

资源富厚又能谦和待人，必然大为豫乐，所以接着是豫卦。豫乐一定吸引人跟随，所以接着是随卦。为了喜乐跟随人一定得任事，所以接着是蛊卦，蛊就是任事除患。整治成功后绩效盛大，所以接着是临卦，临就是功业盛大之意。事业盛大受人观仰，所以接着是观卦。受人观仰就会有所融合，所以接着是噬嗑卦，嗑就是上下相合的意思。任何人事不能草率相合，所以接着是贲卦，贲是文饰的意思。

致饰然后亨则尽矣，故受之以剥。剥者，剥也。物不可以终尽，剥穷上反下，故受之以复。复则不妄矣，故受之以无妄。有无妄然后可畜，故受之以大畜。物畜然后可养，故受之以颐。颐者，养也。不养则不可动，故受之以大过。物不可以终过，故受之以坎。坎者，陷也。陷必有所丽，故受之以离。离者，丽也。

过度文饰亨通会用完，所以接着是剥卦，剥就是剥蚀殆尽。所有事物不会永远蚀尽，上面穷了，下面又会萌发新的生机，所以接着是复卦。一旦恢复正常，就不会妄想妄动，所以接着是无妄卦。不妄想妄动又可以积聚蓄养各种资源，所以接着是大畜卦。广聚资源后可以用于颐养，所以接着是颐卦，颐就是颐养。没有充分颐养不可大肆行动，所以接着是大过卦。任何事情不能过度行动，所以接着是坎卦，坎是险陷的意思。陷入危险时必然攀缘依附以求脱险，所以接着是离卦，离就是附丽、附着。

有天地，然后有万物；有万物，然后有男女；有男女，然后有夫妇；有夫妇，然后有父子；有父子，然后有君臣；有君臣，然后有上下；有上下，然后礼义有所错。夫妇之道不可以不久也，故受之以恒。恒者，久也。物不可以久居其所，故受之以遁。遁者，退也。物不可以终遁，故受之以大壮。物不可以终壮，故受之以晋。晋者，进也。进必有所伤，故受之以明夷。夷者，伤也。

有了天地才有万物，有了万物自然有了男女两性，有了男女两性情投意合就会结为夫妇，有了夫妇繁衍后代就会有父子，家庭有了父子，国族就有君臣，有了君臣就有了尊卑上下，有了上下礼义就有了安置。夫妇相处最好长久，所以咸卦后接着是恒卦，恒就是长久的意思。任何事物都不可能长久安于一处，所以接着是遁卦，遁是消退的意思。事物不可能永远消退，所以接着是大壮卦。事物不可能一直壮盛而不动，所以接着是晋卦，晋是往前进的意思。往前挺进必有损伤，所以接着是明夷卦，夷就是受伤的意思。

伤于外者必反其家，故受之以家人。家道穷必乖，故受之以睽。睽者，乖也。乖必有难，故受之以蹇。蹇者，难也。物不可以终难，故受之以解。解者，缓也。缓必有所失，故受之以损。损而不已必益，故受之以益。益而不已必决，故受之以夬。夬者，决也。决必有所遇，故受之以姤。姤者，遇也。

人之常情，在外受伤必会返回家中，所以接着是家人卦。家人相处久了也会反目乖违，所以接着是睽卦，睽就是乖违离异。乖违离异必然导致艰困难行，所以接着是蹇卦，蹇即寸步难行。人情不可长久蹇难，所以接着是解卦，解就是情势缓和。任事过于舒缓必然有所损失，所以接着是损卦。一直亏损到最后仍会转而获益，所以接着是益卦。不停增益最后会超过容量而溃决溢流，所以接着是夬卦，夬就是满溢溃决的意思。上游溃决中下游必遭遇危险，所以接着是姤卦，姤是意想不到的际遇。

物相遇而后聚，故受之以萃。萃者，聚也。聚而上者谓之升，故受之以升。升而不已必困，故受之以困。困乎上者必反下，故受之以井。井道不可不革，故受之以革。革物者莫若鼎，故受之以鼎。主器者莫若长子，故受之以震。震者，动也。物不可以终动，故受之以艮。艮者，止也。

所有事物都是有缘相遇后会聚，所以接着是萃卦，萃就是会聚。群聚之后运势上升，所以接着是升卦。不停上升终会遭遇困顿，所以接着是困卦。困穷于上者必然反归于下，所以接着是井卦。凿井汲水就是要改变地面取水的困难，所以接着是革卦。改革一切现状没有比取得政权更快的，所以接着是鼎卦。鼎为象征政权的宝器，古代政权多由长子继承，所以接着是震卦，震是积极主动的意思。事物不可能一直动个不停，终会停止下来，所以接着是艮卦，艮就是停止的意思。

物不可以终止，故受之以渐。渐者，进也。进必有所归，故受之以归妹。得其所归者必大，故受之以丰。丰者，大也。穷大者必失其居，故受之以旅。旅而无所容，故受之以巽。巽者，入也。入而后说之，故受之以兑。兑者，说也。说而后散之，故受之以涣。涣者，离也。物不可以终离，故受之以节。节而信之，故受之以中孚。有其信者必行之，故受之以小过。有过物者必济，故受之以既济。物不可穷也，故受之以未济终焉。

事物不可能一直停止不动，所以接着是渐卦，又得渐渐前进。前进总有归终，所以接着是归妹卦。得到好的归终必然丰大强盛，所以接着是丰卦，丰就是强大的意思。好大喜功仗势欺人，必然丧失其地位，所以接着是旅卦。出外流亡无处容身，所以接着是巽卦，巽是入境随俗的意思。巽入之后可获安居而喜悦，所以接着是兑卦，兑就是喜悦谈说的意思。谈说宣扬的理念再往天下四方散播，所以接着是涣卦，涣就是离开中心往四处扩散。无论怎样离散不会无休无止，所以接着是节卦。适可而止,在各处建立制度与仪式,接受民众的信仰与支持,所以接着是中孚卦。有信仰的人就会奉行实践,所以接着是小过卦。不断信受奉行修正失误,必获最后成功,所以接着是既济卦。天地间的万事万物,发展永无穷尽,所以最后以未济卦为《易》之终结。

3. 白话《杂卦传》

乾刚坤柔，比乐师忧。临观之义，或与或求。屯，见而不失其居；蒙，杂而著。震，起也；艮，止也。损益，盛衰之始也。

乾卦阳刚富实，坤卦阴柔虚弱，二者如比卦相亲附则欣乐，如师卦相对抗则烦忧。临卦治理天下，观卦教化众生，两卦的意义或施予或营求。屯卦草莽开创，生机呈现而不失其所守；蒙卦蒙昧混杂，而能探寻出光明之道。震卦奋起行动，艮卦稳重安止；损、益二卦是盛衰相互转化的开始。

大畜，时也；无妄，灾也。萃聚，而升不来也。谦轻，而豫怠也。噬嗑，食也；贲，无色也。兑见，而巽伏也。随，无故也；蛊，则饬也。剥，烂也；复，反也。晋，昼也；明夷，诛也。井通，而困相遇也。

大畜卦广聚资源需合时宜，无妄卦妄想妄动会遭灾祸。萃卦精英相聚，升卦勇往直前而不回头。谦卦态度谦和，轻己重人；豫卦自我标榜引领群众，久则懈怠。噬嗑卦剧烈斗争，弱肉强食；贲卦超脱色相，返璞归真。兑卦欣悦外现，巽卦低调隐伏。随卦适时变化不守故常，蛊卦认真负责整顿积弊。剥卦局面糜烂，复卦返回正道。晋卦如白昼太阳东升，明夷卦似夜晚黑暗无边，必须诛除祸源以恢复光明。井卦汲取资源以求开通，困卦前途受阻考验人另寻崭新机遇。

咸，速也；恒，久也。涣，离也；节，止也。解，缓也；蹇，难也；

睽，外也；家人，内也。否泰，反其类也。大壮则止，遁则退也。

咸卦感应神速，恒卦累日积久。涣卦从中心向外离散，节卦适可而止安于节制。解卦纾解患难，事缓则圆；蹇卦牵绊甚多，坎坷艰难；睽卦乖违于外；家人卦和睦于内。否卦闭塞，泰卦畅通，情势完全相反。大壮卦情欲冲动，必须抑制；遁卦无法前进，只能退避。

大有，众也；同人，亲也。革，去故也；鼎，取新也。小过，过也；中孚，信也。丰，多故也；亲寡，旅也。离上而坎下也。

大有卦资源充足，公众分享；同人卦相互亲近，不生嫌隙。革卦革除旧习，鼎卦创建新规。小过卦尝试纠错，中孚卦诚信无欺。丰卦强大壮盛，难免仗势欺人而滋生事端；旅卦失去势位出外流亡，亲朋寡少。离卦文明往上提升，坎卦业障往下沉沦。

小畜，寡也；履，不处也。需，不进也；讼，不亲也。大过，颠也。姤，遇也，柔遇刚也。渐，女归待男行也。颐，养正也。既济，定也。归妹，女之终也。未济，男之穷也。夬，决也，刚决柔也，君子道长，小人道忧也。

小畜小有蓄积，资源相对匮乏；履卦往前行进，不暇安处。需卦审慎等待，不能躁进；讼卦争讼纷起，不相亲和。大过卦负荷过重，终于颠覆；姤卦遭遇想象不到的危机，阴柔销蚀阳刚；渐卦循序渐进，似女子出嫁待男子礼仪完备才成婚；颐卦养身持正；既济卦终于安定；归妹卦似女子期待终得归宿；未济卦如男子未能全渡险难；夬卦处事刚毅决断，以阳刚正道决除阴柔干扰，君子之道盛长，小人之道困忧。

五、《易经》卦义解析

1. 泰极否来——泰卦与否卦

《易经》为群经之首，中国文化之源，几千年来影响国人思想甚巨，其中最为人熟悉的，就是"否极泰来"的观念。"否"有"不口之象"，说了没用，干脆拒绝沟通，环境闭塞到了极点。"泰"则气运舒畅，国泰民安，所有资源和创意均可充分交流及发挥。否极泰来，给逆境中人很大的勇气和信心，以为苦日子终会熬过，幸福必将到来。真是这样吗？

《易经》中的确有否、泰两卦，但在卦序安排上却是泰在否前，换句话说，泰极否来才是人生的真相，持盈保泰何其不易！

泰卦（☷☰）在《易经》中排序第十一，否卦（☰☷）第十二，泰卦之前还有十个卦，从乾、坤开天辟地起，得历尽艰险、排除万难，才营造出泰的局面。而由泰到否，就不必这么麻烦，直接从云端一路狂泻跌入谷底。看来《易经》昭示我们：人生好景不长，破坏容易建设难啊！

台湾地区的经济在20世纪末的几十年里成长亮丽，创下举世瞩目的发展成绩，然而公元2000年第四季度起，发生史无前例的大崩跌，甚至出现负增长，产业受创严重。当年岛内局势也是比较复杂，在三、四月间，我为往后四年的岛内局势问占，得出来的正是否卦。

否卦上乾下坤，有外强中干、色厉内荏之象。除了民生艰苦、经济不景气之外，也有朝野不和、各行其是之意；若以两岸关系来看，泰卦是"三通",否卦则是深闭固拒。这四年来台湾地区的发展,完全应验了此占。

易占虽然精妙,却非宿命论,所谓三分天意、七分人事,趋吉避凶还是事在人为。四年前的否卦之占原有变数,关键即在居君位的第五爻;若台湾地区领导人有智慧、够成熟,可扭转否局而变成晋卦(䷢),晋为日出之象,朝气蓬勃,如日东升。可惜当时的人显然不具备这样的条件,台湾地区遂足足否了四年。

否极不是泰来,那是什么呢?接着否卦之后,是同人(䷌)、大有(䷍)二卦。同人卦主张人同此心、心同此理,希望和平化解族群矛盾;大有卦强调大家都有、人人皆有,进一步建立均富好礼的社会。《礼记·礼运大同篇》所揭示的理想,正是这两卦的宗旨。现代国际社会所倡导的全球化运动,期待地球村的居民共存共荣、永续发展,道理亦与此相通。

2. 剥极而复——剥卦与复卦

　　受《易经》的影响，除了否极泰来外，中国人也常说"剥极而复"或"剥尽来复"。否极泰来违反《易经》卦序，有安慰人的嫌疑；剥极而复，倒的确合乎易理。剥卦为《易经》中第二十三卦，复卦为第二十四卦，明白昭示我们遭遇重挫之后的重生再造之理。

　　剥卦（☷）卦象一阳在上、五阴在下，有资源大量流失、岌岌可危之势。"剥"字从录、从刀，表示人们长期忙碌所累积的俸禄被千刀万剐、毁灭殆尽。复卦（☷）五阴下一阳生，又有生机萌现、站稳脚跟再出发之象。所谓一元复始，万象更新，并非恢复原状，而是往前创新。每年冬尽春来，景色相似，却绝不会跟往年完全一样；病人开刀后复原，已是新的身体状况；如台湾地区南投"9·21"大地震，崩毁的集集车站灾后重建，也已非昔日旧观。

　　剥卦最上面的阳爻，其爻辞形容为"硕果不食"。肥大的果实高挂枝头，迟早会被吞食，就算幸免，也难脱自然腐烂的宿命。复卦最底层的阳爻，爻象以果实中的核仁为喻，重新入土，假以时日又将伸枝发叶、开花结果矣！

　　公元 2000 年，两岸的经济形势呈明显的对比。岛内经济由盛转衰，出现罕见的危机，连续两年都有资源大量流失的剥卦之象。而内地的经济却红红火火高速增长，造成强大的磁吸效应。形势发展至今，台商西进内地以寻求剥极而复的第二春，殆不可免。依《易经》卦理，什么是硕果中的仁呢？结实累累的台湾地区的经济，什么才是可重生再造的核心竞争力呢？

植物的种子有不可思议的生命力，长期沉埋在地底仍能存活。据报道，一千多年前唐朝的莲子经栽培复育后又开花，埋在中东沙漠里两千年的枣椰种子复生，西伯利亚永冻层下三万二千年的柳叶蝇子草开出小白花。这些都是大自然中剥极而复、重生再造的惊人验证。人生在世，应体悟斯意，培养自我核心的创造力，百折不挠去奋斗。

岛内的信息产业发达，其实主要仍属代工生产的体质，核心的原创科技与品牌都为美欧大厂所主控，业务量虽大，利润却极微薄，长此以往并非善策，这些年亏损频传，已见警讯。按剥极而复的原理，硕果不食中内藏的核仁代表生生不息的核心竞争力，外壳的果皮果肉都由此而生，在每一轮的生命周期中必遭腐朽淘汰。技术升级、自创品牌，几乎是信息业难以回避的永续生存之路啊！

3. 八月之凶——临卦与观卦

《易经》里有"至于八月有凶"的断语,出现在排序第十九的临卦(䷒)卦辞中。临卦后为观卦(䷓),两卦卦形相互倒置,这种关系在《易经》中称作"相综",实即一体两面,相与俱生。观卦恰为一年十二个月份卦之一,时当阴历八月。临卦说"至于八月有凶",是说形势反转,变成了观卦。

"临"即临民、临事,居高临下管理众人之事,所谓君临天下,政治意味浓厚;"观"则代表冷眼旁观,对任事者提供建言、批评以制衡。临卦重视现实人生的历练,观卦强调自然法则的理想。最大的自然法则涉及宗教,观卦卦辞中所描写的正是宗庙祭祀的场景。

政治应该代天行道,为人民谋福利,如果逆天行事,必遭天谴。天不会说话,往往借着一些重大灾祸以示警,若仍不生效,还会有更惨烈的后果,这就是八月之凶的含义。闽南语所谓"人在做,天在看",真正老天有眼,明察秋毫!

其实,以生态污染的观点来看,人类的集体作为失当,确实会破坏正常的自然生态,而导致重大灾难。政治为管理众人之事,一旦祸国殃民,自然天灾人祸并至。

临卦卦形二阳在下、四阴在上,阳气往上挺进畅通无阻,有自由自在、海阔天空之象,其《大象传》称:"君子以教思无穷,容保民无疆。"思想自由,创意无穷,"无疆"为没有疆界限制、全球风行,这是开放社会的表征。今日全球化的经贸活动与金融往来，即为无穷无疆。

　　开放自由固然为人心所向，能引发巨大的创造能量，但过度自由或滥用自由也会酿灾。法国大革命时即有甚深省悟："自由！自由！多少罪孽假汝之名以行。"临卦卦辞由"元亨利贞"形势一片大好逆转为"至于八月有凶"，也有此意。肆虐全球的金融风暴，岂非衍生性商品过度泛滥失控所致？巧的是2008年9月15日正式爆发之期，恰为阴历八月中，成了名副其实的"八月有凶"。

4. 旧怨新欢——姤卦与夬卦

为了方便后学记诵,前贤将六十四卦分成八宫,依序爻变(阳变阴、阴变阳)以串整之,是为分宫卦象次序。第一为乾宫,歌诀为"乾为天、天风姤……",因此很多人习《易》,第一印象就是姤卦。

姤卦(䷫)卦形为乾卦初爻变,五阳下一阴生,象征基层已有微妙的变化。若不警醒防范,往上蹿烧的星星之火足以燎原,二爻再变成天山遁(䷠),三爻变成天地否(䷋)……局面愈来愈难收拾。

"姤"即邂逅,不期而遇之意。我们一生中会遇到些什么人、什么事,很难预料,茫茫人海,往往随机碰撞。一旦碰撞产生火花,甚至能改变我们既定的目标和方向。姤卦运用在男女关系上,就是外遇、婚外情。"姤"又通"媾",有交媾苟合之意,充满了情色意味。

依《易经》上、下经卦序,姤卦之前为夬卦(䷪),有决绝之义,卦形为五阳在下、一阴在上,回旋空间有限,有如被逼到墙角,不得不摊牌。夬卦上泽下乾,又有泽中蓄水过多,超过安全水位,必须宣泄之象。人际相处难免不和,积怨甚久,终致爆发,泽水奔腾而出,彻底改变了下游的生态。

由于夬、姤二卦易颠覆既有的体制,站在保守派立场,当然竭力防堵。姤卦卦辞称:"女壮,勿用取女。"明确反对发展不正常的恋情,其理由亦可见于蒙卦第三爻:"勿用取女。见金夫,不有躬。无攸利。"为什么不要惹这种女人?因为她见异思迁,碰到有钱或有才华的男人,就会迷失自我，所以持续下去没有任何好处。

然而，姤卦的《象传》在解释卦辞时却有不同的看法，一方面肯定姤卦的颠覆性，另一方面又强调其创造性。所谓旧的不去，新的不来，既有体制若好，自然应该维护，不然还不如毁掉重建。人生际遇，稍纵即逝，所贵仍在当下的准确判断。姤卦之后为萃卦（䷬），人文荟萃、出类拔萃；萃卦之后为升卦（䷭），整个生活境界往上提升。这样看来，不期而遇的邂逅也未必不好，不见得非变成悲剧不可。

再者，夬卦虽是决绝，也非鲁莽从事。只要双方开诚布公面对问题，化解嫌隙仍有可能；就算积重难返，还是好聚好散，不伤和气。《象传》称："健而说，决而和。"真是说出了人际关系处理的要点。

5. 莽撞青春——遁卦与大壮卦

乾卦初爻变而成为姤，代表危机初现，二爻再变为遁卦（☰☶）。"遁"为逃避退隐，已无力应付危局。一位之差，形势全非，可见姤卦时危机处理的重要，错过第一时间，就得准备跑路了！

跑路也得有跑路的智慧，"遁"字提醒我们，准备盾牌挡掉追兵乱放的箭；"遁"之本字"遯"字更绝，可解为：吃得胖胖的小猪，一身肥油，谁也抓不住，大摇大摆，全身而退。

依《易经》卦序，遁卦之前为恒卦（☳☴），恒为长久之意，在位者坐的时间太久，也该下台了。遁卦之后为大壮卦（☳☰），让给少壮派接班。遁和大壮一体相综，正是世代交替之象。年轻人气势虽壮，经验却不足，初掌大权容易躁动闯祸，因此，老一辈遁退之时需重视经验传承，不能说退就退。

大壮卦卦辞称："利贞。"贞是固守，与出击的"征"字正相反，显然利守不利攻。《大象传》："非礼弗履。"违反体制、不合道理的事别做。《杂卦传》称："大壮则止，遁则退也。"少壮派懂得节制，凡事适可而止，老一代才可放心退隐。

然而年轻人血气方刚，多半难以遵守老前辈的告诫，大壮卦的六个爻中，除二爻沉稳持重外，其他五爻都出了乱子。三至上爻以发情的公羊为喻，往前冲撞，结果羊角卡在篱笆缝里，进退不得，甚至有丧命的危险。

遁卦上四阳，下二阴，基层已经彻底松动，再无立足之地，此时不退不行。大壮卦下四阳，上二阴，立足稳，人气旺，可惜天时未至，尚非进取之时。《易》卦六爻，初、二爻为地位，三、四爻居人位，五、上爻为天位，凡事总得考虑天时、地利、人和，不可任性强为。

大壮卦也是一年十二个月份卦之一，时当三阳开泰的泰卦（䷊）之后，阴历二月时节，乍暖还寒，气候极不稳定，稍一不慎就会生病，许多久病缠身者都是在这个时节过世。说来奇妙，一些经营不善的公司往往也在这时倒闭，年前延票、躲债，发年终奖金，年后复工，出多入少，自然周转不灵，不得不退出舞台。

《论语》上记孔子说："君子有三戒：少之时，血气未定，戒之在色；及其壮也，血气方刚，戒之在斗；及其老也，血气既衰，戒之在得。"遁卦时值老成退休，不宜贪得恋栈；大壮卦阳刚少壮，青春无敌，戒之在色在斗，最好竭力克制，免生祸端。

6. 天地玄黄——乾卦与坤卦

《易经》以乾、坤两卦居首，乾为天，坤为地，开天辟地以后，才有万物滋生。乾坤又称为"父母卦"，其他六十二卦都由乾坤交合而生。乾为君，坤为民，阴阳刚柔间的互动，又象征任何组织中的主从架构。

乾卦（☰）六爻皆阳，精实饱满，以飞天遁地的龙为象，行云布雨，滋润众生。坤卦（☷）六爻皆阴，虚默含容，卦辞以雌马行地为象，不争先、不落后，永远配合无间。乾代表创意，潇洒不羁，坤则为执行，敦笃落实。乾、坤两卦所显示的龙马精神，确为人生行事所必需。

乾卦取法天象，教人自强不息，坤卦体察地势，勉人厚德载物。"自强不息，厚德载物"正是清华大学的校训，严以律己，宽以待人，才能培养出称职的领导人。政坛人物颇多清华出身，也算渊源有自。

乾卦讲天则，星辰运转、四时更迭，必有客观真理存乎其间；坤卦讲地势，平野辽阔、山河险阻，现实的形势必须纳入考量。乾坤合德，其实就代表了理与势的配合，依理顺势以行事，当然无往不利。占理失势，徒呼负负，困顿难成；仗势失理，虽可横行一时，必难长久。

乾坤合，生万物；乾坤不合，即生机堵塞，两败俱伤。地天泰、天地否两卦，即为显例。坤卦上爻爻辞更充满了警讯："龙战于野，其血玄黄。"龙是乾阳的象征，野是坤地的景象，阴阳大战，互有死伤，故称"其血玄黄"。

黄是土地的颜色，黄土高原、黄淮平原，皆与孕育华夏文明的黄河流域有关，黄河为"母亲河"，也符合坤卦大地之母的象征。依阴阳五行的说法，中央戊己土，故"黄"又有居中之义；七彩日光，红、橙、黄、绿、蓝、靛、紫，黄色也为中色，不酷寒，不过暖。中华民族的共同祖先称"黄帝"，都有崇尚中道之义。

玄是黑色，人们远眺夜空，一大片沉沉黑暗中透着点儿星光，遥远而神秘，故玄又有高深莫测的含义。老子论"道"，即称"玄之又玄，众妙之门"（《老子》第一章）。

《千字文》作为旧时启蒙教材，一起首即云："天地玄黄，宇宙洪荒。"现代人通过太空望远镜，尚可看到一百三十亿年前开天辟地时的情景，那些瑰丽绝美的画面动人神思，茫茫宇宙，渺渺人生，真不知有多少奥秘值得追寻？

7. 情是何物——恒卦与咸卦

《易经》六十四卦排序，分上、下经，上经以乾、坤居首，至坎、离为止，阐述人类突破重重天险，终于缔造光辉灿烂的精神文明；下经以咸、恒为首，从男女的恋爱婚姻谈起，至既济、未济为止，检讨人生奋斗的终极成败。上经言天道，阐述自然演化的奥秘；下经重人事，探索人情人性的幽微，离合悲欢，爱恨情仇。

咸卦（䷞）上兑下艮，兑为泽、为少女，艮为山、为少男。少男少女间的恋情，宛如山上之泽，清新无染，一汪碧水映照天光云影任徘徊。"咸"字加心为"感"，又有皆、全之意，表示青春之感人皆有之，全心全意，自然而然。少男在下，少女在上，又有曲意逢迎、猛烈追求之意。

恒卦（䷟）上震下巽，震为雷、为长男，巽为风、为长女。长男长女一起生活，如雷风相激荡，难免摩擦而起冲突。咸无心，恒有心，随着年岁增长，妄念习气渐生，不再天真自然。"恒"字右边为亘古之亘，妄想天长地久、白首偕老，谈何容易？长男在上，长女在下，婚后形势逆转，也是夫妻间易起龃龉的原因。

旧版《易经》上的"恒"字很特殊，"亘"下少了一横，成了"恆"，亘古心成了一日心，这和避皇帝讳无关（汉文帝名刘恒，古经有避讳改字的体例），而是另有深意：若求此心亘古不变，悬义过高，其实只要一天二十四小时能做到就不错了。《易经》论阴阳，一昼夜已涵盖阴阳交替之义，今日如此，明日如此，持之以恒，便能日日如此。《大学》中勉励人："苟日新，日日新，又日新。"禅宗说："日日是好日。"当下即是，刹那证永恒，就是这个意思。

无论如何，人情还是充满了弱点。由咸入恒，真经得起婚后平淡生活的长期考验而绝无抱怨的，恐怕很少。咸、恒之后为遁卦（䷠），遁为逃离闪避，好不容易筑起的爱巢，又想从其中退出了。遁卦内卦为艮，艮为山所止，内部沟通有障碍，外卦为乾、为健行，所以天天往外头跑。其实，咸卦内卦也是艮，只是当时热恋情深，彼此都忽略了，后来经过恒卦日久天长的消磨，才浮现出来。

《易经》有卦中卦的理论，将中间四爻重新排列组合，即取二、三、四爻为下卦，三、四、五爻为上卦，又会构成一个新卦，藏在原卦中，发挥内在的影响力。以此观点看咸、恒二卦，其中分别藏有姤（䷫）、夬（䷪）之卦象。姤为不期而遇，夬为决绝。换句话说，每一桩正常恋爱都有外遇第三者的可能，每一桩婚姻都可能面临决裂！

若扩大卦中卦的理论，将初、上两爻亦纳入重编，取原卦中相邻的四或五爻重新排列组合，则一卦中藏有五个卦象，都会对本卦产生影响。例如，咸卦中又含遁卦，表示热恋时已有分手的可能，所以经过恒卦后就自然演变为遁卦。再看遁卦，中间四爻正好合成姤卦，既然热情消退，新的情缘遂乘虚而入，所以遁之后不久就碰到姤卦。

有首流行歌曲《凡人歌》唱道："你我皆凡人，生在人世间；终日奔波苦，一刻不得闲……多少男子汉，一怒为红颜；多少同林鸟，已成分飞燕；人生何其短，何必苦苦恋……"咸兮恒兮，遁兮姤兮，人生情事，真令人低回不已。

8. 纵横天下——师卦与比卦

"师"指动员群众进行大规模的对抗，一般即为战争。作战需讲求兵法，兵行险招，兵不厌诈，以全力争夺土地和人民资源。师卦（䷆）以地中有水为象，由外卦的坤和内卦的坎构成，坤为广土众民，坎则充满诡诈和艰险。

坎水曲折流动，又有机变灵活之意，《孙子兵法》称："兵形象水。"水藏在地底下，象征缜密部署，以免战力为敌人测知，现代核武大国的洲际导弹，即有此象。为免先发制人之后遭到报复，发射载体最好还能移动，核潜艇的神出鬼没，更充分体现了师卦卦象之理。

战争并非一味对抗，还得重视外交谋略的运用，合纵连横以孤立对方、壮大自己，在《易经》中为地上有水的比卦（䷇），比即互助合作、比附结盟。地水师和水地比的卦形，颠倒互易，为一体两面、同时具有的综卦关系。

弱国无外交，必要的武备是外交的后盾，两国相争，不斩来使，边打边谈，亦常有之事。以此来看现代企业竞争，商场如战场，又竞争又合作的竞合关系，以谋求自身最大的利益，也为商战中人所津津乐道。

先秦有《鬼谷子》一书，所论皆纵横捭阖之术，自古即被奉为外交谋略的圣典。鬼谷子为传说中的奇人高士，门下既有苏秦、张仪这等外交家，又有孙膑、庞涓等军事家，皆建奇功于当世。《鬼谷子》一书中亦略及兵机，用语和《孙子兵法》绝似，可见军事、外交必然相依为用，不可偏废。

　　河南淇县云梦山据说为鬼谷子隐居之地，我曾于2003年秋季去过，山奇谷阔，确为陶养事功人才、砥砺雄图霸气的好所在。

9. 夫妻反目——睽卦与蹇卦

睽卦（☲☱）为下经第八卦，在第七卦家人卦（☴☲）之后，显然为内讧分裂、反目成仇之象。"睽"字从目、从癸，相互仇视的人，极不欲正眼看对方，即便同居一室，目光亦无交集。"癸"为十天干之末，象征彼此相聚的缘分已尽，一旦撕破脸，再无回头机会矣！

睽卦之后为蹇卦（☵☶）。"蹇"字从寒、从足，寒气入足造成风湿痛、关节炎，不良于行。蹇卦卦象外坎内艮，坎为水、为险，艮为山、为阻，外险内阻，忧患重重。"睽"字是眼光、看法有了偏差，看对方百般不是，曾经爱之欲其生，现在恶之欲其死。"蹇"字则行动、做法都受干扰，原地打转，窒碍难行。

睽卦最后一爻表示睽极的情境，卦辞长达二十七个字，为三百八十四爻之最，读来触目惊心。其大意是：由于极不信任，生怕陷于孤立，产生了幻象，看对方趋近，以为是只身上抹满了泥巴的猪，立刻拿起弓箭要射，后来又放下了箭，原来不是敌人，而是同志，尽弃前嫌，往前和解就吉（原文是："上九。睽孤，见豕负涂，载鬼一车。先张之弧，后说之弧。匪寇婚媾，往遇雨则吉"）。在这种疑神疑鬼的情况下，双方武力对峙最容易出事，其实猪身上的泥巴可能是误解、抹黑，骂别人猪，可见仇恨心之炽烈。

睽卦变蹇卦，六爻全变，《易经》中称为"错卦"，这种关系代表瞬间产生惊天动地的变化，由家人而睽而蹇，显示自家人一旦反目成仇，会让所有人都陷入困境。

蹇卦之后是解卦（☷☵），明示双方唯有和解，才能找到真正的出路。解卦六爻全变又成为家人卦，只要诚心和解，即可和好如初。卦序由家人而睽、而蹇、而解，关系错综复杂，透析了尘世人情的纠结与轮回，正是："渡尽劫波兄弟在，相逢一笑泯恩仇。"

10. 密云不雨——解卦与小畜卦

《易经》论阴阳、刚柔、强弱、大小、虚实，二者间若对立抗争则两败俱伤，和谐互动则相辅相成。坤卦上爻"龙战于野，其血玄黄"，已显示对抗后惨烈的后果，这还只是《易》中第一滴血，屯（䷂）、需（䷄）、小畜（䷈）、归妹（䷵）、涣（䷺）等卦亦见"血"字，皆有阴阳相伤之意。阴阳若和合，则称"雨"，滋润众生，一消亢旱之气。

睽卦上爻剑拔弩张、极端对立，爻辞最后称："往遇雨则吉。"希望双方尽弃前嫌，寻求和解。解卦（䷧）全卦即为大和解的象征，《象传》里就下了一场倾盆大雨，雷声隆隆，百果草木都绽开坚硬的外壳，伸枝开叶，显现欣欣向荣的生机。

下雨先得有云，有云却未必下雨，小畜卦就有"密云不雨"的卦辞，原因何在？小畜卦上卦巽为风、下卦乾为天，为风行天上之象，风吹云走，风向决定了下雨与否。由内陆往海洋吹的风，水气不足，云再浓密也难下雨；反之，由海洋吹向内地的风，挟大量水气，有云绝对有雨。

密云不雨，当然很难受，引人焦灼等待，却又没有明确的结果，徒然在僵局中干耗，什么计划也很难进行。这时就得注意：密云可能只是表面的造势，关键还在其后的风向。

小畜卦爻一阴五阳，第四爻夹处在众阳爻之间，上压下顶，艰苦求生存，若硬碰硬毫无机会，只能以和平的手段、灵活的身法，利用矛盾，以小博大，以柔克刚。若不能建立互信，发展共存共荣的合作关系，就有可能流血，四爻爻辞中出现"血"字，正是此意。

若能以最大的耐心化解嫌隙，则仍有上爻尚可接受的结果："既雨既处。"终于盼到下雨，达成初步和解，大家都可松口气，相安共处，但这并非表示一切问题都已解决，其实紧张的压力仍在，双方仍得高度自制才行。

11. 履险如夷——履卦

《易经》是忧患之书，六十四卦、三百八十四爻中充满了忧患意识，教人面对人生的种种横逆，找出智慧化解的法门。《系辞下传》第七章特别举出了九个卦，作为乱世依次修行的基准，其中第一卦便是履卦（䷉）："履，德之基也；谦，德之柄也；复，德之本也；恒，德之固也；损，德之修也；益，德之裕也；困，德之辨也；井，德之地也；巽，德之制也。"这九个卦亦有"忧患九德"之称。

"履"即脚踏实地，充分彰显从头开始、敦笃务实的精神。世路难行，空言无济于事，如临深渊，如履薄冰，真是战战兢兢。

履卦卦辞称"履虎尾"，踩老虎尾巴，这是何等危险的事！猫科动物最敏感部位一旦被踩，立刻回头张嘴大咬，然而，后续的卦辞却说不会有事，可获亨通，这是什么缘故？

《系辞传》拈出一个"和"字，也就是和为贵，心平气和、和颜悦色，以和驯悍，即使凶残如虎都无所措其爪牙。履卦上卦乾，为老父，下卦兑，为少女，老父疼爱少女，甘为驰驱，绝不会动怒起杀机。《老子》说："天下之至柔，驰骋天下之至坚。"（第四十三章）就是这个道理。

"履"字也通"理""礼"，依据人情义理订定的礼法，照章执行就是履。礼法制度最重视对待关系的厘定，一切权利义务、职责分工务须明确，人群社会才能运作，故履卦《大象传》称："辨上下，定民志。"

由卦序关系来看，履卦之前为小畜卦（䷈），密云不雨，一切关系都不确定，何去何从，僵局中人无所措手足，以前的两岸关系便是如此。履卦之后为泰卦（☷☰），待关系明确化、正常化以后，自然而然经济互益，国泰民安。

履卦以和为主，卦辞及《象传》《大象传》《系辞传》皆再三强调，但实际操作却并不顺利，这由六个爻的爻辞可看出：第三爻为全卦唯一阴爻，本应发挥柔和攻势，结果大动贪嗔，走了硬碰硬的路子，不自量力挑衅，被老虎一口咬死；第五爻为全卦君位，受刺激也失了长者爱护之诚，强硬镇压到底，终于酿成悲剧。

《易经》中，卦和爻吉凶迥异的例子不少。卦代表大环境，卦辞说的是整体情势的看法；爻则是细部落实的状况，随时位不同而有个体利益的考量。举例来说，泰卦景气畅旺属吉，但上爻泰极否来转凶；否卦景气萧条，但上爻出否变吉。再好的环境也有公司倒闭；形势再坏，仍有公司大赚。许多名门企业，外观堂皇，令人欣羡，频发赞叹，这是卦辞；一旦进入其中成为员工，了解内情后又多牢骚，这是爻辞；离职退休后回顾，觉得还不错，又回归卦辞的境界。禅宗说人生三境，初时"见山是山，见水是水"；后来"见山不是山，见水不是水"；最后"见山又是山，见水又是水"，与此类似。

履卦卦辞的修辞也很特殊，直言"履虎尾"，将卦名当动词一气贯下，表明人生任事修行，必有不可回避的高风险，需直触最敏感的痛点，寻求化解之道，舍此并无他途。六十四卦中，除"履虎尾"外，这样的例子还有"否之匪人""同人于野""艮其背"三处。

履卦尚柔务实的精神，也适用于太极拳的修炼，所谓百日筑基，从初爻到上爻，每个阶段都得通过，才成真功夫。第三爻的凶险，正合松胯的必经关卡，太僵硬会出问题。待到上爻功成，爻辞称："其旋元吉。"随心所欲地旋转，美妙已极，履极成泰，百骸皆通矣！

我的学生张良维，勤习"太极导引"有成，弟子众多，自视颇高。数年前我一时兴起，以易占探测其修为境界，得出的就是履卦（☰☱），五爻、上爻均动。上爻通泰，炉火纯青，五爻尚有未脱的刚猛气，应与个性有关，不过确已臻上乘之境。我随他习拳数年，自占造诣，也是履卦，只有二爻动，连松胯关口都未过，真是惭愧。

12. 草创新生——屯卦与蒙卦

屯卦（☳☵）在《易经》中排序第三，为乾、坤开天辟地后的头一卦，象征生命的源起，卦象上坎为水、下震为动，动于水中，表示生命起自海洋。坎亦为险，动于险中，又寓生于忧患之义。乾卦《彖传》称"万物资始"，坤卦《彖传》称"万物资生"，而屯卦在《序卦传》中称"物之始生"，显然为乾、坤交合后的产物。乾为父、坤为母，父精母血，孕胎成人，"屯"又有呱呱坠地的新生婴儿之象。

"屯"字象形寓意，是初生小草穿地而出的景象，草根盘旋曲折，伺机破土，生命力既柔韧又强悍。物以类聚，各成聚落。泰、否二卦讲景气循环，其初爻亦以"茅茹""苞桑"为象，地上遍生的茅草，地下盘根错节相连，看似柔弱不起眼，其实整体发展的潜力强大无比。今日高科技园区的规划，将同性质的厂商集中一地，供需相倚，管理学上称为群聚效应，配置得宜，确能发挥强大的竞争力。

屯卦之后为蒙卦（☵☶）。"蒙"字也是杂草丛生、遮蔽望眼之象，既然看不清楚，就不知要往哪儿走，所以需要启蒙。新生生命如何认识自己、辨清环境，成了头等要事。蒙卦之后为需卦，启蒙成功，茅塞顿开，才知道自己真正需要什么，以及环境供不供应得上，便可拟定生存发展的方向。

乾、坤两卦的卦辞，皆有"元、亨、利、贞"四字，为天道浑全、终而复始之义。屯为乾、坤所生，具体而微，自然也有元、亨、利、贞，由于生机初现，力量尚微，只宜培元固本，厚蓄资源，短期不可有大动作。卦辞称"勿用"，和乾卦初爻"潜龙勿用"之意相当。中长期需有规划，卦辞又称"有攸往"，"攸"同"所"，"往"是行动有主之意，表示有主张、有看法，逐渐蕴养成熟自己核心的竞争力。

屯卦卦辞最后称"利建侯"，"侯"为高官厚爵，创业者建构组织，征聘人才，成立核心团队，为首要之务。"侯"也通"候"，古代有占候学，探测自然环境在一年中的动态，一年三百六十五天，以五天为一候，共七十三候（为与二十四节气对应，规定三候为一节气，一年为七十二候），如鸿雁来、獭祭鱼、白露降之类。"建侯"意指建立渠道、铺设情报网，以吸收经营必要的资讯。这就和往下的蒙卦一体相关了。

"建侯"是人生天地间，以群策群力探测自然及社会的一等大事。屯卦"利建侯"，比卦《大象传》"建万国，亲诸侯"，豫卦"利建侯行师"，晋卦还有"康侯"之称，皆重视人才拔擢、组织布建与资讯管理。《孙子兵法》十三篇，首篇《始计》，末篇《用间》，一切作战计划的拟定，都是根据情报资讯的搜集与判断而来。

屯卦的意境极美，清新和草莽兼备，志虑深远又胆识过人，很多人习《易》都为此深致叹赏。我多年的学生相约研《易》，先后有成立"建侯会"及"屯社"者，这让我想起年少时就读台北建中的校歌："东海东，玉山下，培新苗，吐绿芽，春风吹放自由花……"

13. 饮食宴乐——需卦与讼卦

《易经》继屯、蒙之后，为需卦。"需"即供需之需，生存发展最基本的需要便是饮食，所谓民以食为天，吃饱肚子、免于匮乏，比什么都重要。问题是除了需求面外，还有供应面的问题，当僧多粥少，势必造成严酷的生存竞争，所以"需"之后为争讼辄起的讼卦（䷅）。争心一起，"讼"还极可能转为劳师动众、大动干戈的师卦（䷆）。

需卦（䷄）外坎为险，内乾为健，健行遇险，虽需要也不得不耐心等待。等待的时间可能非常漫长，例如春秋时越王勾践复国，历经十年生聚（屯）、十年教训（蒙），再打了九年仗，才偿其愿欲（需）。其中辛苦，真不足与外人道。

然而，勾践卧薪尝胆却不是等待的最好方式，因为复仇心切，会让人性扭曲，一味咬牙切齿，也做不好真正大事。勾践拖着全国军民拼了三十年，所成霸业不过昙花一现，复国后清算共患难的同志不说，之后也毫无文化建设。

需卦卦辞首称"有孚"，末言"利涉大川"，什么是"孚"呢？"孚"字爪下有子，为母鸟卵翼、孵育幼雏之象，亲子间靠体温的传递化解隔阂，这是生命最基本的热情，与生俱来，不学而能。"孚"一般解作诚信，但《圣经》所言"信望爱"，实则更切合孚的整体含义。漫长的等待需有信心、有盼望，更得有爱心，以化解仇恨可能带来的罪业。至于"涉大川"就是佛教说的渡彼岸。

需卦《大象传》有云："君子以饮食宴乐。"既然一时达不到目的，不如平常心以待，该吃就吃、该喝就喝、该玩照玩，正常的生活不受干扰，行住坐卧，当下即是。

需卦六爻以过河为喻，一步步接近所需求的资源，也一步步加重面临的危机。初爻称"需于郊"，人少无事之处，不必自寻烦恼，好好培养实力，作长期的打算，这又得有定力和恒心。二爻称"需于沙"，暗流浮动，批评渐多，但只要把稳既定的方向，慢慢推进，即可无碍。三爻称"需于泥"，泥足深陷，已难抽身，得小心应对。四爻称"需于血"，与对手有爆发激烈冲突的可能，最好低调化解。五爻称"需于酒食"，入坎险取得资源，便可以逸待劳，宰制天下。上爻成败已定，主客易势，但仍要合理分配资源，勿独占垄断，以消弭敌意。

乾、坤之后，屯（☵）、蒙（☵）、需（☵）、讼（☵）、师（☵）、比（☵）接连六卦，皆有坎险之象（上卦或下卦为坎），可见生之艰难。小畜卦密云不雨、履卦履虎尾，也战战兢兢，绝不轻松。履卦以和气致祥之后，世运才进入泰卦，无奈好景不长，泰极否来，又坠入人间地狱。人生横逆之多，思之令人惊悚。

14. 类族辨物——同人卦与大有卦

《易经》继泰极否来之后，为同人（☰）、大有（☰）二卦，高标《礼记·礼运大同篇》的理想，期能摆脱治乱更迭无已的循环。"同人"主张人同此心、心同此理，所有不同种族、宗教、文化的人能和谐相处；"大有"更进一步强调人人皆有公平发展的机会，绝不允许任何形式的垄断和掠夺。

同人卦上卦乾、下卦离，乾为君，刚强有实力，离为文明，理念光辉动人。如同思想文化的软件，必须结合政治经济的硬件，一道往前、往上推进，才易发挥强大的影响力。大有卦上卦离、下卦乾，离为日，乾为天，有阳光普照之象，象征文明理念已为天下所共仰，政经权力反而退居下卦。

"大有"的普照之象，正好说明了大家都有、人人皆有的卦旨。《列子》一书中有野人献曝的寓言，乡间老农感受到太阳的温暖，想与国王分享，日光下是不分贵贱的。

大有一卦真实的含义，自古以来颇多曲解，多半讲成居君位的第五爻，以一阴拥有众阳的支持，这成了帝王心术，貌似无为，实则宰控群众。这是"有大"，不是"大有"，完全背离了崇高的经义。

《礼记·礼运大同篇》上说："使老有所终，壮有所用，幼有所长，鳏寡孤独废疾者，皆有所养。男有分，女有归。"男女老幼，包括社会中各种弱势者，人人皆有最妥适的安排，人人皆有平等发展的权利，这不是"大有"是什么？

同人卦卦辞号称"同人于野"，期望将和平共处的理念由近及远，推广至全世界每一个荒僻的所在，这和坤卦上爻"龙战于野"正好相反，一是世界和平，一是世界大战，天涯海角都不能幸免。

然而，由同人卦六爻爻辞来看，实际运作起来，满不是那么回事：初爻"同人于门"，从自家家门内做起，独亲其亲，独子其子；二爻"同人于宗"，和同族的人相处和睦；三、四两爻忝居一卦中的人位，却根本不言"同人"，反而钩心斗角，谋占便宜，或设局暗算，或骑墙两头观望。《礼记·礼运大同篇》上说："谋闭而不兴，盗窃乱贼而不作。"正是针对此辈设戒。五爻居君位，以强大武备威力吓阻，才勉强制止三爻、四爻的蠢动；上爻"同人于郊"，奋斗到最后，也只推广到城市近郊，离"同人于野"的志向还差得十万八千里。换句话说，最多只保障了区域和平，全球和平仍是遥不可及的梦想。"同人"这么难，其中原因何在？

同人卦《大象传》一语道破："君子以类族辨物。"原来还是族群问题作祟！所谓非我族类，其心必异，对没有血缘关系的外族人，就是不放心。因此，想推动天下一家的世界主义，势必得先过民族主义这一关。民族的形成自然而然，习性相近，起居相依，非一朝一夕之故，绝非泛论空言即可轻松化解。国家的成立则不同，古今中外大半由战争决定，胜兴败亡，堪为铁律，春秋战国即属显例。依《易经》而论，师、比两卦即言国家之事。师卦上爻爻辞称："大君有命，开国承家。"比卦继师卦之后，《大象传》云："先王以建万国，亲诸侯。"显示大战结束，胜利者论功行赏，分封诸侯，重建战后的国际新秩序。

若师（☷）、比（☷）二卦六爻全变，师卦成同人卦，比卦成大有卦，这在《易经》中称为"相错"的关系，表示性质完全相反。军事斗争、强权外交纯属霸道，和王道乐土的大同社会格格不入。

大有卦的卦、爻辞中，已看不到有族群的问题，《大象传》称："遏恶扬善，顺天休命。""休"是美好、休养生息及心胸开阔之意，在天下为公、人人平等的大好环境中，当顺应天命，奖善惩恶以替天行道。"遏恶扬善"的"遏"字十分有力，充满道德勇气，明示坏人坏事不除，好人好事亦不得保障。

"同人"之时，族群偏见严重，只论立场出身，不论是非；到得"大有"，才讲求公义，明辨善恶。世界各民族都有其精华与糟粕，人物都有善有恶，此时宜弃短取长，兼容并包，以建构高尚光明的世界文化。

15. 自昭明德——晋卦

《易经》中谈政治改革的，上经为蛊卦（䷑），下经有晋卦（䷢）。蛊卦讲积久生弊，物腐虫生，针对封闭贪渎的体制，有全套整顿的方案；而晋卦则以日出为喻，申明天赋民权，不容侵犯打压，人人皆可力争上游。

晋卦下卦坤为地、上卦离为日，正是一轮红日冉冉上升之象，《大象传》称："君子以自昭明德。"明德即内在本性，光明自在，无有不善。人生得靠后天不断地努力修行，以将之发扬光大。儒家说"致良知""在明明德"，佛教讲开发自性，皆同此义。"晋"（晉）字下为日、上半其实就是两个"至"字，有万物俱尽、止于至善的含义。众生皆有佛性，只要修持不坠，皆可上登极乐；人人都有良知，扩而充之，都能成贤做圣。

晋卦六爻全变，成需卦（䷄），饮食宴乐为人生正常的物欲需求，需求满足后，还得重视精神境界的提升。晋、需二卦，在《易经》中是相错的关系，性质截然对反，却又有触类旁通之义。衣食足而后知荣辱，故政治改革、民权提升，最好以经济繁荣、民生富足为前提。以卦序论，"需"为上经第五卦，"晋"为下经第五卦，上经重天道自然，下经重人事修为，遥遥相对，亦有天人相应之义。

全世界民主政治的发展，大致依循着固定的轨道，在经济繁荣、中产阶级兴起以后，人民自然会要求本身地位的改善，争取参政的空间，这从晋卦的卦辞中亦可窥出其端倪。

《易经》经文创作于古代，有关保障民权、启迪民智的说法，不可能说得太露，许多微言大义存于字里行间，需深刻体会才能悟知。晋卦卦辞很隐晦，《象传》的解说也不清不楚，大意是说有位政绩卓著的高官，称为"康侯"，蒙天子召见，再三嘉勉，还赏赐给他骏马，以酬功勋。而康侯脑筋灵活，用御赐之马去交配繁殖，生出了更多良马，总之是加官晋爵、福禄双至之象。

康侯的"侯"字，亦通时候之"候"，和屯卦的"利建侯"同样一词多义、一语双关。"康"是富强康乐，"康侯"意指国家社会已发展到小康的时候，经济基础稳固，可进一步作政治改革，还政于民，让更多的人才参与国政。天子所赐之马，其实是象征民权本天所赐予，当扩大繁衍，生生不息。

以个人明心见性的修行而论，天赐之马意指良知，繁衍增生正是"致良知""明明德"，将与生俱来、隐微不显的善性根苗，扩充到极致，进而导民化众，共致太平。

晋卦六爻，描述争取民权或彰明自性的历程。初爻风气未开，饱受当政者威权势力的打压，群众也不同情支持，非常辛苦，这时应坚持原则、持续抗争，并放宽心胸，广募财源，以便长期作战。二爻境遇改善，渐成气候，政府已不敢明目张胆对付，改以其他方式干扰，这时仍得沉着以对，善借外力以制衡之。三爻终于获得相当民意支持，有机会向四爻所代表的旧官僚挑战，一旦成功突破封锁，即可分享甚至入主中央执政。

五爻大位到手，久年媳妇熬成婆，许多人会因此患得患失，转而压迫在野者，成了新的独裁领袖。政治改革的理想沦落成赤裸裸的权力争夺，人性的弱点完全暴露，政局动荡，内斗不已，这就是上爻所显示的悲惨世界。晋卦的下一卦为明夷（䷣），为光明受伤的日落之象，本来东升的旭日，变成了向晚的斜阳，真是令人浩叹！

需卦强调民生问题，晋卦探讨民权运动，同人卦（☰☲）处理民族矛盾，民族、民权、民生，正是昔日孙中山先生革命的中心理念，这三卦间错综复杂的关系，还真值得深入研究啊！

16. 黑暗之心——明夷卦

十多年前，有一部名为《现代启示录》的电影，由老牌影星马龙·白兰度主演，叙述一名传奇性的战斗英雄，因受越战刺激，性格大变，成为杀人魔王的故事。片中受命狙杀该英雄的美军上尉，驾船一路深入沼泽、丛林，历经恐怖、艰险，而完成任务。该片其实改编自19世纪英国作家康拉德的小说《黑暗之心》(Heart of Darkness)，讲述非洲深处的探险事迹。书中或片中的神秘河流，弯弯曲曲，情景诡异，小舟溯源而上，真正探索的恐怕是人性的罪恶与幽暗。

《易经》中排序第三十六的为明夷卦（䷣），提出"明夷之心"一词，以象征黑暗势力的祸乱根源。"夷"同蛮夷、夷狄之夷，粗鲁不文，肆行掠夺伤害，"明夷"指斯文扫地、光明沉沦。明夷卦上卦坤，为众、为势、为地，下卦离，为明、为日，既有残阳似血的落日之象，又象征文明为众势所屈。明夷卦之前为晋卦（䷢），由日出而日落，向上提升变成向下沉沦，由佛转魔往往一念之间，人世沧桑、人心难测，思之令人惊悚。

明夷卦的情境，和三千多年前周文王姬昌的遭遇很类似，爻辞及《象传》中多处触及那段往事。如果文王确如传说所称，为《易经》的重要作者之一，则当年的羑里之囚，痛定思痛，真刺激了文王深刻反省人性。人是怎么堕落的？为什么会堕落？主政者祸国殃民，万恶滔天，为什么还有那么多人同流合污、助纣为虐？饱受压制摧残的人民群众应该怎么办？漫漫难熬的黑夜里，可以做些什么？什么时候才能再看到明朝的太阳升起？

据说，文王做政治犯的时候，纣王将其长子伯邑考杀害，剁成肉酱给文王吃，而文王居然也狠心吃下，这种惨绝人寰的经验，如果换成是我们碰到，该怎么办？1998年夏，我初次赴河南羑里时，听导游介绍，有处叫"吐儿堆"，传说文王当年忍痛吞下后，又难过地吐了出来。父子连心，其情可知，政治斗争下的人心，多么狰狞可怖？

再如纣王兄弟箕子的处境，家门不幸，出了纣王这种人魔，眼看祖宗基业不保，苦劝又劝不回，反易惹来杀身之祸，也没有勾结外人，所谓大义灭亲之理，走又走不掉，装疯卖傻似乎成了唯一的选择。政权可亡，文化的薪传不能断，武王伐纣成功后，箕子授"洪范"（见《尚书·洪范》）治国大法于武王，然后飘然而去，远赴朝鲜，这种悲心和睿智也是人间少有的。

真正出手解决问题的，当然还是武王。独夫（指纣王）为祸天下，已不必再存仁义之想，以杀止杀，绝不手软，关键在出手的时机，万一判断失误，一击不中，可就麻烦了……

明夷卦第三爻爻辞所述，即荡寇除魔之大事。爻变成复卦（䷗），剥极而复，国土重光，彻底摆脱了无边恶业的纠缠。

17. 天地之心——复卦

《易经》为集体创作的结晶，伏羲发其端，文王继其绪，孔子集大成，历经四千多年的演进，才有今日圣经贤传的规模。伏羲故里在甘肃天水，治天下在河南淮阳；文王在陕西岐山称王，入河南羑里受难；孔子周游列国，仍终老山东曲阜，成至圣先师。这三人的生平事迹，似乎也像滚滚东流的黄河，后浪接着前浪，起源于崇山峻岭，倾泻入汪洋大海，为华夏文明的蕴养茁壮立下了不朽的功勋。

1998年夏，我带着二十位学生作《易经》溯源之旅，由山东至甘肃，整个走了一遍，体验生生不息的创《易》历程。天水清廓寥远，一画开天地；羑里庭院深深，幽囚演《易》，伤心人别有怀抱；曲阜林木翁郁，气象万千，规模又复不同。

如果说，文王历人生惨酷之境，亲证明夷之心，激发除奸之志，那么明夷卦（☷☲）第三爻爻变后所成复卦（☷☳）之象，就是孔子独造之境。复卦非复古，而是有继承、有创新，不是同一水平面的循环往复，而是呈螺旋形的进阶上升。文王仁德爱民，忍辱负重，所成就的仍属小康境界；孔子深察治乱之源，主张天下为公，已是大同思想。

明夷卦之所以祸国殃民，源始于"明夷之心"，为民除害后，如何保证新的掌权者不堕落？日出日落，谁经得起这般轮回式的折腾？复卦正本清源，在《象传》中提出"天地之心"的诉求，天地无私，汰旧换新，终而复始，容不得独裁或垄断。宋儒张载说得好："为天地立心，为生民立命，为往圣继绝学，为万世开太平。"存亡继绝，剥尽而复，不仅继往，更重开来，这才是复卦的真精神。

《易经》上经三十卦，实即自然界生命演化的历程：乾、坤开天辟地，屯、蒙物之新生，生命由简而繁，至第二十三卦剥卦（☶☷）时，上艮为止、下坤为地，表示生物大灭绝，地面上已没有生命活动的迹象。第二十四卦复卦，上坤为地、下震为动，代表地下又有新的生灵诞生，躲过浩劫的新物种身躯较小，智慧却高，适应环境的能耐也较强。所谓旧的不去，新的不来，自然演化的优胜劣败，反而造就了更高级生命形式的出现。复卦之后，为无妄（☰☳）、大畜（☶☰），都是代表高层心智的运用，显示靠蛮力竞争已难以生存，最后身心的快速发展，终于创造了第三十卦离卦（☲☲）所象征的光辉灿烂的人类文明。

《易经》是诠释天、地、人关系的学问，乾天坤地称"父母卦"，天地之心的复卦又称"小父母卦"，以彰显人顶天立地的责任。复卦的卦象、卦理，在六十四卦中居关键的地位，影响重大，几乎所有沉沦困顿、幽暗不明的卦爻，归根究底，都得靠复卦的精神来解救。

然而，天地之心的精神能量并非现成，需经长期苦修，才可蕴养自如，稍有不慎还可能走火入魔。复卦第三爻为人位，爻辞显示欲望牵扯，屡错屡改，一旦失控，爻变即成明夷卦，天地之心又沦为黑暗之心。复卦上爻更误入歧途，恶业重大，引发天灾人祸，让成千上万民众跟着陪葬。修心云云，谈何容易？

18. 憧憧往来——咸卦

依天文学家推断，宇宙肇始于130亿年至150亿年前，太阳系含地球在46亿年前成形，地球上出现生命不到40亿年的时间，而人类登上演化的舞台才几百万年，有史可考数千年，科技文明昌盛不过百年间事。现今我们拥有的一切，似乎都来之不易，生而为人，有感情，能思考，发明工具，创造文明，已是亿万年造化的奇迹，应该好自珍惜。

《易经》下经以咸卦（☱）为首，探讨人的身心结构、所思所感，由此展开下经三十四卦对人世间的全面论述。咸卦六爻全以人身为象，从脚到头，叙述身体各部位的感应，以及整体息息相关的互动，其中所含的道理，在中医养生学上都有依据，善加运用，身心必可获益。

咸卦《象传》中直指人心，期待人人心心相印，能致天下和平，显现作者高尚的道德情操，然而在现实人生中往往不是这样，六爻爻辞气和心平者少，浮躁妄动者多。咸卦六爻全变，成损卦（☶），两卦相错，有触类旁通之义，明示感情用之不当，会受极大伤害。损卦内卦兑，欢悦情浓，外卦艮，不动如山、适可而止，故而《大象传》称："君子以惩忿窒欲。"

咸卦初爻爻辞云："咸其拇。"形容脚掌的大拇趾有感应，欲迈步前行，一切自然而然，成败吉凶在所不计。不称足、不称趾，而称拇，可见感受细腻，五趾各自不同，拇率群趾也有带头作用。初爻爻变成革卦（☱），表示心里已起了惊天动地的变化，颇思付诸行动以改造环境。下经重人事的第一爻,就有这样的自觉和气势,令人振奋。

行动前必先心动,第四爻所言"憧憧往来"即是。"憧"字从童心取义,小孩心思不定,很难专注持久,对未来充满不切实际的憧憬向往,一会儿要这样,一会儿要那样,很难真正成事,此爻爻变成蹇卦(䷦),果然不行。

人生因梦想而伟大,憧憬未来本无不可,但得进一步冷静思考,择一而从,而且也得有配套的做法,才能成功,因此当咸卦初、四两爻齐变,方成既济卦(䷾),果然安渡彼岸,功德圆满。

咸卦二爻爻辞云:"咸其腓。""腓"是小腿肚,受感应也想动,但还是不动为妙。因为此爻爻变成大过卦(䷛),有不堪负荷、犯重大过失的可能。五爻居君位,爻辞称:"咸其脢。""脢"为夹脊肉,在督脉的中枢,全身各部感应荟萃于此。中枢决策必须全盘考量,顾全大局,不宜感情用事,轻举妄动。五爻爻变成小过卦(䷽),谨小慎微,低调内敛,以免出错。

五爻与二爻间的互动关系,在《易经》的每一卦中都非常重要,咸卦二、五爻齐变,成恒卦(䷟),激情收敛,以图长治久安。

咸卦三爻爻辞云:"咸其股。""股"是大腿,极度热情敏感,很难遏制不动。三爻爻变成萃卦(䷬),为精英相聚之意,由于心仪的对象太精彩出众,迫切想与对方会面。上爻爻辞称:"咸其辅颊舌。"虽是甜言蜜语滔滔不绝,未必有真情实意。上爻爻变成遁卦(䷠),甚至已有抽身快闪的想法。当三爻与上爻两爻齐变,即成否卦(䷋),表示落花虽有意,流水竟无情,好事难谐。

不同的时空环境、不同的配对关系,由既济卦开始,作恒久的打算,最后却以天地不交的否卦告终,人心易变,人性无常,再次得到印证。

19. 肉身成圣——艮卦

自古宗教大德禁欲苦行，死后肉身不坏者，以禅宗六祖惠能最称奇迹。除佛家外，如安阳高道吴云青、河北香河周凤臣老妪，也都有类似的现身说法。这些现象在科技上完全没法解释，究竟是什么深奥的力量让他们臻此境界呢？

《易经》中的咸、艮两卦，六爻全以人身取象，咸卦探讨身心各部位的感应，艮卦（☶）则针对情欲伤身下克治的功夫。咸卦为下经之首，全经排序第三十一，艮卦排序第五十二，历经下经二十一卦的演变，对人情人性已有相当的体认。咸卦（☱）上兑下艮，兑为少女，艮为少男，谱出青春恋情；艮卦上艮下艮，少男谨守独身。

艮卦取象为山，遇阻则止，人生纵情逞欲，必多业障，需调伏其心，适可而止。修行艰难，如攀高山，过得一峰又一峰，待觉行圆满、登峰造极后，自然一心不乱，不动如山。

"艮"字的原意为目光集中注视，心到意守，绝不旁顾。中文如狠、退、限、根、恨等，均带有斩断尘缘、矢志修行之义。弘一大师李叔同，前半生文采风流，历尽人间情事，出家之后则持戒律宗，万缘俱泯，可说是从咸卦转成艮卦的显例。艮卦的意境深受佛门修行者激赏，认为它等同于一部《法华经》，六爻所示，正合成佛的修行次第。

艮卦卦辞端静稳重，要言不烦："艮其背，不获其身。行其庭，不见其人。无咎。"止欲修行，先从背对诱惑、专心面壁做起，练到去除我执，不再受肉身欲望的牵扯，这是小乘内修的境界。至于大乘功夫，还得面对人群，度脱众生，行于大庭广众之中，全然不受人际事务的干扰。《金刚经》名句："无我相，无人相，无众生相，无寿者相，离一切诸相，即名诸佛。"正与此相通。

艮卦前五爻以"艮其趾""艮其腓""艮其限""艮其身""艮其辅"为称，从脚到头，下足止欲的功夫。上爻改称"敦艮吉"，敦实厚重，为修成后的大德之相，行住坐卧，自然合道。孔子自称"七十而从心所欲不逾矩"，应该就是这样。

咸卦初爻"咸其拇"，艮卦初爻以"艮其趾"治之。拇为趾之首，受感应时各趾不同，深微细腻，冷暖自知；克治时一视同仁，全部禁足，以免麻烦。咸卦二爻"咸其腓"，腓为小腿肚，艮卦二爻"艮其腓"，力图节制却未成功，心里很不痛快。

艮卦三爻"艮其限，列其夤，厉熏心"，"限"指腰，"夤"指背脊肉。腰为上半身和下半身的分隔处，强忍情欲已至极限，牵动背脊都不舒服，像要绷紧断裂一样，天人交战，如烈火烧心般痛苦。艮卦三爻爻变，成剥卦（䷖），真是千刀万剐，受尽煎熬。咸卦三爻"咸其股"、五爻"咸其脢"（"脢"即背脊肉），乃至四爻憧憧驿动的心，各部位的复杂感应都汇集于艮卦第三爻，此爻真是修行的天关，多少枭雄豪杰尽摧磨。

此关若过，去我执，无我相，由下而上，由内而外，独善其身进而兼善天下，故艮卦四爻称"艮其身"，无咎。

咸卦上爻"咸其辅颊舌"，空言无实；艮卦五爻"艮其辅"，谨言慎行，不言则已，言必由衷，以符合居君位的最高领导人身份。

艮卦止欲修行，绝非槁木死灰，而是自度度人。上爻"敦艮吉"，爻变成谦卦（䷎），虚怀化众，服务人群。艮卦的《象传》说得很清楚："时止则止，时行则行，动静不失其时，其道光明。"

20. 苦节不可贞——节卦与涣卦

《系辞传》说伏羲画卦，仰观天象，俯察地理，研究动、植物生态，以及人的身体构造，因而创立了卦爻的符号体系。宇宙为一大天地，人身为一小天地，大小悬殊，却有共通的自然法则。易卦六爻，许多皆从人身取象，咸、艮二卦为显例，而排序第六十的节卦，妙演天人之理，层次分明，也非常值得注意。

节卦（䷮）上卦坎为水，下卦兑为泽，泽上有水，需节制使用以免干涸。水库贮水，必设水位标尺，量入为出，才能运转无碍。同理，身体保健、饮食起居、男女欢爱，亦得善加节控，避免纵欲伤身。人群互动，为了保障彼此权益，需建立制度、明订规范。自然界四时运行，生命繁衍，都有节奏律则，二十四节气就是最好的例证。

"节"（節）字上为竹，竹子以节为限，生长到一阶段，盘旋成节，有效收束后再往上蹿高，所谓节节高升。竹子中空外直，是仁人君子、高风亮节的象征。节卦卦形初、二爻为阳，实据地下、地上之位；三、四爻为阴，人位虚中应事；五、上爻一阳一阴，天位实虚相间。全卦三阴三阳，比例均衡，协调有致，充满了秩序的美感。

人体昂然屹立，由下而上，也分六大关节：踝、膝、胯、腰、椎、颈。初爻似脚踝位置，阳刚正直，据地落实；二爻如膝盖，阳而能阴，刚而能柔，承上启下，不失分寸；三、四爻皆阴，柔胯、松腰，肢体动作才灵活；五爻阳刚中正，脊椎当人体中枢，不宜佝偻疏松；上爻为颈项，俯仰环视，又得柔韧自在，故为阴爻。

节卦六爻阴阳虚实的搭配合宜，显示人体完全健康的状态，若有多处变化，必致疾病。例如：下卦三爻全变，成蹇卦（䷦），寒气侵足，寸步难行，有风湿、关节炎之象，下半身近乎瘫痪。上卦三爻全变，成睽卦（䷥），显示各行其是，上半身极不协调。设若六爻全变，成旅卦（䷷），飘飘荡荡，失魂落魄，那就更不堪设想了！如果初、三、四爻齐变，成大过卦（䷛），脚踝虚浮，腰胯僵硬，必然造成身心严重失衡，得用非常手法整治了。

人体关节处承上启下、屈伸俯仰，最易藏污纳垢或运转不灵，而致气血淤塞、精神涣散，需适量运动以调治。节卦之前为涣卦，节、涣二卦一体相综，涣卦爻辞中即主张奔跑、大量流汗、大声呼号以舒筋活血。

节卦卦辞称："亨，苦节不可贞。"节制得宜，当然亨通，但节得过火，造成精神痛苦不堪，就得改弦更张。节卦外卦坎险、内卦兑悦，五爻称"甘节吉"，明示节卦旨在欢喜做，甘愿受，苦尽甘来，回味无穷。若压抑过度，如上爻所谓"苦节，贞凶"，反而断丧生机。

人间的种种制度何尝不然？举凡政治、经济、社会、家庭、企业、婚姻，制度的设立是为了解决问题，给多数人带来最大程度的幸福，而非制造痛苦。如果制度僵化，戕害人性，要改的是制度，而不是勉强众人去迁就。节卦之节是时节、活节，并非死节，不必为了遵守过时之节，而搞成心有千千结。

因此，节卦《大象传》称："君子以制数度，议德行。"定制度需明确，最好能数量化，一分是一分，一寸是一寸，但仍得预留讨论的弹性空间，视人的适应表现再做定夺。民主制度在西方可能不错，在亚洲、中东施行就不见得；智慧财产权保障有利于先进国家，在发展中国家就绑手绑脚，这些都值得大家深思。

21. 养生主——颐卦

中国的养生学与道家关系相当密切，《老子》一书中就有许多养生的基本观念，《庄子》内七篇为庄学核心，继《逍遥游》《齐物论》之后，第三篇即名《养生主》，借庖丁解牛为喻，畅发因顺自然、游刃有余的养生法门。

《易经》为儒、道两家的思想渊源，卦爻中所含的养生原理更丰富，可惜研究开发得不够，虽然有名医需通大易之说，仍多泛泛之论。未来易学的发展，其实这是条该走的路。

颐卦（☶☳）排序第二十七，可说是集《易经》养生学之大成。卦形下震为动、上艮为止，四阴爻包在二阳爻之内，像人嘴咀嚼进食之状，养生本以饮食为先。病从口入，祸从口出，内动外止，又有谨言慎行之象。养生涵盖甚广，从养身、养心、养气、养神开始，自养俱足后进而养人，以至养贤、养民、供养一切众生。

以武家练气而言，颐卦中四爻全虚，提供了最大可能的体内空间，让气激荡回旋，生生不息，内劲十足，中心有主，而外面沉着稳重，不动如山。老子说天地之间生生化化，活像个大风箱，愈拉愈旺，人体的内部空间想必也是如此。

以颐卦为人体身心结构的基本盘，六爻全变成大过卦（☱☴），正常机制全受破坏，离死不远。初爻爻变成剥卦（☶☷），上爻爻变为复卦（☷☳），新陈代谢，剥极而复，正是养生功能的显现。二爻爻变成损卦

（☱），五爻爻变为益卦（☲），先损后益，健康的身心由节制嗜欲、刻苦锻炼而来。三爻爻变成贲卦（☶），四爻爻变为噬嗑卦（☲），"贲"指一切外在色相，美容源于养生，"噬嗑"偏嗜肉食，消化不良，有碍健康。三、四两爻属卦中的人位，食色，性也，饮食男女，人之大欲存焉。

颐卦卦形呈镜像对称，若将内卦三爻翻转倒置，即成外卦三爻，初上、二五、三四互成镜前镜后的对应关系。颐卦之后的大过卦、坎卦（☵）、离卦（☲），都是如此。生和死、险陷地狱与光明天堂，皆在镜中呈现。这种对称的卦形，全体倒转倾置，其形不变，在《易经》中称为"自相综"，浑然一体，没有其他综卦，综卦即为本卦。除以上四卦外，乾、坤二卦和中孚（☲）、小过（☳）二卦亦属自相综，表示无论正看反看，都看到同样的体相，客观真理不随观察角度而异，不因立场而生是非。

颐卦卦辞称"贞吉"，贞即固守养生正道，毫不逾越，但中间四爻爻辞非颠即拂，颠倒梦想、反常而行之事在所多有，四爻且称"虎视眈眈，其欲逐逐"，贪婪之情溢于言表。可见养生之道，说来容易，要实际做到却是千难万难。

颐卦初爻称"舍尔灵龟"，灵龟象征灵明自性，为内在俱足的生命本源，颐养之初，受欲望牵累，往往放纵胡为、戕害生机。初爻和四爻相应，虎视眈眈正指此而言，年轻后生把持不住，以龟饲虎，成了凶猛情欲的牺牲品。

颐卦二、五爻皆称"拂经"，显示违反养生的常道，经也可能和经络、经脉有关，为人体气血运行的路径。《庄子·养生主》一篇中即主张"缘督以为经"，督为督脉，沿背脊而上，为全身中枢，缘即随顺，和"由颐"之"由"相当。咸卦第五爻"咸其脢"、艮卦第三爻从腰酸引发背痛，乃至节卦五爻"甘节"、上爻"苦节"，似乎说的都是这个关键部位。

上爻称"由颐"，二、五爻从拂经到由颐，回归正道。"由"字似田中作物顺势上长，一切自然而然，不假安排。养生之道，一言以蔽之，就是顺自然，该吃就吃，当睡则睡，绝不费力强为，这才自由自在。

《养生主》除了讲顺自然养生外，还主张坦然面对死亡，其实庖丁解牛是杀生，以杀生喻养生，这种寓意就够绝的。对死亡的恐惧不除，生亦不安。什么是生？什么是死？死后还有没有生？庄子在最后提出了薪尽火传、精神永生的结论。《易经》继颐卦之后为大过卦，谈的就是勘破生死关；大过卦后的坎、离二卦，向下沉沦或向上提升，谈的不正是精神永续的问题吗？

易学小教室

自相综

综卦为一卦的六爻上下翻转所得之卦。若上下翻转所得的综卦，还是原来的卦，就称为"自相综"。六十四卦中，自相综的卦共有八个：乾、坤、中孚、小过、颐、大过、坎、离。这八卦无论正看、反看，都呈现同样的体相，表示此八卦所象征的客观真理，不会随观察角度而异——天地自然、生死大事，对任何人都是一样的。

乾	坤	中孚	小过	颐	大过	坎	离
䷀	䷁	䷼	䷽	䷚	䷛	䷜	䷝

22. 爱与死——大过卦

金代词人元好问曾有名句："问世间情为何物，直教生死相许？"小说家金庸将其谱入《神雕侠侣》，成为该书荡气回肠的主题，辗转流传，益添魅力。

《易经》中排序第二十七、二十八的颐（☷）、大过（☱）二卦，论述生死大事。颐卦养生首重饮食，营养均衡，以求健康长寿；大过卦面对死亡，饮食无济于事，男欢女爱、传宗接代，才能延续精魂，以超克死亡。

颐卦卦形似口，下卦震动，上卦艮止，有如咀嚼大快朵颐；大过卦四阳贯入二阴之中，下卦巽为潜伏深入，上卦兑为欢悦无限，正合男女交媾之象。《杂卦传》称："大过，颠也。"颠鸾倒凤、癫狂烈爱、颠覆体制，人在狂热激情里浑然忘了恐惧。

大过卦六爻里或隐或显，全以情色取象：二爻枯木逢春，老夫少妻；五爻枯杨开花，老妻少夫。这是老少配，年龄不是问题。初爻荒郊野地，铺上白色茅草，以成就好事，场所没有关系。上爻过河灭顶，至死无悔，做鬼也风流。三、四两爻为人位，以栋梁弯曲及隆起为象，实指男性生理反应，能不能尽人道之事。

大过卦上兑为泽，下巽为风也为木，木在泽下，有泽水暴涨、淹没泽旁树木之象，二、五爻的枯杨意象由此而来。中文成语称淫荡女子为"水性杨花"，意指情欲泛滥，贪欢无度，足以灭身。

初爻的白色茅草，和《诗经》中的一篇著名情诗《召南·野有死麕》有关：森林中的猎人，将猎获的獐和鹿，以白茅草包上，送给怀春的少女，借此求欢。猎人在情急之下拉扯裙带，惹得对方大发娇嗔，要求温柔以待，别惊动附近的野狗叫起来……

大过卦初爻爻变，成夬卦（☱），刚柔大对决；上爻爻变，成姤卦（☴），阴阳相欢私会。根据卦中有卦的理论，大过卦中有两夬、两姤、一乾，可见内势极刚强，随时可能冲决网罗，颠覆体制，无所不用其极。卦形四阳夹于二阴之中，也是纸包不住火，难以规范之象。

大过卦自古称"棺材卦"，凶象昭著，但也因为生存压力太大，反而激发了人视死如归的勇气，置之死地而后生。"大过"有非常之义，非常人物在非常之时，往往有旋乾转坤的非常举动。大过之爱也不限于男女之爱，亲情、友情，乃至国家民族、悲悯众生之大爱，都能让人奋不顾身，勇于承担，粉身碎骨亦在所不惜。

明朝铁血名相张居正，功业彪炳，儒、佛学养俱深，他曾在与友人书中发弘愿，愿以其身为荐席，使人卧眠其上，便溺垢秽，无所不至。此即大过卦初爻白茅之义，一阴负荷四阳之重，却欢喜做，甘愿受。佛菩萨舍身饲虎，割肉喂鹰；地藏王不等地狱成空，誓不成佛，皆同此义。

清朝禁烟名臣林则徐，铁肩承谤，有诗明志："苟利国家生死以，岂因祸福避趋之。"趋吉避凶的人之常情，在大过之爱里得获超越。

金庸小说《倚天屠龙记》中，明教教众于光明顶大会散后，悲歌慷慨：

> 焚我残躯，熊熊烈火。生亦何欢，死亦何苦？
> 为善除恶，唯光明故。喜乐悲欢，皆归尘土。
> 怜我世人，忧患实多！怜我世人，忧患实多！

颐卦的生与食，大过卦的爱与死，令人低回不已。

23. 大明终始——离卦与坎卦

《易经》上经三十卦，从乾、坤开天辟地起，叙述自然演化的历程，最后两卦为坎、离。离卦（☲）中虚，有网罟孔目相连之象，渔猎时代结绳作网，为基本的生存工具，现代资讯世界的网际联系，更是文明运作的常规。《说卦传》释八卦，以"丽"字诠释离卦，丽（麗）为附丽、附着，原意是两头鹿相依偎，伉俪情深，互相照顾关怀，犹如社会中人人为我、我为人人，谁也不能够遗世而独立，都得依附在人际网络上工作及生活。

丽也是明艳亮丽，离卦为日、为火，太阳创造了地球上的生命世界，火的发现和运用也是人类文明史上的大事。离卦居上经之末，表示人所创造的文明，为天地造化的最后奇迹，光辉灿烂，远远超过了一般生命所臻的境界。

离卦《大象传》称："大人以继明照于四方。"文明之可贵，就在于突破了肉身生死的限制，不断积累继承、传之久远。坎、离之前为象征生死的颐、大过二卦，即为此意。人都贪生怕死，孟子却说所恶有甚于死者，所欲有甚于生者，而有杀身成仁、舍生取义的壮举。比死还可怕的就是坎卦（☵），象征坠入地狱、永世沉沦；比活还值得追求的正是离卦，精神永垂不朽，往生极乐。

"大人"是《易经》中的最高德位，与天地、日月、四时、鬼神合序合德，往下则是圣人、贤人、君子、庶民，这和佛教修行分佛、菩萨、罗汉、众生等品级类似。六十四卦的《大象传》中，绝大多数称"君子"，也有因地位特殊而称"先王""后""上"，唯有离卦称"大人"，表示开创文明的成就上与天齐，将人的价值提升到最高境界。

不过，文明的进展亦需有所节制，才会给人类带来真正的幸福。核武器的发明、科技的发展、对自然环境的严重破坏，以及复制生命的尝试，都有可能引发文明的浩劫。离卦第四爻所描述的，就是这种情景："突如其来如，焚如，死如，弃如。"《小象传》还说："无所容也。"突然天降奇祸，将累世功业毁于一旦，由于死伤人口过多，很久都没有人赶来善后。四爻爻变，成贲卦（䷕），贲为浮饰虚华，一切色相转头成空。离卦第四爻的大毁灭，自古号称全《易》第一凶爻，警世意味浓厚。所幸这尚非最后结局，跟着的五爻、上爻，在极度悲痛下集合幸存者的力量，找出灾祸的缘由并铲除之，终于在废墟中重建了文明。

离卦中间四爻，依二三四、三四五爻重组，成大过卦（䷛），是为离的卦中卦，象征文明负载过度，以致崩毁。依卦中卦的理论，离卦中尚存有家人（䷤）、睽（䷥）、革（䷰）、鼎（䷱）四卦，象征地球村的居民可能相处和睦、天下一家，也可能反目成仇、相争相杀，但无论历经多少劫难，总能革故鼎新，不断在破坏中重建。

乾卦肇始宇宙，全《易》排序第一，其《彖传》中已对此明确预言："大明终始。"由人类高级心智所创造的文明，恒能终而复始，生生不息。

24. 不家食——大畜卦与无妄卦

《易经》六十四卦中，以"大"名卦者有四：大有（☲☰）、大畜（☶☰）、大过（☱☴）、大壮（☳☰），以"小"名卦者仅二：小畜（☴☰）、小过（☳☶）。大小并不均衡，没有所谓的"小有""小壮"。"大有"主张大家都有，人人平等，自然反对小部分人拥有特权的垄断；"大壮"阳刚过度，易惹是生非，必须理性节控，阴柔顺势则无虞。

"小过"谨小慎微，有过必改，迟早成功，故其后接既济卦；"大过"积重难返，有如过河卒子只能拼命向前，还有博取胜利的机会，故其后为坎卦的奇险和离卦的重光。

"小畜"以小博大，在强邻环伺的夹缝中求生存，能和平解决已是万幸；"大畜"则不同，多方储备资源，以图大事。小畜卦君位爻变，成大畜卦，取得主导地位，原先一阴爻的劣势也扩张成二阴爻，表示生存空间加大，可进一步开拓新局。

大畜卦之前为无妄卦（☶☳），不妄想、不妄动，存诚务实，以积累真实力量。大畜之后为颐卦，自养养人，成功建构崭新的生态圈。

《杂卦传》称："大畜，时也。"所有的准备还得合乎时之所需，算好未来的发展态势，现在就开始布局。《彖传》称："刚健，笃实，辉光，日新其德。"每天都得有进步，以跟上时代变动的脚步。

《大象传》则称："君子以多识前言往行，以畜其德。"到一个新的地方去发展，必须多听取前人奋斗的经验及看法，然后针对自己的状况，选择性地消化吸收。复卦见天地之心，重点在人智的发扬，而无妄、大畜二卦由复卦而生，都属于高层次的思维运作，不是简单的搬运、堆积而已。知识创造财富，智慧无形无体，才是开发不尽的宝藏。

大畜卦六爻以畜牧为象，展现储备资源、培养人才的历程。初爻为童牛，初生之犊不畏虎，易瞎闯生事，故四爻需设限预做防范；二爻为野猪，发情时四处冲撞，干脆去势以绝后患；三爻为良马，自视不凡，得再加紧训练，使其熟习战阵攻防之事。资源多多益善，人才不拘一格，兼容并蓄，以图大事。

大畜卦卦辞云："利贞。不家食，吉。利涉大川。""贞"是固守不妄动，前五爻都在做准备；"不家食"表示不待在老家坐吃山空，大丈夫志在四方，积极布局规划；"利涉大川"，代表至上爻终于安渡彼岸，冒险犯难而获成功。

大畜卦上爻以天衢为象，四通八达，海阔天空，爻变成泰卦（☷），表示长期的准备终获突破，从此大开大阖，龙腾虎跃矣！衢是通都大邑、国际交通要道，今日台商西进的天衢为何？广州、大连、上海、青岛、天津，所谓"广大上青天"，正合天衢之义。

25. 三人行——损卦与家人卦

十几年前有部很受欢迎的电视剧集，以一男二女同租一屋为题材，轻松诙谐地反映了现代生活的两性关系，片名就叫《三人行》。片中并不涉及"齐人之福"，只这名称留给人很多想象空间。

《易经》中也有"三人行"，出现在损卦（☲）第三爻："三人行，则损一人；一人行，则得其友。"损卦外卦为艮、内卦为兑，艮为少男、兑为少女，两情相悦本属自然，但搞成三角关系就不好了。最好还是一人退出，另寻伴侣，不仅剩下两人成双，自己也遇新欢成对，岂不是两全其美？内兑为爱悦之情，外艮为适可而止，表示不能为了一己贪欢，破坏了人群关系的和谐，所以《大象传》称："君子以惩忿窒欲。"

这么平常易懂的道理，情场中人却不是都办得到，古代社会男女不平权，一夫多妻的制度更助长了贪多务得的习性。家人卦（☲）五爻君位，为男性家长，四爻理财、二爻烧饭，就有分工共事一夫之义，似乎也能相处和乐。然而，家人卦之后为睽卦（☲），此二卦相综，可说家人的另一面就是睽，人前相安无事，私底下可能斗翻了天！

睽卦上卦离为火，下卦兑为泽，火往上烧，泽水下流，完全背道而行、水火不容。离为中女，兑为少女，二女同居却不同志，显然为了争宠而生是非，所谓两个女人间的战争，最难料理，爱恨情仇，不知伊于胡底。

家人、睽之后，是蹇（☲）、解（☲）二卦，反目成仇，谁都难以施展，只得迁就大局，寻求和解。这四卦错综相连，闹得天翻地覆，人人惊悚，若能痛定思痛，便会考虑正本清源的进一步做法。解卦之后，正是损卦，"三人行，则损一人"就是最后提出的主张。

风月情浓，一旦要割舍，当然百般不愿，但舍得舍得，能舍才能得，损卦之后为益卦（䷩），损极转益，生命中又会出现新的机缘。损卦上爻所述，正是推陈出新、海阔天空的人生新貌，爻辞最后称"无家"，意指不再局限于家乡之地发展，处处无家处处家矣！上爻爻变，成临卦，自由开放，君临天下，有本领的人到任何地方都有卓越的表现。临卦《大象传》称"无穷""无疆"，损之后的益卦，《象传》中亦两称"无疆"，表示没有止境，没有界限，真正是全球化的跨国经营了。

损卦上爻的大成功，实系于三爻的心态转变，而三爻爻变为大畜卦（䷙），多方准备，正是为了卦辞所称："不家食，吉。利涉大川。"由"不家食，吉"到无家、无疆、无穷，彻底突破了家人卦所象征的熟悉、温馨却保守狭隘的格局。

以台湾地区资讯产业的龙头——宏碁电脑（Acer）为例，企业主施振荣的子弟兵人才济济，却也因理念、个性的不同，滋生不少争议。数年前，李焜耀分出来另立门户明基（BenQ），锐意经营的结果，反有青出于蓝之势，而王振堂看守的本业也在竞争的压力下成长，正是合则相害、分则两利，"三人行，则损一人；一人行，则得其友"。友达光电的名称妙合此理，友达友达，朋友发达，而母体宏碁的命名，本来就是要拉高视野，下全球布局的大基盘啊！

26. 未占有孚——革卦

乾卦的卦辞只有四个字："元亨利贞。"开创、亨通、获利、固守，由始到终、终而复始，这是自然界运行的法则。孔子在《文言传》中称此为"四德"，鼓励人效法自然，以成就事业。六十四卦中，卦辞有"元亨利贞"的共七卦，上经就占了六个：乾、坤、屯、随、临、无妄；下经只有一个革卦，人革天命，另造乾坤，充分显示人能人智的发扬。所谓三分天意、七分人事，大环境固然重要，人的创造发明、积极主动的能耐，更不可忽视。

革卦（䷰）上卦兑为泽，下卦离为火，泽水下流，离火上烧，成水火对冲之势；兑为少女，离为中女，又是二女同居、竞争夫宠的格局。睽卦（䷥）两个女人的战争，尚可互不见面，以免尴尬；革卦上下对冲，避无可避，只有全力相抗，以搏胜负。

《杂卦传》称"革去故"，革命是过去的东西完全不要，一切重新打造，因此必然带来非常大的破坏，不可轻易尝试。革卦之后为鼎卦（䷱），《杂卦传》称"鼎取新"，革、鼎一体相综，代表在破坏的同时就得准备崭新的建设。革卦二至上爻，依卦中卦的理论重组，成大过卦（䷛）；鼎卦初至五爻，重组亦成大过卦。"大过"即负荷过重、行将崩溃，唯有胆识过人、智慧超群的英雄人物，才能革故鼎新，建立非常功业。

革命必先唤醒民众，确立信仰，才有翻天覆地的能量，因此卦、爻辞中多次强调"有孚"。"孚"字源于母鸟育雏，引申为信心、盼望和无所不至的爱心，由血缘相依的亲子之情，扩充到国家民族的大爱。

革卦六爻展现革命的历程：初爻时机未至，不得妄动，以吸收基层群众、巩固实力为主；二爻气候渐成，宣扬革命思想；三爻集思广益，精练革命理论；四爻采取行动，颠覆统治阶层；五爻为君位，以强大的意志力贯彻革命志业；上爻江山底定，社会各界纷纷靠拢输诚，得以休养生息，安定人心。

五爻为革卦之主，爻辞值得注意："大人虎变，未占有孚。"大人是《易经》中修行的最高境界，与天地合德，"虎变"形容其生命力之强悍，促成周遭环境的剧烈变化，这种人行事充满自信，想到做到，行事决策完全无须占卜。此爻爻变，成丰卦（䷶），表示其眼光锐利，行事果决，必成丰功伟业。

其实占卜探测天意，正因心怀疑虑，自信不足，而大人已至天人合一境界，洞明形势机微，又何必卜？革卦正是展现人能之卦，五爻领袖群伦，更不宜畏首畏尾，让部众失去信心。武王伐纣时，据说颇多凶兆，龟卜蓍占皆不吉，不少人信心动摇，劝武王退兵。结果姜太公大发神威，焚龟折蓍，力排众议出兵，果获大胜，留下脍炙人口的名言："枯草朽骨，何足以定大事？"机不可失，才是定鼎英雄的见识！

清朝康熙皇帝讨伐噶尔丹，也有一段公案：大学士李光地占战役胜负，得出复卦（䷗）上爻动，爻辞凶险已极，天灾人祸，行师大败，国君被俘或被杀，国家元气大伤，十年都无法再兴。结果康熙照样出兵，还说凶象是指对方，最后赢得大胜。这些事例，给我们什么启示？

荀子主张"善《易》者不占"，孔老夫子重视义理修行，也说"不卜而已矣"，皆是大人证道之言。《易经》中阐扬此理者，除革卦五爻外，还有益卦（䷩）第五爻和恒卦（䷟）第三爻：存心良善，不必问占；信道不笃，二三其德，必招羞辱。

27. 正位凝命——鼎卦

《易经》取法自然及人事，卦有卦象，爻有爻象，文字亦有文字象，其中最具象且惟妙惟肖的就是鼎卦。"鼎"字即仿鼎器画出，而鼎卦（☲）的卦形也完全像个鼎：初爻为阴，像鼎足屹立；二、三、四爻皆为阳，像厚实的鼎腹；五爻中虚，像鼎耳；上爻一杠，像穿耳而过、以便扛鼎而行的鼎铉。

鼎卦上卦离为火，下卦巽为木也为风，有就木煽风点火的烹饪之象。鼎本是烹肉的容器，后作为政权的象征，上供以祭祀天地神明，再分肉与群臣共享，古代贵族钟鸣鼎食，天子称一言九鼎，都是富丽堂皇的执政气象。

鼎的造型或方或圆，鼎足或三或四，稳重屹立，威震八方。古代大内斗争，重视派系均衡，现代国家三权分立，都似鼎足之象。为政讲究火候，老子说"治大国若烹小鲜"，千滚豆腐万滚鱼，操持之妙，存乎一心。

鼎卦之前为革卦（☲），再之前为井卦（☵），革命重视人智人能，而井、鼎二物均由人造，非属自然，三卦相连，寓意深远。六十四卦中也只有井、鼎两卦卦名为实物，其他皆为抽象的理念、作用或某种状态。人凿井汲水，以供民生日用，有水井处就有人家，市井小民的生计一旦出了问题，就会揭竿而起，发动革命。推翻旧的统治阶层后，换由人民当朝执政，就是鼎。因此，"革"是全民革命，"鼎"是推行共和，并非以暴易暴的改朝换代而已。

鼎卦六爻展现推行新政的风貌：初爻正本清源，彻底铲除封建余孽，并开始培养接班团队，为长期执政做准备；革命不是请客吃饭，不能新旧杂糅，搞成四不像，大事业及身难成，造就未来领袖为第一要义。二爻有民意支持，也有辅政实力，却因中央大员的四爻擅权争宠，不得重用，这时切勿乱发牢骚，所交非人，以免断了后路。三爻积极进取，热切推行新政，却因而搞坏不少人际关系，弄得窒碍难行，必须改弦更张，学习圆熟处世的手法，才能如愿。四爻位高权重，才德不足，极易败坏朝政，又致民不聊生，新朝新贵，腐化得比谁都快。五爻为新君之位，不宜偏听四爻擅权，得广纳二爻之贤才为国服务；上爻代表立国理念，执政者当信守不渝，才能长治久安。五爻以黄耳金铉为象，上爻以玉铉为称，黄金有价玉无价，明示精神价值远比物质价值还重要。

鼎卦六爻全变，成屯卦（䷂）。屯、鼎两卦相错，性质截然对反。屯卦似幼苗初生，理念清新，草莽气息浓厚，充满了冲撞体制的力道；鼎卦则锦衣玉食，争逐权力，应对进退圆熟老练，稳定压倒一切。屯卦崛起草野，广结善缘，同志间有共患难的情谊；鼎卦竞相卡位，反目成仇，无法共安乐矣！

屯卦在《易经》中排序第三，鼎卦排第五十，相差甚远，倘若瞬间巨变，屯变成鼎、鼎变为屯，一定产生角色错置，朝不朝、野不野的情形。从草莽到庙堂，由庙堂归草莽，真是何其不易！

鼎卦《大象传》称："君子以正位凝命。"革故鼎新，不能辜负天命所归，坚守正确方针施政，以酬答民意，巩固政权。鼎卦之后为震卦（䷲），为嫡长子继承王权之义，前人打好基础，后人发扬光大，以期永续经营。

28. 政权保卫战——震卦

《易经》八卦有多重象征意义，天、地、雷、风、水、火、山、泽为常见的自然取象，人伦方面则分出四阴四阳：乾为父、坤为母、震为长男、巽为长女、坎为中男、离为中女、艮为少男、兑为少女。依老中青的年龄差别，各自展现出不同的行为特质。

震为长男，老大继承家业可谓天经地义，古代皇权接替亦以嫡长子为先，故而《说卦传》称："帝出乎震。"帝有主宰之义，可引申为一切众生的内在主宰，儒家说良知、佛家讲佛性、禅宗发明自性，皆合此旨。因此见天地之心的复卦、念念皆真的无妄卦、养生大全的颐卦，以及草创欣生的屯卦，内卦皆为震。《说卦传》遂称："万物出乎震。"

震卦（䷲）在《易经》中排序第五十一，紧接在革（䷰）、鼎（䷱）之后，摆明了是后代继承先业，寻求永续经营的地位。曾国藩说过，做大事业者，以培养接班人为第一要义，震卦主旨正在此。

领导人的养成绝非一朝一夕之功，也不担保中间会不会有变化，所以得尽早进行。鼎卦初爻一方面铲除旧朝余孽，一方面已在用心培养人才，让青年才俊在新政推行中见习历练。初爻爻变，成大有卦，代表大家都有机会，人人皆可成长。新人未必出自嫡系，宜广搜旁求，刺激良性竞争，才是最稳妥的做法。

清代康熙帝幼冲即位，除鳌拜、平三藩是除旧，可谓胆识过人；但储君问题却一直没有处理好，太子一废再废，还造成最后雍正继位时的残酷斗争，可见接班之难。以曾国藩而言，他所长期培养的学生李鸿章，官是做得不小，应付清末的难局却仍左支右绌，不能胜任。说得容易，做可太难了！

震卦六爻，呈现出政权转移时的众生相：初爻为广大基层，承受一波波冲击，人心危疑不安，群众情绪十分高亢，极可能产生非理性的暴动，治安当局得特别注意。二爻为民间颇具财力的大户，遭此巨变，为了降低风险和损失，多半远走他乡，待情势稳定后再回来。三爻震动已极，手软脚软，仍得打起精神应付，不能再犯错误。

四爻为中央执政高层，担心集体失业，拿不出具体办法对治危局，甚至使出一些见不得人的斗争伎俩，以求保住位子。五爻为君位，来自各方的压力最大，政权一旦丧失，下场不堪设想，为了捍卫大位，可能不择手段。二爻担心损失金钱，五爻怕丧失主权，有了权在手，要钱不是问题。上爻为过气大佬，饱历惊吓，精神耗弱不堪，已完全无力再战，眼见同侪一个个被斗出局，只求低调自保，即便这样，仍难免于内部抨击的炮火。

震卦卦辞中，引用蜥蜴断尾求生的习性，以描述残酷政治斗争的情景，所谓弃车保帅、牺牲局部以成全整体之事，在所多有。蜥蜴又名变色龙，适应环境变动的能力很强，有人说《易经》的"易"字即由此取义。2002年3月底，台北发生规模颇大的地震，其时，我与家人正在木栅河堤上散步，震后不久，连续看到两只蜥蜴，神色仓皇惊恐，尾巴都是断掉的……

地震的能量释放，由震中往四周呈波状扩散，方圆数百里之内都会受到影响，这种自然现象给了政治争斗中的人很多启示：声东击西、杀鸡儆猴、寒蝉效应，等等。国家如果内部不安，常常会在外部冒险，以外交或军事上的行动，刺激内部的团结，转移民众注意力。

震卦《大象传》总结得好："洊雷，震。君子以恐惧修省。""洊"是一波未平、一波又起，连续不断之意。政权转移所引发的动荡，绝不会一次便了，攻防双方都得戒慎恐惧，全力以赴。

29. 借壳上市——巽卦与兑卦

《易经》中有三个卦，涉及现状的剧烈改变：蛊卦（䷑）改革积弊，打破封闭的威权体制，走向开放；革卦（䷰）推翻旧势力，换人上台，一切重新打造；巽卦先与现实妥协，进入既有体制内逐步发展壮大，最后猎取大位，主宰一切。改革或革命皆雷厉风行、目标明确，而巽卦的"借壳上市"，深入潜隐，最为难防。

巽（䷸）、兑（䷹）二卦，为八卦之二，相续相综，义理勾连，为人生基本的两个面相，值得再三品悟。巽卦取象于风，无形无相，随时转向，让人捉摸不定，风行无孔不入，一旦遭其侵入，即会肆行破坏，故其基本要义为入。巽又象木，且为柔软弯曲之木，深根入土，弹性十足，很难彻底根除。巽卦又象入乡问俗，站稳脚跟后，继续深入发展，必然有所斩获而衷心喜悦，兑卦的基本要义就是悦。己悦人悦，本身的影响力一大就有可能动员群众颠覆当地政府，使其面临分裂解体的威胁。兑卦之后为涣卦（䷺），涣即人心涣散之意。

巽卦之前为旅卦（䷷），失势失位，漂泊无依，难以进入决策核心；巽卦之后为兑卦，纵情欢悦，想说就说，爱做就做。《杂卦传》称："兑见而巽伏也。"由伏而见，可见长期深入卧底有成，已不必避讳心中真正的想法了。

巽卦六爻展现"借壳上市"的过程：初爻徘徊门外良久，终于下定决心打入；二爻低调扎根，下尽巨细靡遗的功夫，摸熟摸透组织内的全部情况；三爻有些憋不住，想冒出头，躁进不宜，还是继续韬晦深藏；四爻进入一个崭新阶段，爬上执政高层，运用资源上下打点，广结人脉，已有不可忽视的影响力；五爻因机顺势，终于成功登上大位，跌破了众人眼镜，这时当可一展宏图，彻底改造既有的体制，旁人亦无可奈何。巽卦至五爻掌权后，若能适可而止，逆取顺守，则功德圆满，就怕得意忘形玩过头，继续操弄心术，变成上爻的惨境："丧其资斧。"

"资"是资金、资源，"斧"是防身利器，执政者有钱有权，还有随扈以保障安全，然而一旦离位失势，冤仇上门，其下场不堪想象。"窃人者，人恒窃之"，也是因果循环的业报常理啊！

《系辞传》称作《易》者有忧患意识，并列举出九个卦作为忧患乱世修德的标准，履卦敦笃实践居首，巽卦深隐布局为最后一卦。乱世风险无限，胸怀大志者确需深谋远虑，低调行事，人生竞逐成败，或攻或防，不可轻忽巽卦的策略与智慧。

30. 改革开放——蛊卦和临卦

近二十多年来，世局变化的主轴就是改革开放，冷战时期的专权体制，一一转型或解体，民主政治及市场经济似乎成了新时代的宠儿，不断被颂扬强调。半个多世纪以前，西方哲学家波普尔（Karl Popper）的名著《开放社会及其敌人》，所揭橥的理念是否已充分实现，从此人类得享自由幸福？

《易经》中排序第十八、十九的蛊（䷑）、临（䷒）二卦，正合改革开放之义。"蛊"字皿中有虫，毒害流行，又用盖子密封，空气无法流通，受害者没有逃生之路。蛊卦外卦艮为止，密闭不通，内卦巽为风，在有限空间内流窜，时日一久，空气品质势必恶化。《黄帝内经》上说："风为百病之长。"无论养生或治国，都得打开与外界交流的通路，才能对症下药，恢复生机。

蛊卦之前为随卦（䷐），随时变化，之后为临卦，自由开放。随、临二卦卦辞皆有"元亨利贞"，四德俱全，与象征天道的乾卦同级，显示人性向往自由为天经地义，而宇宙间一切物事无时无刻不在变化，切不可拘执守旧。

蛊卦卦辞中虽有"元亨利"，却独欠"贞"字。贞是固守正道办事，蛊卦无贞，显示在蛊乱之时，不正之风弥漫，必须大刀阔斧改革，以拨乱反正。改革成功，进入开放社会的临卦，组织又恢复了生机。再者，蛊卦不言贞，也提醒有志改革之士，向旧势力开刀不宜硬碰硬，需有处理的弹性，否则徒然牺牲，大事难成。

改革之难，超过革命，因为不能用武力夺权，一切得循和平的机制解决，而保守派坐拥既得利益，势必全力反扑。以政治改革而言，清末戊戌变法、北宋王安石变法、西汉王莽变法全都失败，不是没有坚持理念，而是执行上缺乏智慧。中国古代历史上唯一改革成功的例子，只有先秦商鞅变法，确实让秦国富强，进而统一天下，但改革者本身却惨遭车裂。

以今世论，教育、司法，以及所谓的心灵改革，是愈改愈好，还是愈改愈乱？

蛊卦六爻间的互动关系，告诉我们改革时会遭遇的状况，以及处理的智慧：初爻代表广大基层，在改革之初就得有正确的认识，改革并非全然否定过去，而是因应时代变化，有批判、有继承，这也是和革命彻底摧毁过去的不同之处。上爻揭示全民改革的最高理念，国家兴亡，人人有责，改革绝非政客专利，不可沦为权力斗争的借口。

三爻充满改革热情，悍然挑战积弊，由于行事过刚，会遭遇挫折，但无大碍；四爻为中央官僚阶层，本身就是既得利益的代表，以改革为名，行斗争之实，文过饰非，无所不至。

五爻处君位，为组织存亡计，下令改革，需举用才德俱佳之士负责执行，以杜绝可能的弊端。老帅不亲自披挂上阵，留有支援斡旋的余地，万一阻力太大，还可弃车保帅，撤换主事者以保全大局。

二爻即负有民间清望的改革派领袖，见危授命，推动改革，刚开始很顺利，慢慢发现不对了，所有弊端指向一共同的源头，就是五爻老板本身，打苍蝇不如打老虎，问题是老虎能打吗？改革不同于革命，二爻改革的权力还是五爻授予的呢！为了自保及替大局设想，也只能静待形势变了再说，像过去有很多弊案之所以不了了之，办不下去，实在是因为办不上去啊！

改革若能成功，进入开放自由的临卦，是不是就可永保无虞呢？

却又不然，临卦卦辞又称"至于八月有凶"，表示形势仍有逆转的可能。全民质素若未提升，自由易生乱象，或受野心家的操弄，而变成了民粹。改革开放诚有其利，弊亦伏焉，潘多拉的盒子一开，会放出什么古灵精怪作祟人间，可还难讲得很。

  法国大革命时，不是有句名言："自由！自由！多少罪孽假汝之名以行！"

31. 割喉竞争——噬嗑卦

《易经》中排序第二十一的噬嗑卦（䷔），卦形初、四、上爻为阳，二、三、五爻为阴，像颐卦的一张大口，中间有物阻塞食道，所谓如鲠在喉，难受已极。"噬"即择物而咬，"嗑"即合，吃还必须吃得干净，不留骨头。被咬的不会束手待毙，必然全力反噬，至死方休，这就构成了一个弱肉强食、适者生存的丛林世界。官场、商场无日无时的残酷斗争，你死我活，誓不两立，正是噬嗑之象。

噬嗑卦之后为贲卦（䷕），"贲"是文饰、包装、官样文章之意。噬嗑、贲二卦一体相综，明明是赤裸裸的权力斗争，又怕吃相难看，于是讲些空洞的漂亮话以掩饰。"噬嗑"是硬吃，"贲"是软骗，世间所有斗争总是软硬兼施，以求获取最高效益。

噬嗑、贲二卦之后为剥卦（䷖），代表根基丧尽，岌岌可危，社会一旦沦落到天天斗、天天骗的地步，就离灭亡不远了。噬嗑卦之前为临（䷒）、观（䷓）二卦，开放社会，思想自由，人人可以有自己的观念信仰，本来无碍，然而历史的发展往往很吊诡，自由被滥用、民主变民粹之事，在所多有。由于观念的极端不同，彼此形成对立，甚至激化为不择手段的政治斗争。

噬嗑卦卦辞称："利用狱。"《大象传》亦云："明罚饬法。"政治斗争常常借用司法手段，以打击政敌，或修改立法以限制其发展。严格来说，这当然破坏了现代国家三权分立的制衡，但几乎很难避免。

噬嗑卦六爻以肉食、服刑为喻，生动地展示了斗争的种种情状：初爻为斗争之始，经验不足而落败，行动受制，好像被戴上脚镣一样，若不调整，将难以立足；上爻为斗争之终，双方杀红了眼，颈项像套上了沉重枷锁，罪业深重，听不进任何人劝谏，至死方休。初爻爻变，成晋卦（䷢），晋为日出之象，《大象传》称"自昭明德"，代表明心见性，摆脱恶斗的习气，以免堕落沉沦。上爻爻变，成震卦（䷲），震为政权攻防，引发强烈动荡，恶斗至此，已无回头之路。

二爻以吃蹄髈为象，肉多肥软，大口咬下去毫无阻碍，连鼻子都陷在肉里，看了很滑稽。斗争时太紧张，全力对付实力并不强的对手，给人欺善怕恶、以大欺小的不良观感。二爻爻变，成睽卦（䷥），显示主要还是猜忌心重，怕受迫害的不安全感作祟。

三爻吃腊肉，长期熏制、肉质坚硬，咬下去并不舒服，可能消化不良，有如斗争时遇到难缠的老手，遭到一定程度的抵抗和反弹，就算赢也有些辛苦。

四爻位置正是喉头那根刺，遇上最强的对手，死缠烂打，得咬牙坚挺到最后才可能获胜。这回咬的是全无水分的干肉，肉中还含着咬不断的大骨头，一不小心就会崩了牙。爻辞中提到"得金矢"，"金"指金钱，"矢"为杀人猎兽的利箭，四爻居中央执政高层，掌握预算分配及生杀黜陟的大权，斗争时威胁利诱，无所不至。《小象传》称："未光也。"表示就算赢，也赢得不光彩，台面下不知道有多少见不得人的事，所谓权与钱的肮脏交易，自古政争皆不能免。四爻爻变，成颐卦（䷚），铲除政敌，食道畅通，从此从容养生矣！

五爻居君位，爻辞中有"得黄金"，"黄"为中色，虽有执政优势，仍不见得必胜，由于动见观瞻，也不能做得太过分。本爻以吃干肉为象，压力不似四爻肉中带骨那么大，只站在第二线督战。五爻爻变成无妄卦（䷘），表示老帅不宜轻举妄动，亲自披挂上阵，万一有所闪失，即无补救余地。

噬嗑卦初、二、上三爻，爻辞中均有"灭"字，分别为"灭趾""灭鼻""灭耳"，肉食斗争严重伤害人的正常官能，眼、耳、鼻、舌、身、意六识皆受污染。与噬嗑卦一体相综的贲卦，文胜于质，色相诱人耳目、移人心志，在《老子》一书中亦有强烈批判："五色令人目盲，五音令人耳聋，五味令人口爽，驰骋畋猎令人心发狂。"

噬嗑言"灭"，后继的剥卦初爻《小象传》亦言"灭下"，大过卦《大象传》称"灭木"、上爻"灭顶"，天地间所呈现的凛凛杀机，真令人惊悚戒惧。

然而，噬嗑、贲二卦似为人生所必有。成人世界中，大家都戴个假面具，逢人只说三分话，未可全抛一片心，无论亲疏远近，大家都习于算计，明争暗斗。所谓江湖路险，知人知面不知心，基于保护自己的立场，不这样好像也不行。法家怪杰韩非子说："父子之间，犹以计算之心相待。"话虽说得过火，也不是全无道理。

近些年，坊间流行好些以曾国藩为题材的书，冠之以经的名称，如《内经》《挺经》《面经》《霸经》等。《挺经》即噬嗑，苦战坚忍卓绝者胜；《面经》即贲，见不同人现不同相，永远不露真相，高深莫测。问题是：假面具戴久了，还拿得下来吗？沉溺于恶斗的政客们，相由心转，个个狰狞可怖，早已不复出道当年的清新形象了！

32. 三权分立——贲卦、丰卦与旅卦

《易经》排序第二十二的贲卦（☷），除了文饰、包装、官样文章之外，还有相当正面的意义。贲卦《象传》称："文明以止，人文也。观乎天文以察时变，观乎人文以化成天下。"贲卦内卦离为文明，外卦艮为止，文明的发展不能漫无节制，需适可而止，才合乎人文思想。例如，科技文明的发展已能造出杀伤力巨大的核武器、克隆生命等，却不宜无限制地往下探研。发扬人文精神，并普及于全民的生活之中，即为文化。

英文"civilization"一般译为文明，为都会精英所创造的智识体系；"culture"译为文化，可普及于种地农民的生活方式。由文明而文化，需经过深入浅出的阐扬及漫长的潜移默化的历程。

离卦（☲）为文明之象，《象传》亦称："重明以丽乎正，乃化成天下。"文明发展需依循正道，才能深入普及民间而形成文化，代代相传光照天下，故而《大象传》称："明两作，离。大人以继明照于四方。"恒卦（☳）传承永久，亘古如新，《象传》称："圣人久于其道，而天下化成。"

《易经》中排序第五十五的丰卦（☳），内离为文明，外震为强势主动，资源丰富的大国除了富国强兵外，还得有深厚的文化底蕴，软实力与硬实力兼备且均衡发展，才能长治久安。若穷兵黩武争霸称强，没有智慧，不讲礼义，必不能久，卦序后接旅卦（☶），失时、失势、

五、《易经》卦义解析 | 321

失位，即为明证。《序卦传》称："丰者大也，穷大者必失其居，故受之以旅，旅而无所容。"说明丰满招损之理，足资世人警惕。

旅卦内卦艮为止，外卦离为文明，人生逆旅，百代过客，荣华富贵都将逝去，唯一留存的仍是对后世文明发展可能的贡献。旅卦六爻充分显示此理：初爻"旅琐琐"，人生花多少时间为细务计较奔忙？二爻"旅即次，怀其资，得童仆，贞"。三爻"旅焚其次，丧其童仆"，既得复失。四爻"旅于处，得其资斧，我心不快"，就算有了地位资财，内心仍不痛快。上爻"旅人先笑后号咷，丧牛于易，凶"，最后还可能徒然悲泣一场空。以上五个爻的爻辞都有"旅"字的卦名，唯有居君位第五爻没有"旅"字，其爻辞称："射雉，一矢亡，终以誉命。"雉鸟象征文明成就，一箭射中，获得至高荣誉，永传不朽，彻底摆脱了空过一场的逆旅情境。

现代西方国家的组织原理以三权分立为主，立法、行政、司法三种公权力互相制衡，以免任一权独大而造成滥权独裁，就像鼎的三足一般。18世纪法国思想家孟德斯鸠所著《论法的精神》(*The Spirit of the Law*)一书，阐发其中奥义，影响后世甚大。

其实，中国很早即提出政法平衡的类似主张，《尚书》为古代政治思想的重要经典，在《立政》《君陈》二篇中，均再三强调执政者应委托专才审理狱案，本身绝不可干涉其审判。这种尊重司法独立的精神，相当难能可贵。

《易经》论及政法关系的，有讼、噬嗑、贲、解、丰、旅、中孚等卦，其中心思想主要表现在《大象传》。讼卦（☰）称"作事谋始"，人性好争，利益冲突时必生是非，所以得及早规范彼此的权利义务关系；解卦（☰）称"赦过宥罪"，冤家宜解不宜结，大事化小，小事化无；中孚卦（☰）称"议狱缓死"，国法不外人情，特殊案例不宜急于定罪。

贲卦（☰）称"明庶政，无敢折狱"。"庶"即众，"明庶政"即做好诸般行政事务，使政治清明；"折狱"即司法审判，依法断人有罪无罪。贲卦的主旨为官场历练、官样文章，可定位为行政权的象征。"无敢折狱"，表示行政权严守分寸，尊重司法独立，绝对不可介入干扰。

丰卦称"折狱致刑"，根据判决量刑，显然象征司法审判权。旅卦称"明慎用刑，而不留狱"，似乎又指涉司法权与行政权的互动，该怎么判，就怎么判，勿因政治考量而拖延不办。"留狱"二字耐人寻味，许多政界高层的贪渎案，往往不了了之，或积历经年，其实办不下去正因办不上去。司法权的核心就是审判，仍得依赖行政权的支援，上游的检调系统、下游的发交狱所执行，都隶属于行政权，因此，行政系统是否严守中立，就非常重要。丰、旅二卦一体相综，而若将旅卦的上、下卦对调，"火山旅"即成"山火贲"，可见司法权与行政权关系密切，互动十分微妙。

贲卦和噬嗑卦（䷔）相综，噬嗑卦《大象传》称"明罚敕法"，制定罚则，以申明法律的尊严，故而为立法权的象征。噬嗑卦以第四爻为主，《大象传》中特别强调由其执行狱政，而非居于君位的五爻，现代国家立法权由中央民意机关行使，以监督行政权，正合此义。噬嗑、贲二卦一体相综，立法、行政正如鸟之双翼、车之双轮，分立、制衡之象明确无比。

噬嗑卦的上、下卦对调，"火雷噬嗑"即成"雷火丰"，显示立法权与司法权的互动关系亦极密切。丰、旅、贲三卦《大象传》只称"君子"，噬嗑卦独称"先王"，先王之德位大于君子，故三权之中似乎又以立法权至高无上，依法行政、依法审判。

"噬嗑"有割喉竞争之象，充满了权与钱的利益交换，肉食者鄙，不立法规范不行；"贲"为官场生涯，六爻中多处警示勿以权谋利、自毁清白；丰卦如日中天，享执政优势，六爻中却甚多不可告人的黑暗之事；旅卦以外来势力遭当地排挤，亦以得权与钱为忧。看来位高权重，真是一切罪恶的渊薮，《易经》中以此四卦演示政法制衡之义，堪称允当。

33. 天地人鬼神——观卦与豫卦

《易经》中一卦六爻，初、二爻为地位，三、四爻居人位，五、上爻为天位，所有立论均依循天、地、人三才互动而生，至于鬼神，似乎未留定位，敬而远之。孔子主张"未能事人，焉能事鬼"，是否限制了《易传》往这方面去探讨呢？

其实不然，《说卦传》《文言传》《象传》《系辞传》皆言及鬼神，且有相当的认定和发挥。天、地、人皆有形，鬼神无形，难以捉摸，但仍会对世间祸福产生一定程度的影响。人立足于天地之间，除需重视天时、地利、人和的综合运用外，对一些离奇莫测的现象，亦不妨虚怀体究。

《易经》中最高的修行德位为大人。乾卦《文言传》称大人与天地合德、日月合明、四时合序、鬼神合吉凶；离卦《大象传》称"大人以继明照四方"。乾为天道，离为文明，人依天赋的心智能力创造，可至永垂不朽的高明境界。

观卦（䷓）的宗教意味甚浓，外观宇宙万象，内观自性心源，《象传》中出现"神道"二字，且有绝对精确、全无差错的描述。观卦三爻、五爻爻辞皆称"观我生"，生活经验、生命真谛、一切众生，由小我而大我，皆在用心观照的范围内。佛教最有名的菩萨称观世音、观自在，行深般若波罗蜜多，照见五蕴皆空，度一切苦厄，意旨与观卦相通。

"豫"字拆字成予、象二字，检讨我跟宇宙万象的关系。"豫"有豫（预）测、豫（预）备、豫（娱）乐之义，凡事若能预测准确、预备充分，自然可得豫乐，怡然于万象之中，其乐融融。豫卦（☷☳）《大象传》提到祭祀上帝，《彖传》中也说天地、日月、四时的依序变化，绝对精确、全无差错。豫卦的"我"和观卦"观我生"的"我"，其义应相通。

豫卦之前为谦卦（☷☶），豫、谦一体相综，"谦"字拆成言、兼，立言兼及各方，不囿于一己立场，正是谦虚、谦卑精神的展现。人需对什么力量谦卑呢？《彖传》引出了天道、地道、人道及鬼神的观念，认定人只要肯谦和处世、服务人群，必蒙各方福佑而得善终。谦卦卦吉，六爻亦全吉，为六十四卦中福报最深者，《尚书》所谓"满招损，谦受益"，看来所言不虚。

丰卦（☳☲）就是如此。丰卦资源雄厚，事业如日中天，《彖传》中却提出严重警告，小心好景不长。日头过中即逐渐西斜，月亮盛满之后转为亏缺，天地盈虚，都是随时变化，人和鬼神也不例外。居丰之时，人往往志得意满，染上权力的傲慢，看不清楚事情的真相，因而造成组织内部许多复杂幽暗的问题，久而久之，就有分崩离析、一夕瓦解的可能。丰卦之后为旅卦（☲☶），失时、失势、失位，羁旅漂泊，真如丧家之犬矣！

丰卦最后一爻呈现如下情景：高大的屋宇屹立于夜空中，重重围墙将群众隔绝于外，往里窥视，什么人影也看不见，静悄悄像一座死城，诡异、奇幻而凶险。丰极转旅，不祥之兆已现，让人想起那句老话："眼看他起高楼，眼看他宴宾客，眼看他楼塌了。"汉朝扬雄曾作《太玄》一书，仿《易经》体例，建立一套九九八十一的象征体系，其中有相当于丰卦上爻的情境描写："炎炎者灭，隆隆者绝，高明之家，鬼瞰其室。"表面上看起来气势熏天，其实已至灭绝边缘，豪门大户被森森鬼影锁定，在劫难逃矣！

如此看来，丰卦之所以守不住大好江山，在于鬼迷心窍，自绝人群，专擅跋扈，导致天地不容、人神共弃。天作孽，犹可违；自作孽，不可活啊！

五、《易经》卦义解析 | 325

34. 群众运动——萃卦、豫卦与谦卦

《易经》中的萃卦（䷬），上卦兑为泽，下卦坤为地，泽水高过地面，有泛滥决堤之虞，即合群众运动之象。依卦序推演，萃卦之前为夬（䷪）、姤（䷫）二卦，"夬"为刚柔大对决，长期累积的能量待宣泄，姤卦五阳下一阴生，基层产生浮动的危机，群众汇流聚拢便成"萃"。旁边人怕生事，筑堤防范，若不善疏导，反致水位愈高，故而萃卦之后为升卦（䷭）。群众情绪一旦被激升温，后果就不堪设想。

萃卦六爻爻辞有哭、有笑、有忧心、有叹气、有悔恨、有留恋，充满了情绪用语，极易爆发冲突，故六爻皆称"无咎"，希望都能平安无事。《彖传》解释卦辞，分析萃卦的结构及特质，认定人在萃聚之时最能显露感情，下卦坤为群众，上卦兑为口、为说、为悦，心有所感，自然在群众助威下宣泄而出。《大象传》据此提醒治安当局，应做好镇暴的准备，以免发生意外。

人群萃聚，形成对抗，源于有两个领导中心，萃卦四、五两爻为阳，其他各爻为阴，就显示这样的形势。五爻居君位，诚信却不足以服众，招致居高位的四爻聚众抗争，互不相让。领导人若不深自反省，改善与群众互动的关系，即可能不断内耗，两败俱伤。五爻爻变，成豫卦（䷏），豫有群情激愤的备战之象，换句话说，在上位者不能服众，正是激发民变的最大原因。

豫卦（䷏）也是理解群众运动很深刻的一个模型，群众需要有人

出来领导抗争，而唯一阳爻的第四爻，就是扮演这种登高一呼的角色。豫卦下卦坤为民众，上卦震为积极主动，四爻正是震的主爻，有极强的号召力和感染力，能体察民众内心深处的渴望，提出共同的愿景及推进的方法，让大家如痴如狂地誓死追随。历史上许多叱咤风云、主导时代风骚的人物都是如此。

然而，这种强烈的领袖魅力带给人们的，未必是平安与幸福，所谓一将功成万骨枯，许多生灵会为此付出惨重的代价。豫卦的五个阴爻中，只要和四爻关系密切的，下场都很惨：初爻代表无知无识的基层大众，受四爻煽动，鼓噪不已，成了马前卒和炮灰。三爻瞪大眼睛揣摩上意，马屁常常拍在马腿上，难获四爻欢心。五爻忝为君位，被四爻强悍架空，带病延年，生不如死。上爻沉迷在动员的激情里，难以自拔，再不清醒过来，眼看就得出事。只有二爻耿介自守，不随着四爻的魔音起舞，将来收拾残局，就靠这股中道的力量了。

豫卦充满激情，个人英雄主义的色彩太浓，这可从"豫"字由予、象二字组成看出，四爻为全局中心，其他万事万象皆围绕他旋转，都是可供他驱使操弄的工具，必要时也可为他牺牲。英文版《易经》将豫译为 enthusiasm，狂热到歇斯底里的地步，可谓相当精确。问题是，领袖毕竟不是神，他也有许多人性上致命的弱点，对未来的预见可能错误，一旦愿景成空，群众顿失所依，其失落感也非常可怕。《杂卦传》称："豫怠也。"激情过后，荒怠不振，再也鼓舞不起昔日的热忱了。

比较起来，和豫卦相综的谦卦（䷎），其行事风格完全不同。"谦"字为言、兼二字构成，所有主张皆兼顾各方的尊严和利益，懂得设身处地，为别人着想。《杂卦传》称："谦轻。"民为贵，君为轻，领导人将自己的名位看淡，虚怀若谷，兼容并蓄，不但没有豫卦的杀伐激情，反而呈现出一派和平风光。豫卦上震下坤，领袖动之于上；谦卦上坤下艮，三爻为唯一有实力的阳爻，却止之于下，默默为民服务。近年来畅销的企管书《从 A 到 A+》（*Good to Great*），里面提出企业明星式的英雄领导，只是第四级领导，而且旋起旋落，容易给组织带来伤害；真正长治久安，还需最高的第五级领导。豫卦第四爻正是第四级领导，有传奇性，而谦卦第三爻就是第五级领导，是没有传奇的传奇。豫卦的团队有战力，却会耽于逸乐；谦卦的团队柔韧坚持，重视专业服务，常是最后的胜利者。

  然而，群众运动中的感情因素仍不容小觑，群情愤慨之时，难以理喻，只可以情动之，《易经》中最感情用事的卦为兑卦（☱），口说心悦，毫不矫情掩饰，兑卦《象传》即称："悦以先民，民忘其劳；悦以犯难，民忘其死。悦之大，民劝矣哉！"人之常情都是贪生怕死、好逸恶劳，而今只要让民心大悦，居然可以令其冒险犯难，忘劳忘死，还相互劝勉，勇往直前，其效力之大，很值得人省思。所谓顺天应人，与革卦《象传》同调，革卦（☲）上卦亦为兑，民气可用，就能产生惊天动地的革命行动。

35. 理财正辞——益卦

《易经》乾卦卦辞:"元亨利贞。"第一卦第三个字就言利,坦然面对人生中种种谋利的活动,并予以正面的肯定。《文言传》称:"利者,义之和。"谋利未必不义,正当的谋利反而可促进公义,增进社会和谐。这比传统儒者所谓的义利之辨,动辄将义和利截然两分,显然健康得多。孟子见梁惠王,不远千里而去,惠王见面第一句话就问何以利吾国,真让人印象深刻。孟子接话可不高明:"王何必曰利,亦有仁义而已矣。"往下的辩证亦不中肯,这样急于表态,难得一遇的面谈当然失败。

"利"字从刀、从禾,本为秋收之义。春耕、夏耘、秋收、冬藏,呼应"元亨利贞"的天时运行,再自然不过。一切生产事业均为谋利,完全不必避讳。其实,《系辞下传》首章阐明仁义和利的关系就非常好:"天地之大德曰生,圣人之大宝曰位。何以守位?曰仁。何以聚人?曰财。理财正辞,禁民为非,曰义。"

天地造化,生养万物,圣人效法自然,亦宜取得大宝之位,以安养万民。在位若时间过短,不易产生绩效,所以取位后还有守位的问题,这就需要仁德。仁为二人配偶之义,人际互动相谐感通,核仁为果实中生生不息的种子,皆有创新生发之意。领袖必须展现创意,并赢得众人认同,促进组织和谐。

人才荟萃,除了核心理念相近外,待遇优厚也非常重要,组织事务推展非钱莫办,俗话说,金钱不是万能,没钱可万万不能。财帛动人心，不好好管理将使弊端丛生，为了保障公义，必须重视理财，所有收支皆正当，经得起最严格的监督检验。

萃卦（䷬）即人才会聚，精英来自四面八方，能否通力合作，组成崭新的梦幻团队，实为不易。萃卦卦辞强调"王"和"庙"，"王"即足以服众的领袖，"庙"象征大家共同的理念，各方好汉在庙前聚义，少不了敬拜天地，大肆杀牛宰羊热闹一番，这些开销都不能省。"萃"是典型的灵肉合一之卦，精神与物质并重，若一切配置得当，便能发挥强大的战力。

萃卦（䷬）之前为姤卦（䷫），可能有从天而降、稍纵即逝的商机，若能迅速集资、聚人，以分摊风险、共享利益，便能进入萃卦的下一卦升卦（䷭），组织开始高速成长。

一流人才需给一流待遇，爱才如命就得挥金如土，萃卦如此，改朝换代的鼎卦（䷱）亦复如是。鼎中烹肉，既是掌权贵族的食器，也是祭天的礼器，宰辅调和鼎鼐，分肉必得均平，酬庸革命元勋，出手亦得大方，江山才坐得稳。

泰卦（䷊）为期国泰民安，首重基本建设，以创造经济荣景，《大象传》称"财成天地之道"，显然国家财政的运用攸关成败，如有必要，举债都得建设。泰极否来，景气一旦下滑，就得力行俭约，以渡过难关，否卦（䷋）《大象传》遂称"俭德避难"。

泰、否代表大环境的情势变化，属阐述天道的上经第十一、十二卦；损（䷨）、益（䷩）讲的是人为的顺应调整，也居下经第十一、十二卦，正好天人相应。先损后益、损极转益，其间有更深刻精准的理财规划。

损卦强调节制欲望，非必要开销一切从俭，组织设计亦以精简为上；益卦减税以刺激生产，卦辞称"利有攸往，利涉大川"，冒险犯难方得以扩大收益。

谋益不能过头，益极转夬卦（䷪），必造成人际的摊牌对决。益卦上爻爻辞云："莫益之，或击之。立心勿恒，凶。"表示不但获益不再，还会招致打击。

人心难测，人情自私，利益之交总是难以长久。《小象传》解释"莫益之"为"偏辞"，"偏"即偏私不正，和理财正辞的原则相违；"偏"即不全，只从个人利益出发，未设想到双方利益的均衡。

36. 高增长的神话——升卦

二战以后，日本及亚洲四小龙的经济发展也都经过一段高增长时期，但近十年纷纷下降，甚至还出现衰退的负增长，复苏不易。前些年网络公司大量兴起，股价狂飙，曾几何时却又纷纷倒闭，美景不再。这些现象，均可以用《易经》中的升卦（䷭）来充分说明。

升卦和泰卦（䷊）的不同只在初爻，升卦为虚柔的阴爻，泰卦为刚实的阳爻。初爻象征基本面，泰卦基本建设扎实，故繁荣兴旺；升卦基本建设不足，取巧借力使力以营造荣景，一旦后力不继，泡沫破碎，一切转眼成空。泰卦之前为履卦（䷉），脚踏实地做事，成功不是偶然；升卦之前为姤（䷫）、萃（䷬）二卦，为了掌握稍纵即逝的新机会，聚集各方资源，仓促成军，而团队默契不足，很可能会出问题，成长亦有其极限。盲目追求高速发展会耗尽积蓄的能源，升卦之后为困卦（䷮），可说其来有自。

升卦亦可视为由蛊卦（䷑）上爻爻变而成。蛊卦外卦艮，艮为山，一座大山隔断了资源的流通，为典型的封闭威权体制。上爻爻变，阻碍去除，改革开放之后，必然造成高增长现象。

升卦初爻虽虚，却是全卦的生长点，卦辞称："允升，大吉。"只要环境允许，大家认定有发展的希望，就会风起云涌，往上飙升，人才会聚、资金募集都不成问题。初爻爻变成泰卦，也能创造貌似繁荣的景象。

二爻继续扩张信用，不需投入多少资源，就能使绩效上升；三爻很有意思，爻辞称"升虚邑"，进入一座空城，名为城主，并不实惠。空城还好，甚至可能根本没有这座城存在，其实是海市蜃楼、镜花水月，永无实现的可能。人生很多虚妄的追求，泡沫政治、泡沫经济、颠倒梦想，就是虚邑啊！

四爻起进入上卦坤，顺势发展，终至五爻君位的增长高峰，这时就该适可而止，补实基本面，以巩固既有的成就。要是不这么做，仍冥顽不化地强求增长，就会引爆泡沫，一切功业转眼成空。上爻爻辞称"冥升"，往下进入困卦初爻所称的"幽谷"，从梦幻天堂沦落到幽冥地狱矣！

升卦六爻全变，为无妄卦（☰☳），两卦性质彻底相反。无妄卦真实不虚，升卦虚幻不实，"一切有为法，如梦幻泡影，如露亦如电，应作如是观"。

37. 功亏一篑——井卦

2003年美国出兵伊拉克，号称正义之战，实为觊觎中东油源；全球能源危机的问题，早在三四十年前已经浮现，当时悲观的论调甚至预测21世纪初石油将用罄。无论如何，再拖也很难拖过21世纪中叶，届时若开发不出足以替代的新能源，文明的发展势必受到影响，也可能引发大规模的战争。

《易经》中的升卦（䷭），象征高倍数的成长，升卦之后为困卦（䷮），显然成长必有其极限。困卦上卦兑为泽，下卦坎为水，正是泽中无水、资源耗竭之象。地表无水，需钻探开发地下水以供给需求，困卦后为井卦（䷯），井上卦坎水、下卦巽，为深入挖掘之象。

地下水库蕴藏丰富，若能接通泉脉，稳定量产，则取之不尽、用之不竭，不但纾解水荒之困，还可重写游戏规则，创造一个美丽新世界，井卦之后为革卦（䷰），彻底扭转形势矣！

以能源危机而论，井卦所象征的新能源研发是指什么呢？太阳能、核聚变或海水发电似乎皆有可能，或许还有匪夷所思的新方式，我们且拭目以待吧！

开发一口井，风险相当高：首先井址的勘探就不容易，如何判断何处可能有潜藏的资源？一旦开挖，未及泉脉而止，等于前功尽弃；挖到泉脉，还得汲取上升，成为稳定的涌泉，才算克竟全功。人类文明史上许多新技术的开发，免不了还有市场竞争的因素，推出慢了，让对手着了先鞭，也是徒劳。

井卦六爻由下而上，深刻体现了这种研发过程的艰辛：初爻爻辞称"井泥不食"，井底为淤泥阻塞，完全失去功能，不但人不来打水，连鸟兽都嫌脏而不肯光顾，若不设法改进，就只有报废一途。

二爻略有改善疏通，井底贮存一汪浅水，可见小鱼游动，但井壁瓦管破旧不堪，经常漏水。井中有鱼，表示水质无毒，井旁居民往往以此测试，这在澎湖有名的四眼井，以及安徽宏村的民宅皆可看到。

三爻爻辞号称"井渫不食"，淤泥已彻底浚渫清除，水质良好，却仍无人饮用，可谓暴殄天物，过路人见了都连呼可惜。这时需努力争取明智而有实力者的支持，继续吸引开发，以裨益众生。当然，投资赞助者也可获得相当的回报，可谓互利两便，皆大欢喜。

四爻进入量产前最紧要的关头，所谓行百里路半九十，整修井壁，做好出水前的各项准备，容不得一丝疏忽。四爻爻变，成大过卦（☱）；井卦初至三爻为巽（☴）、二至四爻为兑（☱），重组也是泽风大过卦。四爻正相当于井卦中所含大过卦的最上爻，其爻辞为"过涉灭顶，凶"。结合爻变和卦中卦的概念，可见井卦的四爻凶险已极，偶有不慎，即前功尽弃，崩毁灭亡。

五爻为井卦君位，爻辞称"井洌寒泉食"，表示历经长期的辛苦开发之后，终于成功量产，井水清凉甜美，用过人人称赞。照理讲井卦至此已大功告成，然而上爻还另有文章。

上爻为井卦之终，汲水已毕，爻辞提醒管理者别将井口盖上，以方便后至者汲饮，如能随时给人所需，必可建立卓越的声誉，这才是超一流的服务精神，才真正功德圆满。现代企业讲究客户服务，卖场二十四小时对外开放，终年无休或自动提款机等措施，正为显例。

38. 成败之际——既济卦与未济卦

《易经》最后两卦为既济（䷾）、未济（䷿）。"济"是渡河，"既济"是已经过河成功，安渡彼岸；"未济"正相反，可能知难而退，可能中途灭顶，总之，以失败告终。河水波涛汹涌，象征人生种种险难和忧悲烦恼，渡彼岸正如同佛教所言波罗蜜，需靠大智慧及真勇气，人生攸关成败的终极解脱，亦系于此。

既济卦外卦坎为险，内卦离为明，表示以内心的智慧光明渡外界险难。六爻居位皆正，亦即初、三、五为阳爻居于阳位，二、四、上为阴爻居于阴位，此外初与四、二与五、三与上爻间又是最佳配合的应与关系。上卦坎为水往下流，下卦离火向上烧，又有上下互动交流之象。凡此种种，皆属最佳谐衡状态，故而成功。

未济卦的卦爻配置与既济卦完全相反：六爻居位皆不正，初与四、二与五、三与上爻间虽属应与关系，但上爻离火上烧，下卦坎水下流，却呈悖逆走向，一时使不上力，故而失败。

然而，以时间推移而论，既济卦由离明进入坎险，渐致沉沦，未济卦从坎险入离明，反获提升，这是何故？成功让人堕落，失败教人痛定思痛，反而刺激成长，此所谓生于忧患死于安乐。卦序之所以安排既济卦在前、未济卦在后，也大有深意。

《易经》如果终结于既济卦，一切顺利解决，则人生不再有梦想、不再有未来，缺乏再往前发展的动力，这是多可怕的事！《易》之所以为《易》，就是永不止息的创造历程，终而复始，周流不息，绝不可以有个固定的终点。宇宙无穷，人事难尽，既济之后又是未济，表示永远向未来开放，这才是终极解脱的大自在。

既济、未济两卦相综，从一边看是"水火既济"，已获成功，从一百八十度逆反的对边看，却是"火水未济"，恐怕未必。既济卦六爻全变成未济卦，反之亦然，两卦又为相错的关系，表示成败滋味完全不同，不容含混。既济卦上下卦对调，亦成未济卦；未济卦上下对调，成既济卦。

再以中间四爻构成的卦中卦来看，既济卦中含有未济卦，未济卦中含有既济卦，表示成败相因，祸福相依，令人悚然。《易经》六十四卦中，卦与卦关系之密切，莫过于既济、未济二卦，从乾、坤两卦的简易演化到如此错综复杂，真是令人叹为观止。

曾有一本书写到，书中主人公在秘境中寻寻觅觅，到处问津，当地人都说到河对岸就好，结果真到了对岸，那边的人却迫切想渡到这边来。苦海无边，孰为彼岸？孰为此岸？什么是迷？什么是悟？还真正难说得很呢！

39. 飞鸟遗音——中孚卦与小过卦

《易经》最后两卦为既济（☷）、未济（☷），探讨成败之理。既济能有阶段性的成功，亦非侥幸，之前中孚（☰）、小过（☷）二卦相继，已为成功打下了厚实的根基。

"中孚"的"孚"为《易经》关键用字，本意为母鸟孵蛋，亲子之间透过体热的传递，呈现出信望爱的真挚情怀。上一代卵翼下一代为天经地义，不学而能，问题是"幼吾幼"若不能"以及人之幼"，则终嫌狭隘，甚或溺爱护短，有违社会公义。"孚"且合于中道，即称"中孚"，表示不独亲其亲，不独子其子，敦品励行，讲信修睦。

中孚卦的卦形就像鸟卵，上下四爻为阳，似坚实的蛋壳，中间二爻为阴，为流动、孕育中的新生命。世间一般培育下一代的机构或场所，皆有中孚之象，在周到的重重保护下，教导学员理论知识，以及做人做事需具备的正面信仰和价值。

中孚卦至小过卦，为六爻全变的错卦演变，表示性质彻底对反，却又有触类旁通的相关性。小过卦的卦形像只展翅飞翔的小鸟，上下四爻为阴，似舒张的两翼，中间二爻为阳，似鸟的身躯。从中孚卦到小过卦，显示孵育过程已经完成，小鸟啄破蛋壳而出，开始跌跌撞撞地学习飞翔的技巧。由于失去了安全的保护层，从此得自行面对外界的种种风险。许多初入社会的学生，常因生存环境的巨变而适应不良，亦同此理。

"小过"的意思就是动辄得咎，怎么做都不会恰到好处，有如在学校里学的理论，和现实总有差距，多经历几次后，就会渐渐掌握成事的窍门，一旦菜鸟变成老鸟，"中孚"加"小过"便成了既济。

既然只是实习，在"小过"阶段不宜有太大的动作，一切以累积经验为主，不期待立刻有大成就。小鸟习飞只在低空回旋，一有状况，随时可安全迫降，若急性高飞，有可能回不来，只听到凄厉的叫声萦绕不绝。小过卦卦辞称："可小事，不可大事。飞鸟遗之音。不宜上，宜下。"说得真是明确。

小过卦和大过卦不同。大过卦是负荷过重，用正常方法已难恢复平衡，只有以非常手段搏命求生；小过卦则出入有限，不断在尝试错误中调整，即可趋向成功。小过卦中间四爻重组，成大过卦（☱），表示"小过"中有"大过"，也就是积小过会成大过；而大过卦的卦中卦却无小过卦，显然积重难返，成了过河卒子，只能拼命向前。大过卦有棺椁之象，行将就木；小过卦却如青春小鸟，前景无限。

中国学问首重学习，《论语》开卷便说："学而时习之，不亦悦乎！""学"字本意为小孩子双手玩爻，玩爻必有所见，故学（學）字就是觉悟之觉（覺），此二字都和《易经》有关。"习"字为鸟数飞，小鸟不断勤练才会飞翔。习（習）字上半为鸟羽，下半则有二说：一为"日"，意指练习应持之以恒，不得懈怠；一为"自"，明示真正的学习只能靠自己，谁都爱莫能助。

40. 雁行团队——渐卦

乾卦六爻以龙为象，初潜、二见、三惕、四跃、五飞、上亢，表现一切生命力往上演进的历程。五爻"飞龙在天"为君位，已成功发展至最高峰，若能见好就收，完成任务后飘然引退，则无亢龙之悔。上爻"亢龙有悔"，主要是因为贪多务得，知进而不知退，依《文言传》所释，知进退而不失其正的，只有圣人办得到，可见其难。凡夫俗子以至一般枭雄豪杰，多半过不了这一关。

《易经》中以进取为义的有三卦：晋卦（䷢）、升卦（䷭）和渐卦（䷴）。晋卦以日出为喻，下接的却是明夷卦（䷣）的落日，表示在晋卦上爻出了问题，不进反退。升卦虽以地中生木、幼苗长成大树为象，同样也在上爻遭逢成长的极限，化为梦幻泡影。只有以鸿雁为象的渐卦，通力合作，各司其职，至上爻终有突破而获吉。

鸿雁是水、陆、空三栖的候鸟，迁移时总会集体编队飞行，成"一"字或"人"字，有雁头、有放哨，分工严密，秩序井然。自古以来，人们对鸿雁的生态习性便极感兴趣，许多成语与之有关，例如"翩若惊鸿""雪泥鸿爪""鸿飞冥冥"等。据说鸿雁有不再偶的美德，也就是丧偶后便独身到底，因此传统婚礼的贺词亦常以鸿雁为盟约的象征。总之，鸿雁的群性甚高，凡事都一致行动，不允许有离群的孤雁。

渐卦六爻爻辞分言"鸿渐于干、磐、陆、木、陵、陆"，间以夫妇情缘为象，叙其分分合合的过程。渐卦卦辞直称："女归吉，利贞。"

明示男女婚姻应循序渐进，缔结美满良缘。《象传》称："进得位，往有功也；进以正，可以正邦也。"一语道破了渐卦既成功且成德，不同于晋、升二卦的关键。

渐卦第五爻居君位，爻辞称"鸿渐于陵"，表示雁群已飞登最高峰，得位有功正指此而言。然而上爻又称"鸿渐于陆"，与三爻同居陆地高平之处，表示成功后适时引退，回复下卦在野的身份，绝不托词恋栈，以树立进退以正的典范。邦国若皆能如此，必无独夫擅权之虞，民众得免荼毒之祸。

上爻爻辞称："其羽可用为仪，吉。"鸿羽甚轻且劲，古代宗庙祭祀时文舞用之，作为崇尚文德的象征。人将名利看轻，功成而不居，所谓"生而不有，为而不恃，长而不宰"（《老子》第五十一章），这已是三不朽中"太上有立德"的境界。

现代企业的经营重视团队精神，管理理论中亦有"雁行团队"一说。有人说，英文 team（团队）一字中没有"I"（自我），提示人在团队中不可太过自我；又有人说，"功成不必在我"六字反过来念，就是"我在必不成功"。诸行无常，诸法无我，确为人生通义。

41. 残疾联盟——归妹卦

渐卦以雁行为象，叙夫妻情缘；渐卦的下一卦归妹卦（☳☱），与渐卦相综又相错，仍在探讨人际配合的问题。"妹"为少女，女嫁曰"归"，思春期的少女寻觅佳偶便是"归妹"。

归妹上卦震，为长男，下卦兑，为少女，少女涉世未深，见长男仪表出众，心生爱悦，便欲投怀送抱，孤注一掷的结果，却很可能赔上终生。卦辞称"征凶，无攸利"，和渐卦的"女归吉，利贞"恰成强烈对照。

然而，男大当婚，女大当嫁，又是天经地义，人类繁衍赖此而续，于是归妹卦六爻便生出许多计较：初爻地位卑微，嫁出去只能与人为妾，权益和正室相差甚多，就像跛子虽能走，却走不快一样，没有什么行动力。二爻地位较高，眼光却有问题，容易感情用事，最好别轻举妄动，就像独眼龙虽能看，但看不真切。

就初、二爻的处境而言，彼此若能充分合作，残缺互补，也有一定竞争力，两爻齐变，成豫卦，大可动员一战。独眼龙背着跛子，听其指示行动，只要配合无间，和正常人没什么两样。

归妹第三爻正当下卦兑的缺口，少女的浪漫情怀严重，对姻缘的憧憬过高，不肯稍加屈就，结果随着年华老去，最后还是以做小老婆告终。第四爻当上卦震的动源，长男自信十足，坚持高标准，虽然婚期延误，仍得配佳偶。三、四爻居卦中人位，涉及对未来的期望和出手时机的判断，虽然两爻同样待价而沽，却是三凶四吉，行情完全不同。

五爻居君位，身价不凡，却也难觅门当户对的配偶。爻辞以公主下嫁为喻，婚礼上，新娘的礼服还没有陪嫁丫鬟们的礼服漂亮。无论如何，这又是一种主从的搭配，古代流行群婚制，男子一娶数女，有大有小，既引起身价不同的纷争，也有违两性平权之义。归妹卦以之为象，似乎有意和渐卦的从一而终相区隔。

上爻处归妹之终，爻辞所述为婚姻难谐的假凤虚凰之象。其实，历代公主下嫁往往掺有政治考量，从王昭君"和番"起，就是一页接一页的女性血泪史，没有真实的感情基础，何来美满幸福的婚姻？

整体看来，归妹卦旨在讨论身价问题，不论开高走低，或开低走高，身价随时而变，最重要的当然是最后的成交价。"归妹"是终身大事，马虎不得，除了自我的准确评估外，还得重视与他人的协调搭配。以现代企业的行销概念而论，就是组合销售：初、二爻均似有瑕疵的单一产品，巧妙组合后产生互补效果；五爻则似独一无二的高档产品，很难单独卖出，最好以酷炫的强力赠品带动，才可创造佳绩。

42. 倾城倾国——泰卦与否卦

古希腊木马屠城的故事流传不息，绝色美女海伦一笑，千艘战船为之下海，特洛伊城化为齑粉，江山与美人、霸权与情色的斗争永远动人心弦。《诗经》有"哲夫成城，哲妇倾城"（《大雅·瞻卬》）的慨叹，虽为周幽王宠褒姒而发，却有放诸四海而皆准的意义。男女之爱一旦与政治牵连，就会变得诡谲复杂，很难调理。妹喜、妲己、西施、杨贵妃，这些所谓的亡国祸水实在承担了太多的咎责，男人事业失败，归罪于女人太美，真是岂有此理。

《易经》中泰（☷☰）、否（☰☷）二卦相连，泰极否来，由繁华而衰败，从情投意合的天地交泰到不相往来的否，也体现了这样的情境。

泰卦居君位的第五爻，爻辞称："帝乙归妹，以祉元吉。"和归妹卦（☳☱）第五爻所言的"帝乙归妹"相通。帝乙是商纣王的父亲，据说为了政治的考量，曾将女儿下嫁给文王，以联姻的方式羁縻西方大诸侯，共享福祉，安定天下。这种政治婚姻历代常见，但通常不会有好结果，至少下嫁的公主难得幸福。这大概也是归妹卦不得善终的缘由。归妹卦继五爻之后的上爻，呈现的是婚姻难谐、假凤虚凰的情景，镜花水月竟成空。

泰卦上爻的结局更为惨烈，爻辞称"城复于隍"。"隍"是护城河，筑城时即同时挖造，掘土就地夯实筑城墙。城墙倾覆，又回填城沟，表示霸业成空，城池被敌人攻破，一切又回复筑城前的景况。噶尔丹攀龙附凤，最后仍不免翁婿交兵，一战而灭；夫差宠西施，纣王迷妲己，终致国破家亡。五爻的荣华风光，而今安在哉？政治权谋里机关算尽，终误了卿卿性命。

面临覆亡的命运，主事者如何处置呢？爻辞又有告诫，切不可据隅顽抗，徒增无谓的牺牲，应承认失败，将真实的情况告知城内军民，担负起善后的责任。这样做虽然对，往下却已注定是一条难行的窄路了。

第二次世界大战时纳粹帝国覆亡，盟军东西两线攻陷柏林，希特勒所作所为即与此相违，枭雄末日仍欲玉石俱焚，拉国脉民命陪葬，真是可悯可恨！

泰极否来，由奢入俭，难受已极，但也不是绝无生机。若能包羞忍辱，惕厉奋发，仍有出"否"希望。否卦最后一爻爻辞称："倾否，先否后喜。"骄奢淫逸，泰城必倾；群策群力，否局可破。否卦之后为"同人于野"，彻底超越泰否轮回，气象更为广阔矣！

六、《易经》的深层智慧

1. 大中小——强者与弱者的处世之道

《易经》论阴阳刚柔的变化，阳爻刚实有力者称大，阴爻虚弱无力者称小，在一卦之中，爻际关系的互动，或以大制小，或以小博大，呈现各种精微奥妙的情境。

小畜卦（☰）一阴五阳，第四爻为唯一阴爻，夹处于上下五阳爻之间，上压下挤，生存环境艰难，必须善用小巧腾挪的功夫，借力使力，以和平的方式敦亲睦邻，争取本身最大的利益。以爻际关系而论，四爻和初爻相应与，又和居君位的五爻有阴承阳的合理对待，在自立自强的原则下以小事大，应可无碍。只要紧邻的五爻不恃强侵凌，态度软化，也就是阳爻变阴爻，小畜卦即变成大畜卦（☰），富利共享，形势豁然开朗矣！

小过卦（☷）二阳四阴，三、四两阳爻被上下四阴爻紧紧包围，阴盛阳衰，难以施展，只能谨小慎微以求自保。小过卦有小鸟习飞之象，表示不断在尝试错误中成长，终有一日能振翅高飞、翱翔自如。卦辞先称"可小事，不可大事"，最后又称"大吉"，显示由小而大、积渐为雄，人生奋斗何尝不如是？

大过卦（☰）四阳二阴，上下两阴爻已包裹不住中间紧密相连的四阳爻，阳盛阴衰，势将溃围而出，既然积重难返，干脆背水一战。

大壮卦（☰）四阳在下、二阴在上，气势雄壮，却不可轻举妄动，否则必有深陷藩篱、进退失据之祸。

六、《易经》的深层智慧 | 349

大有卦（䷍）一阴爻高据君位，统合上下五阳爻，所有资源全体共享，在卦名称"大"的四个卦中，格局最宽广，境界最崇高。

再有如临卦（䷒）和丰卦（䷶），卦名虽不称大，《易传》却给予大的评价。依卦序，临卦之前为蛊卦（䷑），蛊卦乱象丛生，必须彻底改革，改革成功即成自由开放、全民共治的临卦（䷒）。《序卦传》称："临者，大也。"若依一年十二月份卦演变的顺序，临卦之前为复卦（䷗），一阳复始，见天地之心，其势虽微，已能明辨事理。《系辞传》称："复，小而辨于物。"一阳复为小，二阳临即称大，只要方向正确，由小而大，不是难事。

丰卦顾名思义就是大，资源丰厚，如日中天，《序卦传》及《象传》皆称："丰者，大也。"创立丰功伟业的领袖称王，王者需有建构理念及贯彻执行的能力。《老子》第二十五章有云："道大、天大、地大，人亦大。域中有四大，而人居其一焉。人法地，地法天，天法道，道法自然。"人间的领袖掌握公权力，影响不容小觑，"人"字以一贯三，本有通天、地、人之义。

然而，丰大的局面不易久持，偶有不慎，即演变成丰之后的旅卦（䷷），《序卦传》称为"穷大者必失其居"。旅卦异域漂泊，寄人篱下，只能小心行事，卦辞称"小亨"。旅卦之后为巽卦（䷸），卦辞仍称"小亨"，巽为风、为人，入境问俗，落地生根，为了与当地人融合，必须低调才能亨通。如此由丰而旅而巽，从大变小，再难复原矣！

从以上各卦，由小而大或从大变小，又涉及"中"的观念：

"刚中而志行，乃亨"（小畜卦《彖传》）；

"柔得中，是以小事吉"（小过卦《彖传》）；

"刚过而中，乃亨"（大过卦《彖传》）；

"贞吉以中"（大壮卦《小象传》）；

"大中而上下应之"（大有卦《彖传》）、"积中不败"（大有卦《小象传》）；

"刚中而应、大亨以正"（临卦《彖传》）、"行中为大君之宜"（临卦《小象传》）；

"中行独复、中以自考"（复卦《小象传》）；

"宜日中"（丰卦卦辞）；

"柔得中乎外，是以小亨"（旅卦《彖传》）；

"刚巽乎中正而志行"（巽卦《彖传》）、"得中""位正中"（巽卦《小象传》）。

"中"所指为何，和大小间的关系又是怎样呢？

《易经》处处言"中"，主要并非在规模上立论，而是看重阴阳和合、刚柔互济，在大与小之间的互动找到最佳的平衡点。阴阳和合便能生，便不会互相争斗或摧毁。泰卦（☷☰）卦辞称"小往大来，吉亨"，表示大小之间充分沟通交流，天地交泰，自然化生万物。"中"是恰到好处，无过与不及，行事如此称"中节"，《易经》节卦（☱☵）之后为中孚卦（☴☱），亦在阐明此理。中可救小，中可保大，人生时时刻刻不可脱离中道，所以称为"时中"。

易学小教室

先天八卦

（一）由来

先天八卦，又称伏羲八卦，传说是由距今七千年的伏羲氏观物取象所作。《系辞传》说："《易》有太极，是生两仪，两仪生四象，四象生八卦。"这就是先天八卦及其产生的过程。首先是太极，其次是两仪，最后是八卦，它们是宇宙形成的过程。

先天八卦的卦序是：一乾、二兑、三离、四震、五巽、六坎、七艮、八坤。《说卦传》说："天地定位，山泽通气，雷风相薄，水火不相射，八卦相错。数往者顺，知来者逆。是故《易》逆数也。"这是先天八卦方位的理论依据，是讲八卦自身匹配相对之体的。

八卦按其所代表的东西的性质两两相对，分成四对，每对都是两个性质相反，即阴阳相对，各据一方，四对交错，就构成了先天八卦。从卦爻明显看出，乾、坤两卦为纯阳、纯阴卦，震、坎、艮卦是由一阳爻两阴爻组成，而且爻画均为五，为奇数、阳数，故此三卦为阳卦。巽、离、兑三卦是由一阴爻两阳爻组成，而且爻画均为四，为偶数、阴数，故此三卦为阴卦。

（二）方位

由先天八卦方位图（见右图），我们可以从图中分析出阴阳相对的关系。

天地定位 乾南坤北，天居上，地居下，南北对峙，上下相对。乾是三阳爻、纯阳之卦；坤是三阴爻、纯阴之卦。

山泽通气 艮为山居西北，兑为泽居东南，泽气通于山，为山为雨；山气通于泽，降雨为水为泉。艮是一阳爻在上，二阴爻在下；兑是一阴爻在上，二阳爻在下。

雷风相薄 震为雷居东北，巽为风居西南，相薄者，其势相迫，雷迅

风益烈，风激而雷益迅。震是二阴爻在上，一阳爻在下；巽是二阳爻在上，一阴爻在下。

水火不相射 离为日居东，坎为月居西，离为火，坎为水，水得火以济其寒，火得水以济其热，不相熄灭。离是上下为阳爻，中间为阴爻；坎是上下为阴爻，中间为阳爻。

（三）数字

先天八卦方位与先天卦数的排列形式（如图），由乾一至震四，系由上而下，再由下而上旋至巽五，由巽五至坤八，又由上而下。其路线形成S形的曲线，这种运动方式称为"逆行"，从S形运动中，由乾至坤是按先天卦数乾一、兑二、离三、震四、巽五、坎六、艮七、坤八排列的，这种从上而下、先左后右、由少至多的数字排列方式，称作"逆数"，反之，由坤至乾，从下面的开始，由下而上，先右后左，由多至少的数字形成倒行的方式，称作"顺数"。

先天八卦数字

按先天八卦乾坤、艮兑、震巽、坎离两两对待之本，每一对中都含有顺逆、奇偶、阴阳，即阴中含阳，阳中含阴，阴阳错综交变，这就是先天八卦方位图中的矛盾对立统一的辩证思想，是八卦本着阴阳消长、顺逆交错、相反相成的宇宙生成自然之理，来预测推断世间一切事物，正所谓数不离理，理不离数。

2. 天时、地利、人和——认清局势

《易经》一卦六爻的配置，以初、二爻为地位，象征基础的立地条件；五、上爻为天位，象征高层领导的理念及风格；中间三、四爻居人位，顶天立地而行事。任何一卦均有天时、地利、人和的综合考量，在深切了解周遭的情势下，谋求人事上的最佳努力。

遁卦（䷠）四阳在上，二阴在下，阳实阴虚，表示初、二爻的地位已虚，再无立足条件，缺乏民意支持的领导阶层只能安排退路。临卦（䷒）四阴在上，二阳在下，初、二爻地位稳固，故能君临天下，脚踏实地推行政务。临、遁二卦相错，一管事一退休，处境正好相反。

观卦（䷓）二阳在上，四阴在下，五、上爻代表四时运行的天道真理，为其下万民所崇信观仰。大壮卦（䷡）二阴在上，四阳在下，五、上二爻天位犹虚，表示主导大局的时机尚未成熟，不可贸然行事。《论语·季氏》中说："少之时，戒之在色；壮之时，戒之在斗。"正切合大壮的情境。观、大壮二卦相错，一冷静稳重、一热情冲动，卦性亦彻底对反。

中孚卦（䷼）二阴在中，四阳在外，三、四两爻人位为虚，表示人才尚在孕育中，并未定型。中孚有母鸟孵蛋之象，世间一切教育机构，以及宣传信仰的道场，皆同此象。小过卦（䷽）二阳在中，四阴在外，三、四两爻人位为实，人才已孕育成形，但天位及地位犹虚，表示初出茅庐，尚需实务历练。小过卦有小鸟试飞之象，和中孚卦相

错，象征幼雏已啄破蛋壳，准备独立生活。

《易经》六画卦由三画卦演绎而来，由三画卦构成的八卦，即蕴含天、地、人之义：上画为天、下画为地、中画为人。因此，以上六卦若依阳实阴虚之理，还原成三画卦，又是另一种观象的方法。

小过卦（䷽）人位为实，天位、地位为虚，有如三画的坎卦（☵），一阳陷入二阴之中，相当艰苦。小鸟试飞、屡仆屡起称"习"，而坎卦在经传中多称"习坎"，将险境视为人生最好的学习道场，显然二卦主旨有会通之处，易学上称小过卦有"大坎"之象。

同理，中孚卦（䷼）人位为虚，天位、地位为实，有"大离"（☲）之象。离卦光辉灿烂，象征人类继往开来的文明成就；中孚卦母子相承、作育英才，道理与之相通。

大壮卦（䷡）天位为虚，人位、地位为实，有大兑（☱）之象。兑为少女卦，天真烂漫，心有所悦，形诸言说，不免易伤人伤己，和大壮卦的血气方刚、莽撞行事极为相似。

观卦（䷓）天位为实，人位、地位为虚，有大艮（☶）之象。艮为止欲修行，和观卦的信仰参拜直接相关，佛教有止、观法门，静得住才看得清。

临卦（䷒）地位为实，天位、人位为虚，有大震（☳）之象。震为积极主宰，正合君临天下之意，《说卦传》即称："帝出乎震。"

遁卦（䷠）地位为虚，天位、人位为实，有大巽（☴）之象。巽为低调沉潜，又跟遁的退隐之义相应，人安排退路若能如此，必得善终。

易学小教室

后天八卦

后天八卦又称文王八卦，《说卦》曰："帝出乎震，齐乎巽，相见乎离，

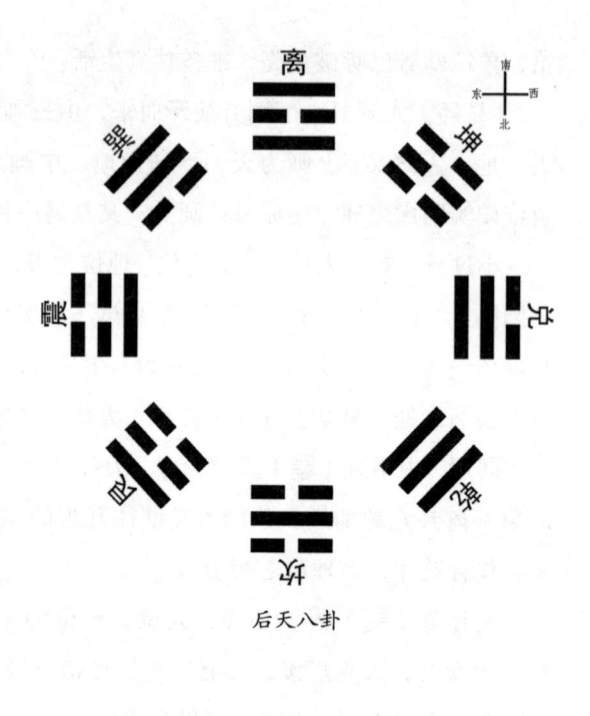

致役乎坤，说言乎兑，战乎乾，劳乎坎，成言乎艮。"由震卦出发，即震卦为起始点，位列正东。按顺时针方向，依次为巽卦，东南；离卦，正南；坤卦，西南；兑卦，正西；乾卦，西北；坎卦，正北；艮卦，东北。后天八卦讲流行，形容周期循环，如水流行，用以表示阴阳的依存与互根（亦称"相成"），五行的母子相生。

后天八卦图

　　后天八卦图是从四时的推移、万物的生长收藏得出的规律。万物的春生、夏长、秋收、冬藏，每周天三百六十日有奇，八卦用事各主四十五日，其转换点就表现在四正四偶的八节上，这就构成了按顺时针方向运转的后天八卦图。每卦有三爻，三而八之，即指一年二十四个节气，如震为春分，巽为立夏，离为夏至，坤为立秋，兑为秋分，乾为立冬，坎为冬至，艮为立春，由此可见后天八卦图的实质了。

3. 三不朽——功成名就的代价

人生在世，以立德、立功、立言为三不朽。立德至上，圣哲教化群生；立功次之，英雄创建大业；立言又次之，著述传世，文采风流。

中国思想首重实践，不尚空言。有德者必有言，有言者不必然有德。光说不练、眼高手低的文人学者比比皆是。反观释迦牟尼、孔子纵未刻意著书，千秋万世仍存其教诲；英雄豪杰鲜少为文，其生平志业也自有传达。

《易经》经文中，仅随卦（☱☳）初爻爻辞径直言"功"，辞称："出门交有功。"随卦（☱☳）教人去除拘碍，机敏灵活，随时注意当下的情势变化，一旦出现机会，立刻出门结交值得追随的对象，自然容易成功。

传文中提到"成功"的就多了：需卦（☵☰）健行遇险，需坚定信念、持久不懈地奋斗，耐心等待机会以化解争议，满足需求，故需卦《象传》末称"往有功"。蹇（☵☶）、解（☳☵）二卦相综，《象传》皆称"往有功"，表示再大的困难也有解决之道。渐卦（☴☶）强调团队精神，教人循序渐进，分阶段、抓重点处理问题，其《象传》亦称"往有功"。

相较来说，蛊卦（☶☴）《象传》只称"往有事"，不言"往有功"，可见改革大业艰难，忙得要死，也不一定成功。从王安石到康有为，自古变法改革者多以失败告终，商鞅算是唯一成功的例子，最后却也作法自毙，惨遭车裂之刑。

欲改变现状，革命是另一选项。革卦（䷰）之前为井卦（䷯），革命前的准备工夫可不容易，开发潜藏资源充满风险，极可能功亏一篑，故井卦《象传》称："未有功也。"要么百分之百成功，要么归零彻底失败，大成大败皆在一线之间。

巽卦（䷸）深隐曲折，渗透颠覆，借壳上市，往往防不胜防。其四爻顺利打入组织的高层，广结上下的人脉，《小象传》称："有功也。"表示长期潜伏，再进一步即可入据五爻君位，大功告成。

涣卦（䷺）离心离德，若能重建共识，整合成功，道力不可思议。其《象传》称"乘木有功"，表示靠智慧驾木舟渡彼岸，真正功德无量。

恒卦（䷟）上爻动摇国本，《小象传》称"大无功"。坎卦三爻进退皆险，《小象传》称"终无功"，然其《象传》强调只要信心坚定，仍有脱险机会，总结称"往有功"。师卦（䷆）三爻将权不专，令出多门，作战必败，《小象传》称"大无功"，而其上爻战后论功行赏，称"以正功"。

需、蹇、解、井、涣、坎、师等卦，或上卦坎险，或下卦坎险，其《易传》皆称"有功"或"无功"，可见人生建功立业，必遇患难，冒险犯难才能成功。

《易经》经文提到"德"字的不多，仅有讼卦三爻"食旧德"、恒卦三爻"不恒其德"、益卦五爻"有孚惠我德"三处，均为人际互动、善行相感召之意。

《易传》几乎是一片德行世界：乾、坤两卦为六十四卦之本，专论二卦的《文言传》提出十多种德，勉励人效法天地自然行事。《系辞传》通解《易经》，也多以德行观念贯通，还提出"忧患九德"的说法，以履（䷉）、谦（䷎）、复（䷗）、恒（䷟）、损（䷨）、益（䷩）、困（䷮）、井（䷯）、巽（䷸）九卦，作为乱世修持的规范。

《大象传》重德的色彩更明显，和《象传》尚功的精神可谓相得益彰；其意在明示人生功成名就固然重要，却不可骄傲自满，断了更上一层的修德之路。渐卦五爻成功、上爻功成身退以树立典范，就是最好的例证。蛊卦难以成功，关键也在推行改革的人缺德，假改革之名以谋私利，故而《大象传》强调"振民育德"，居君位的五爻《小象传》则称"承以德"。

《易经》重功尚德，对"言"就不是那么重视了。需、讼二卦的爻辞皆称"小有言，终吉"，显然在追求成功的过程中，不在乎别人的闲言闲语。明夷卦（☷☲）大难当头，初爻四处奔波求助，爻辞称"主人有言"，为了生存，一切批评都逆来顺受。困卦山穷水尽，怎么说都难取信于人，卦辞称"有言不信"。夬卦（☱☰）四爻身处高位，在刚柔对决的互动谈判中却被摒除在外，说话没有公信力，爻辞称"闻言不信"。

言论要产生感染力，使人信服，必须审慎斟酌，言出必行。革卦（☱☲）欲掀动变革，当完善立论，三爻爻辞称"革言三就"；艮卦（☶☶）沉稳修行，居君位的五爻爻辞称"言有序，悔亡"。

德与言二者的关系以《系辞上传》末章总结得最好："默而成之，不言而信，存乎德行。"

易学小教室

八卦小知识

八卦代数

先天八卦：乾一，兑二，离三，震四，巽五，坎六，艮七，坤八。

后天八卦：坎一，乾二，兑三，坤四，艮五，震六，巽七，离八。

八卦方位

先天八卦：乾南，坤北，离东，坎西，兑东南，震东北，巽西南，艮西北。

后天八卦：震东，兑西，离南，坎北，乾西北，坤西南，艮东北，巽东南。

八卦与季节

乾、兑旺于秋，衰于冬。

震、巽旺于春，衰于夏。

坤、艮旺于四季，衰于秋。

离旺于夏，衰于四季。

坎旺于冬，衰于春。

注："四季"是指每一季后一个月。

五行的相生相克

中国古人在长期的生活和生产实践中，认识到木火水金土是构成世界的基本物质，并且世间一切事物皆由这五种物质相互之间运动变化生成。它们之间既相互滋生又相互制约，在不断的相生相克运动中维持着动态的平衡。

五行相生是指五行之间互相滋生、促进的关系。其特性为：木生火，火生土，土生金，金生水，水生木。用日常生活现象解释就是：木材燃烧生成火；火烧木头变成灰（土）；土中有金属矿，可以提炼成金属；熔金可以化为铁水、铜水；水能灌溉树木。

五行相克，也称为"五行相胜"，是指五行之间互相制约、克胜之关系。其规律为：木克土，土克水，水克火，火克金，金克木。直观的解释就是：水能灭火，火能熔金，金属能伐木，木制农具能掘土，土又能挡住洪水。五行相克的观念，最早出现于战国时期。

八卦所属五行生克

乾、兑（金）生坎（水），坎（水）生震、巽（木），震、巽（木）生离（火），离（火）生坤、艮（土），坤、艮（土）生乾、兑（金）。

乾、兑（金）克震、巽（木），震、巽（木）克坤、艮（土），坤、艮（土）克坎（水），坎（水）克离（火），离（火）克乾、兑（金）。

五行与季节的关系

五行与季节的关系指的是气体的五种运动方式。

春天属木，代表气体向四周扩散的运动方式。春天花草树木生长茂盛，树木的枝条向四周伸展，养料往枝头输送，所以春属木。

夏天属火，代表气体向上的运动方式。火的特点就是向上，夏天各种植物向上生长，长势迅猛，所以夏属火。

秋天属金，代表气体向内收缩的运动方式。金的特点是稳固，秋天收获，人们储蓄粮食为过冬做准备，树叶凋落，所以秋属金。

冬天属水，代表气体向下的运动方式。水往低处流，冬天万物休眠，为春天蓄积养料，所以冬属水。

因有四季而有四行，但夏天和秋天之间要有过渡段，因此便有了土，土代表气的平稳运动。

五行的特性

《尚书·洪范》载："水曰润下，火曰炎上，木曰曲直，金曰从革，土爱稼穑。"今人多理解为如下特性。

木的特性 日出东方，与木相似。古人称"木曰曲直"，"曲直"实际是指树木的生长形态，为枝干曲直，向上向外周舒展。因而引申为具有生长、生发、条达舒畅等作用或性质的事物，均归属于木。

火的特性 南方炎热，与火相似。古人称"火曰炎上"，"炎上"是指火具有温热、上升的特性。因而引申为具有温热、升腾作用的事物，均归属于火。

土的特性 中原肥沃，与土相似。古人称"土爱稼穑"，是指土有种植和收获农作物的作用。因而引申为具有生化、承载、受纳作用的事物，均归属于土。故有"土载四行"和"土为万物之母"的说法。

金的特性　日落于西，与金相似。古人称"金曰从革"，"从革"是指"变革"的意思。引申为具有清洁、收敛等作用的事物，均归属于金。

水的特性　北方寒冷，与水相似。古人称"水曰润下"，是指水具有滋润和向下的特性。引申为具有寒凉、滋润、向下运行的事物，均归属于水。

4. 不言之象——《易经》的微言大义

《易经》经文，卦辞加爻辞总共才四千多字，可谓精简已极，何以流传至今，不仅影响不绝，后人尚还不断从中解读出崭新的意义呢？这和《易经》的象征语言大有关系，说什么、不说什么，均有甚深的考量，言有尽而意无穷，旨在启发人全面而深入地思考。

以乾卦（☰）卦辞而论，仅有"元亨利贞"四字，代表天道周而复始的创化历程，《文言传》将其运用于人事修行，标榜为四德。坤（☷）、屯（☳）、随（☱）、临（☴）、无妄（☰）、革（☱）六卦，卦辞中皆有"元亨利贞"，称四德俱全，但因不似乾卦纯粹，另有条件但书，必须做到了才与乾卦同德。例如，临卦卦辞称："元亨利贞，至于八月有凶。"八月之凶意指上天给领导者的重大警惕，明示君临天下不得残民以逞、上干天和，否则会遭天谴。

蛊卦（☶）介于随、临二卦之间，卦辞中有"元亨利"三德，却独欠"贞"字，表示不正之风弥漫，所以才需大刀阔斧改革，以求拨乱反正。一旦改革成功，进入了自由开放的临卦，随卦的贞德重现，组织又恢复了正常的机制。

《易经》上经头三卦乾、坤、屯皆四德俱全，到了第四卦蒙（☶）却不见"元"字，仅有"亨利贞"，表示习染渐深，情欲蒙蔽了理智，故而元德不显。缺什么，就得补什么，一般所谓的启蒙，其实就是复元，因此教育的真实宗旨，即在于重新培养生命的创造力。

六十四卦的爻辞每每称引卦名，作为各爻意涵统摄的基准，甚至有十三卦六爻全称。因此，若一卦中有五爻爻辞称卦名，唯独一爻未称者，必有深意。

需卦（䷄）外卦坎险、内卦乾健，健行遇险，虽有生存发展的需求，不得不耐心等待，以免躁进灭顶。初至五爻分称"需于郊""需于沙""需于泥""需于血""需于酒食"，独上爻不见"需"字。可见至此需求已获解决，不必再焦灼等候。

师卦（䷆）兵凶战危，大动干戈，初至五爻皆言"师"，独上爻无"师"字，表示征伐已毕，该论功行赏，重建战后新秩序。"上六"爻辞云："大君有命，开国承家，小人勿用。""大君"为天下共主，趁战胜之威，划定诸侯列邦的势力范围，切不可私心用事，扶植亲己势力，否则又将激起不满，埋下下次战争的种子。第一次世界大战结束后，英法列强对战败的德国欺压过甚，不久又促发第二次世界大战，即为显例；选举成功后，滥行酬庸，所任非人，造成内部不安，也是同样道理。

蛊卦改革积弊，整饬纪纲，初至五爻皆言"蛊"，独上爻不见"蛊"字，表示改革大业终获成功。上爻爻辞称："不事王侯，高尚其事。""王侯"为封闭威权体制内的政客，往往就是蛊乱之源，"不事王侯"，表示人民已摆脱特权的控制，进入全民共和、共治的时代。

兑卦（䷹）"朋友讲习"，快乐喜悦，诸爻多言兑，"和兑""孚兑""来兑""商兑""引兑"，独居君位的五爻未见"兑"字，此爻爻辞称："孚于剥，有厉。"不仅不悦，还因为诚信受质疑，相当痛苦。"兑"有言语之象，五爻不言"兑"，也表示领导人最好少说话，以免言多必失。

除以上四卦外，爻中具有不言之象者还有很多，读《易》者善加体会，必有深悟。书不尽言，言不尽意，易象、易理之丰富深邃，令人叹为观止。

易学小教室

天干

（一）名称由来

早在四千多年前，中华始祖黄帝建国时，命大挠氏探察天地之气机，探究五行（金木水火土），始作甲、乙、丙、丁、戊、己、庚、辛、壬、癸等十天干，及子、丑、寅、卯、辰、巳、午、未、申、酉、戌、亥等十二地支，相互配合成六十甲子用为纪历之符号。

天干，即甲、乙、丙、丁、戊、己、庚、辛、壬、癸的总称，其中又包含着不同的寓意。

甲 象征草木破土而萌，阳在内而被阴包裹。也有观点说，"甲者，铠甲也"，万物冲破其甲而突出。

乙 象征草木初生，枝叶柔软屈曲伸长。"乙者，轧也。"

丙 炳也，如赫赫太阳，炎炎火光，象征万物皆炳然著见而明。

丁 壮也，象征草木成长壮实，好比人的成丁。

戊 茂也，象征大地草木茂盛。

己 起也，纪也，象征万物仰屈而起，有形可纪。

庚 更也，象征秋收而待来春。

辛 金味辛，物成而后有味。又有观点说："辛者，新也，万物肃然更改，秀实新成。"

壬 妊也，象征阳气潜伏地中，万物怀妊。

癸 揆也，万物闭藏，怀妊地下，揆然萌芽。

（二）基本概念

天干与阴阳

十天干中，属阳性的干为甲、丙、戊、庚、壬，称为"阳干"；属阴性的干为乙、丁、己、辛、癸，称为"阴干"。

天干与五行

甲、乙同属木，丙、丁同属火，戊、己同属土，庚、辛同属金，壬、癸同属水。再配以阴阳，则甲为阳木，乙为阴木；丙为阳火，丁为阴火；戊为阳土，己为阴土；庚为阳金，辛为阴金；壬为阳水，乙为阴水。

天干与方位

甲、乙居东方，丙、丁居南方，戊、己居中央，庚、辛居西方，壬、癸居北方。

天干与四季

甲、乙属春季，丙、丁属夏季，庚、辛属秋季，戊、己属长夏，壬癸属冬季。

天干与人体脏腑

阳干配脏，阴干配腑。甲为胆，乙为肝，丙为小肠，丁为心，戊为胃，己为脾，庚为大肠，辛为肺，壬为膀胱，癸为肾。

5. 策略人生——灵活变通，化解危机

《易经》为四书五经之首，弘扬义理，博大精深，有益教化人心，但对于经传文辞不可仅以道德教训视之，其审时度势的策略思考，无论正说、反说，只要善加引申运用，均可实践于人事而取得莫大的功效。

需卦（☵☰）《大象传》称："君子以饮食宴乐。"民以食为天，经济生活为人性的基本需求，必须供应无缺，社会才能稳定。需卦外坎内乾，健行遇险，需耐心等候时机；既然急不得，还不如以平常心度日，该吃就吃，该喝就喝，该玩照玩。另外，当我们需要别人帮助，一时间还不便相求，饮食宴乐也是培养感情很好的方式，酒酣耳热之余，什么都会变得比较好谈。一般生意应酬、协商饭局，无非都是需卦原理的应用。

随卦（☱☳）《大象传》称："君子以向晦入宴息。"明示人生行事，需随时势变化而调整，看天色将暗就收拾工作，准备休息，不要勉强摸黑苦干，效率既差又充满风险。篮球比赛中，形势不利的一方常适时叫停，以调整部署，稳定军心，也让打顺手的对方气势为之一挫。早期日本围棋高手对弈，可随时打挂，暂停棋局，回去研究透彻后再来交战，往往能因此扭转形势，占得上风。人生随机应变，吃饭、睡觉都是兵法，一颦一笑皆有深意，取胜焉有定规？

坎卦（☵☵）艰险坎坷，危机深重，而《彖传》末却称："险之时用大矣哉！"外在的坎险若善加运用，其实正好化解内部的阻力，促成派系团结，一致对外。《孙子兵法》上说，纵使世仇如吴、越二国，一

且同舟遇风，两国人仍相救如左右手，这正是蹇卦智慧的最好说明。

睽卦（☲☱）为一家人反目成仇，互相猜忌憎恨，《象传》末却称："睽之时用大矣哉！"巧妙运用睽的心理，制造对立，以分化敌方的团结，确保我方的利益，此为常见的斗争方式。鹬蚌相争，渔翁得利，两岸相争，美日列强获益，都是同样的道理。

比卦（☵☷）纵横捭阖，争取外交利益，其第三爻爻辞称："比之匪人。""匪"同非，交错了朋友，理当吃亏，故而《小象传》称"不亦伤乎！"但爻辞本身并未明言吉凶，三爻爻变成蹇卦，固然艰困难行，依前述风雨同舟的原理，却可与对方暂结同盟，应付共同的难关。外交上本来就没有永远的朋友，更没有永远的敌人，阶段性合作组成统一战线，亦为常有之事。

人际关系、国际关系随时在变，不可拘执，应灵活变通。随卦（☱☳）二爻爻辞称："系小子，失丈夫。"《小象传》云："弗兼与也。"当鱼与熊掌不可得兼，必须作出取舍，小子何德何能，为什么取小子而失丈夫呢？原因在于丈夫虽才德俱优，却不合时用，小子不入流，偏偏时髦当令，为求现实利益，不得不然，故而爻辞亦不明言吉凶，成败得失得视当事人的修为而定。随卦第三爻爻辞接着说："系丈夫，失小子。"待阶段性目标达成，又把小子抛弃掉，搭上条件更好的新丈夫，显然小子只是过渡，和"比之匪人"的策略相近。

升卦（☷☴）追求高度成长，然而其第三爻爻辞仅称"升虚邑"，同样不明言吉凶。此爻爻变成师卦（☷☵），显示兵不厌诈，其运用之妙，仍存乎一心。"虚邑"是不存在的城市，一如沙漠中的海市蜃楼；泡沫经济的炒作哄抬，以及政治上有名无实的权位羁縻，都是"升虚邑"。画饼不能充饥，却有迷惑人心的效果，主事者往往只以此作饵请君入瓮，一旦利益到手，很少会去认真实践。

世路多歧，人心险恶，学《易》得面对现实，积极寻求化解之道，切勿沾染书呆子气，成了一无作为的滥好人。

易学小教室

地支

（一）名称由来

地支，即子、丑、寅、卯、辰、巳、午、未、申、酉、戌、亥的总称，其寓意分别如下。

子　孽也，草木生子，吸土中水分而出，为一阳萌的开始。

丑　纽也，草木在土中出芽，屈曲着将要冒出地面。

寅　演也，津也，寒土中屈曲的草木，迎着春阳从地面伸展。

卯　茂也，日照东方，万物滋茂。

辰　震也，伸也，万物震起而生，阳气生发已经过半。

巳　起也，万物盛长而起，阴气消尽，纯阳无阴。

午　仵也，万物丰满长大，阳气充盛，阴气开始萌生。

未　味也，果实成熟而有滋味。

申　身也，物体都已长成。

酉　老也，犹也，万物到这时都犹缩收敛。

戌　灭也，草木凋零，生气灭绝。

亥　劾也，阴气劾杀万物，到此已达极点。

（二）基本概念

地支与阴阳

十二地支中，属阳性的支为子、寅、辰、午、申、戌，称为"阳支"；属阴性的支为丑、卯、巳、未、酉、亥，称为"阴支"。

地支与五行

寅、卯属木，巳、午属火，丑、辰、未、戌属土，申、酉属金，亥、子属水。依照阴阳大小不同又可分为：寅为初生之木，卯为极盛之木，辰为渐衰之木；巳为初生之火，午为极盛之火，未为渐衰之火；申为初生之金，酉为极盛之金，戌为渐衰之金；亥为初生之水，子为极盛之水，丑为渐衰之水。

地支与方位

寅、卯为东方，巳、午为南方，辰、戌、丑、未为中央，申、酉为西方，亥、子为北方。

地支与月份

农历正月为寅月，二月为卯月，三月为辰月，四月为巳月，五月为午月，六月为未月，七月为申月，八月为酉月，九月为戌月，十月为亥月，十一月为子月，十二月为丑月。根据五行配比，一、二月为木，三、六、九、十二月为土，四、五月为火，七、八月为金，十、十一月为水。

地支与时辰

23时至1时为子时，1时至3时为丑时，3时至5时为寅时，5时至7时为卯时，7时至9时为辰时，9时至11时为巳时，11时至13时为午时，13时至15时为未时，15时至17时为申时，17时至19时为酉时，19时至21时为戌时，21时至23时为亥时。

地支与人体脏腑

寅为胆，卯为肝，巳为心，午为小肠，戌、辰为胃，丑、未为脾，申为大肠，酉为肺，亥为肾，子为膀胱。

地支与生肖

十二地支与十二生肖相配，子鼠，丑牛，寅虎，卯兔，辰龙，巳蛇，午马，未羊，申猴，酉鸡，戌狗，亥猪。

6. 过去、现在、未来——随卦与时间的函数

《易经》最重视时机、时势的变化，以及时间、资源的精确运用，故《易传》中到处可见对"时"字的强调：坎（☵）、睽（☲）、蹇（☶）三卦为艰难逆境，其《彖传》皆称"时用大矣哉"，意思是若能运用巧妙，可建奇功；颐（☶）、大过（☱）、解（☳）、革（☲）四卦，生死攸关、终极解脱、改朝换代，都是人生大事，其《彖传》皆称"时大矣哉"。豫（☳）、遁（☶）、姤（☴）、旅（☲）四卦，预测未来、急流勇退、危机处理、羁旅漂泊之时，如何应对得宜，至为重要，其《彖传》皆称"时义大矣哉"；随卦（☱）机敏灵活，随机应变，故随卦《彖传》称"随时之义大矣哉"。

时间不断流逝，不断生新，为了注记方便，我们习惯将时间分成过去、现在、未来三大部分，回忆既往、掌握当下、憧憬未来就构成了人们常持的生活方式。

《易经》卦序中也透显出这样的时间观：豫卦预测、预备、豫乐，都是面对不可知的未来所采取的基本动作。随卦随机应变，根据当下的现实做调整，自然是立足于现在。蛊卦改革积弊，拨乱反正，正是继承过去，也批判过去。豫、随、蛊三卦在《易经》中排序为十六、十七、十八，恰好前后相连，表示逝者如斯，原来尚属计议中的未来，转瞬已成了现在，而现在不及掌握，忽焉又变成了过去。

由三卦的卦辞看，《易经》最重视的应该还是现在。随卦卦辞为：

"元亨利贞，无咎。""元亨利贞"为乾卦天德的象征，开创、亨通、获利、固守，终而复始，生生不息。人随时变化、与时俱进，完全合乎自然真理。"无咎"二字也是《易经》崇尚的人生境界，不怨天尤人，不出差错，永远立于不败之地。《系辞传》称："惧以终始，其要无咎，此之谓《易》之道也。"表示吉凶胜负往往只是一时的得失，无咎才是恒常的处世之道。《系辞传》又称："无咎者，善补过也。"欲求无咎，只有随时受教，随时调整。

《杂卦传》称随卦为"无故"。"故"指的是过去所作所为的陈迹；"无故"即指不拘泥过去、不背历史包袱，一切以当下的现实为重，作出最机敏的回应。《杂卦传》有三故："随无故""丰多故""革去故"。资源丰厚表示过去经营有成，但也可能成为甩不掉的沉重包袱，维持保有不易，所以丰卦（䷶）之后接旅卦，极可能失去一切，亡命天涯。革命就是对既有的现状不满，过去的东西完全不要，重新归零打造，革、随二卦卦辞皆有"元亨利贞"，"去故""无故"，往者已矣，来者可追，人生眷恋过去，必然妨害创新。

蛊卦紧接随卦之后，表示随着时间的流逝，一切的东西都会趋于败坏，生老病死，成住坏空，本是再自然不过的法则。卦辞中有"元亨利"，独欠"贞"字，"贞"为固守不变，欠贞正显示不可能固守得住，拘执、眷恋都没有用。总体而论，面对传统最正确的态度，还是弃糟粕、取精华，进行创造性的转化，让它在现世发挥作用，甚至影响未来，蛊卦主旨即在于此。

《易经》本以预测见长，对未来形势发展高度关切，预测若能绝对精确，及早做周全准备，发动群众全力以赴，人生愿景自可实现。自然界日月星辰的运行有其常轨，四季更迭少有差错，精熟天文知识后，可充分预测。人间行事错综复杂，人情人性深微奥妙，精确预测就十分困难。因此，豫卦之后必接随卦，预估一旦失误，就得根据实况迅速调整。当然，随卦之前也必须有豫卦，人生对未来不能漫无目标和计划，只是目标不宜订得太死，应注意事态的发展，永远保留应变的弹性。

继豫、随、蛊三卦之后，为临（☷☱）、观（☴☷）二卦。君临天下、观察世事，必须对过去、现在及未来都有深刻的认识及精确的掌握，才会有卓越的表现。

《金刚经》有言："过去心不可得，现在心不可得，未来心不可得。"人生在世，多少忧悲愁苦，皆源于对时间流逝的执着，豫、随、蛊三卦所蕴含的深层义理，真正值得好好研究。

易学小教室

河图

（一）河图之象

河图洛书是中华文化、《易经》八卦和阴阳五行术数之源。相传在上古时期，龙马负图出于黄河，伏羲依此创"先天八卦"；在《山海经》中说："伏羲得河图，夏人因之，曰《连山》。"后世的人们以"河出图"象征太平社会的祥瑞。

河图是用十个黑白圆点来表示阴阳、五行、四象的，其图为四方形（如右图）。分别为：北方是一个白点在内，六个黑点在外，五行为水，象为玄武；南方是七个白点在外，两个黑点在内，五行为火，象为朱雀；东方是三个白点在

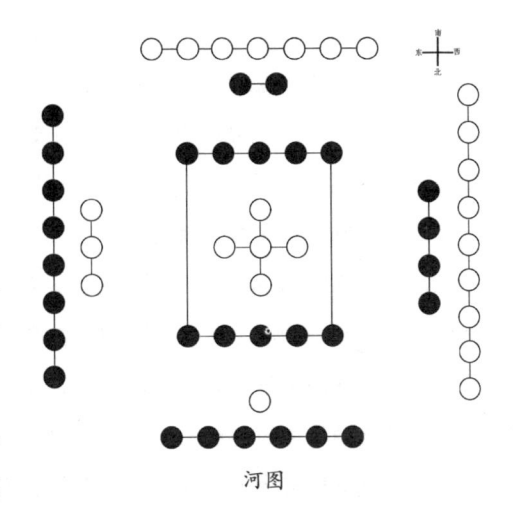

内，八个黑点在外，五行为木，象为青龙；西方是九个白点在外，四个黑点在内，五行为金，象为白虎；中央是五个白点在内，十个黑点在外，表示时空起点，五行为土。其中，白点为单数（奇数），为阳，黑点为双数（偶数），为阴，阳数相加为二十五，阴数相加为三十，阴阳相加共为五十五，即万物之数皆由阴阳（天地）之数化生而来；"四象"按古人坐北朝南的方向为正位依次是：前朱雀、后玄武、左青龙、右白虎，为风水象形之源。

（二）河图之数——天地、万物、五行

天地之数 河图共有十个数：一、二、三、四、五、六、七、八、九、十。其中一、三、五、七、九为阳，为天数，二、四、六、八、十为阴，为地数。阳数和为二十五，阴数和为三十，阴阳相加为五十五。《系辞传》云"天地之数五十有五"，即天地之数为五十五，"此所以成变化而行鬼神也"，即万物之数皆由天地之数化生而已。

万物生存之数 天一生水，地六成之；地二生火，天七成之；天三生木，地八成之；地四生金，天九成之；天五生土，地十成之。所以一、二、三、四、五分别为水、火、木、金、土之生数。六、七、八、九、十分别为水、火、木、金、土之成数。万物有生数，当生之时方能生；万物有成数，能成之时方能成。所以，万物生存皆有其数也。

五行之数 即生数，就是水一、火二、木三、金四、土五，也叫小衍之数。一、三、五为阳数，其和为九，故九为阳极之数。二、四为阴数，其和为六，故六为阴之极数。阴阳之数合而为十五数，故化为洛书则纵横皆十五数，乃阴阳五行之数也。

大衍之数 大衍之数五十即五行乘土之成数十，同时也是天地之数的用数。天地之数五十五，减去小衍之数五得大衍之数五十，其中小衍为天地之体数，大衍为天地之用数。所谓"大衍之数五十，其用四十有九"，就是用大衍之数预测的占筮之法：以一为体，四十九为用，故"其用四十有九"。

天干交合之数 河图之数十,乃十天干之数也。交合之数为:一、六共宗,二、七同道,三、八为朋,四、九为友,五、十同德。正是万物生存之数。所以甲己合为一、六共宗,乙庚合为二、七同道,丙辛合为三、八为朋,丁壬合为四、九为友,戊癸合为五、十同德。十天干经交合之后,化为天干交合之五行,将河图五行之体化为天干五行之用。

六甲纳音之数 天地之数五十五加上五行之数五,合化为六十甲子五行纳音之数。十天干之阴阳五行与万物相交,同气相求,同声相应各发出十二种声音,无声无音不计,按河图北、东、南、西、中成象五位五行共六十纳音,乃天地五行声音之数也。

(三)河图之理

左旋 坐北朝南,左东右西,水生木、木生火、火生土、土生金、金生水,为五行左旋相生。中心不动,一、三、五、七、九为阳数左旋;二、四、六、八、十为阴数左旋;皆为顺时针旋转,为五行万物相生之运行。我们知道,银河系等各星系俯视皆右旋,仰视皆左旋。所以,"生气上转,如羊角而升也",故顺天而行是左旋,旋天而行是右旋。所以顺生逆死,左旋主生也。

象形 河图本是星图,其用为地理,故在天为象,在地成形也。在天为象乃三垣二十八宿,在地成形则青龙、白虎、朱雀、玄武、明堂。天之象为风、为气,地之形为龙、为水,故为风水。乃天星之运,地形之气也。

五行 河图定五行先天之位,东木西金,南火北水,中间土。五行左旋而生,中土自旋。故河图五行相生,乃万物相生之理也。土为德为中,故五行运动先天有好生之德也。

阴阳 土为中为阴,四象在外为阳,此内外阴阳之理;木火相生为阳,金水相生为阴,乃阴阳水火既济之理;五行中各有阴阳相交,生生不息,乃阴阳互根同源之理;中土为静,外四象为动,乃阴阳动静之理。若将河图方形化为圆形,木火为阳,金水为阴,阴土阳土各为黑白鱼眼,就是太极图了。此时水为太阴，火为太阳，木为少阳，金为少阴，乃太极四象也。故河图乃阴阳之用，易象之源也。易卜乃阴阳三才之显也。

先天 什么叫先天？人以天为天，天以人为天，人被天制之时，人是天之属，人同一于天，无所谓人，此时之天为先天；人能识天之时，且能逆天而行，人就是天，乃天之天，故为后天。先天之理，五行万物相生相制，以生发为主。后天之理，五行万物相克相制，以灭亡为主。河图之理，土在中间生合万物，左旋动而相生，由于土在中间，相对克受阻，故先天之理，左行螺旋而生也。又，河图之理为方、为静，故河图主静也。

7.《易经》动物园——《易经》的丰富意象

《易经》的智慧起于自然观察，仰观天象，俯察地理，山川草木、鸟兽虫鱼，都深蕴自然之理。不仅八卦直接取象于天地雷风水火山泽，卦、爻辞中亦有大量动、植物的意象，叙理活泼，取象灵活，值得深入玩味。

《说卦传》中称乾为马、坤为牛、坎为豕、兑为羊，只是个宽泛的规定，卦爻实际取象并未严格遵行。不过，这四种动物出现的频率确实相当高。

马主要取健行之义，乾卦"天行健"，故以乾为马，但乾卦经文其实并未出现马象，反而以龙喻之。坤卦卦辞没有提牛，却以牝马（即雌马）为象，表示跟乾卦的牡马（即雄马）并驾齐驱，配合无间。屯卦（䷂）为乾坤交合后第一卦，爻辞中三见"乘马班如"之辞，新生小马在一片草莽中欲奔向何方，颇费踌躇。

贲卦（䷕）重文饰，所谓官样文章，故其六爻依序以官场生涯为喻，讲一个社会化的历程。虚伪应酬多了，人会向往清新，回归朴实，故贲卦第四爻身居中央执政高位，爻辞中却称"白马翰如"，马行如飞，代表没有驮负重担，无事一身轻，洁白无染，逍遥自在。

大畜卦（䷙）多方学习，拼命造就自己，以图大事，其第三爻爻辞称："良马逐，利艰贞。"虽已有千里驹的架势，接受魔鬼训练仍不稍懈怠。

晋卦（☷☲）明明德，将天赋的善性发扬光大，卦象为旭日东升，卦辞则以良马交配、生出更多小马为喻，以善引善，精进不息。接下来的明夷卦（☷☲）为日落之象，二爻左股受伤，需用壮马来拯救，这匹壮马不正是晋卦的小马长大了吗？人一旦修持成功，处黑暗乱世仍可一心不乱，大慈大悲，自救救人。

明夷卦后为家人（☴☲）、睽（☲☱）二卦，内部有分裂的危机。睽卦初爻称："丧马勿逐，自复。"意思是家中养的马跑掉了，不要急着去追，好好深自检讨改善，跑掉的马还可能回头。这不正是孟子所谓"学问之道无它，求其放心而已矣"吗？

牛主要取吃苦耐劳、负重行远之义，正合坤卦柔顺执行的功能，坤卦本身虽未言牛，有柔顺之德的离卦（☲）即以牝牛为象，卦辞称"畜牝牛吉"。离也有纵横交错的网罟之象，人类文明由结网渔猎的生活方式开始，而畜牧、农耕、工业、商业，到现在的资讯时代，无非都是构筑有形、无形的网络，以蓄养资源，创造财富。

无妄卦（☰☳）第三爻以牧人放牛，因管理疏忽被过路人顺手牵牛的故事，阐明无妄之灾的观念，养牛还真不容易，什么意外都可能发生。大畜卦第四爻为了防患于未然，给小牛戴上木架子，免得牛角乱长，将来冲撞起来不好应付。

遁卦（☰☶）第二爻、革卦（☱☲）初爻，皆用黄牛皮做的革绳来绑东西，使其不致移动。遁卦二爻直陈人被套牢时，想跑也跑不了的辛酸；革卦初爻则谆谆告诫，推动重大改革者，可不能一开始就轻举妄动。

睽卦第三爻因上下不和，闹罢工，老牛不肯再拉破车，怎么鞭策也不就范。旅卦（☲☶）上爻姿态过高，外乡人欺负本地人，结果养的牛被人拖去杀了，彻底丧失了居留权。

大壮卦（☳☰）血气方刚，好勇斗狠，三爻、上爻以公羊抵触藩篱为象，形容进退失据的窘状，五爻还提到羊丧命的情境。大壮卦四阳二阴，阳刚之气太甚，乱冲乱撞，遂惹祸上身。羊同"阳"，丧羊即丧阳，真不是好的景象。

遁卦和大壮卦正好颠倒，阴气渐盛，以小猪跑路为象（"遁"字也作"遯"），初爻讲猪尾巴，上爻讲大猪头，摇头摆尾，吃得脑满肠肥才走，形容真是生动。姤卦（☰）一阴潜起于五阳之下，以阴长阳消的顺序而论，算是遁卦的前身，初爻即出现一头瘦猪浮躁踟蹰的情景。由"姤"而"遁"，阴柔的势力大增，瘦猪养大成了胖猪。《易经》以羊喻阳，以猪喻阴，警示人生行事得小心猪羊变色。

大畜卦五爻将一头有大獠牙的野猪去势，以驯服其凶残之性，擒贼擒王，外科手术切除精准无比。睽卦上爻在彻底孤立、疑神疑鬼的心态下，居然将对方看成了一头浑身涂满泥巴的猪，拉开了弓箭要射，真是偏激得可以！其实对方是人不是猪，身上的泥巴也是抹黑的，彼此对立仇视到这个地步，看来和平共存已无可能。

阴柔势力的滋长，除了蠢动的猪，《易经》中往往也以游动滑溜的鱼来作为象征。姤卦初爻一阴在五阳之下，亟思往上发展，突破阳爻的镇压封锁，二爻、四爻全力围堵，爻辞即称"包有鱼""包无鱼"，包住了即没事，包不住可就麻烦了。

剥卦（☷）五阴剥一阳，阴暗势力涨到最高点，居君位的五爻统率群阴，盱衡全局，做了松手制衡的睿智处理，不再紧逼孤阳，虚尊对方以获取更高的利益，其爻辞即称"贯鱼"。

万兽之王的老虎也是《易经》中常用的象征。履卦（☱）"履虎尾"，革卦五爻"大人虎变"，颐卦（☶）四爻"虎视眈眈，其欲逐逐"，生活在这个弱肉强食、霸权争夺的世界，人应如何自处？

中孚（☴）、小过（☳）二卦全是鸟类孵育、习飞的意象，渐卦（☶）鸿雁齐飞，旅卦五爻射雉、上爻鸟焚其巢，解卦上爻射隼。另外，既济（☵）、未济（☲）二卦有小狐狸渡河，解卦（☳）二爻"田获三狐"，晋卦四爻鼠辈窃据高位，颐卦初爻灵龟为猛虎所噬，损（☶）、益（☴）

二卦用大龟占卜以请示天意,革卦上爻还有君子豹变。在《易经》作者的生花妙笔下,呈现出好一片喧嚣热闹的花花世界!

易学小教室

洛书

(一)洛书之象

洛书古称龟书,传说大禹治水时,有神龟出于洛水,其甲壳上有此图像,结构是戴九履一、左三右七、二四为肩、六八为足、以五居中,五方白圈皆阳数,四隅黑点为阴数(见右图)。

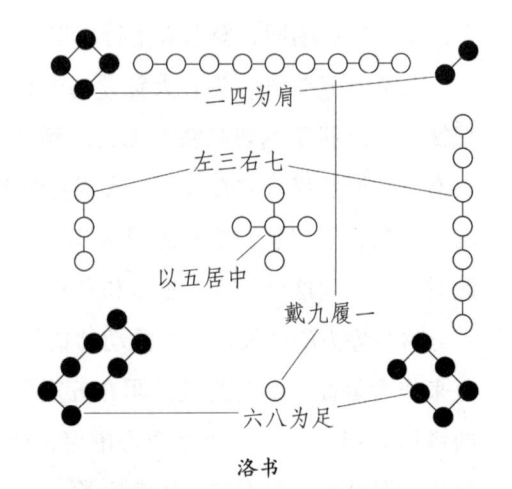

洛书

(二)洛书与九宫

洛书是术数中乘法的起源,与九宫有着密不可分的关系,如右图。(口诀:一数坎兮二数坤,三震四巽数中分。五为中宫六乾是,七兑八艮九离门。)

巽 ☴ 四	离 ☲ 九	坤 ☷ 二
震 ☳ 三	中 五	兑 ☱ 七
艮 ☶ 八	坎 ☵ 一	乾 ☰ 六

九宫图

(三)洛书与后天八卦

河洛文化是我国初民适用于日常生活、农业生产、天文、时令、医学、占卜预测学的一种工具。我国初民为适应于农业生产,将洛书分为九宫。太乙居中,一年运行八宫。八宫的名称依春夏秋冬一年流转的时序分别是：冬至、坎宫、叶蛰；立春、艮宫、天留；春分、震宫、仓门；立夏、巽宫、阴洛；夏至、离宫、上天；立秋、坤宫、玄委；秋分、兑宫、仓果；立冬、乾宫、新洛。如配以八卦方位则属于文王后天八卦（如右图）。

洛书与后天八卦

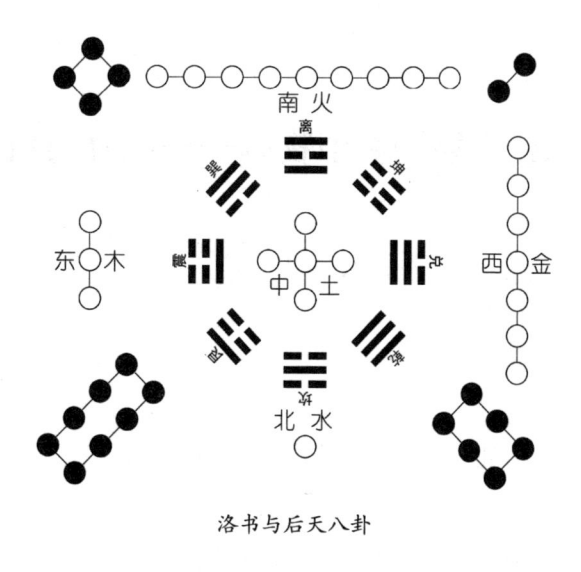

（四）和谐平衡的象征

在我国，古代文化中无不打上洛书的印记，因为洛书是和谐、平衡的象征。《周髀算经》中有这样一句话："洛书者，圆之象也。"洛书使用数字构造出了一个"圆之象"。宋人的解释是：洛书横、竖、斜的数之和都是十五，九个数的和是四十五，是十五的三倍，符合"圆者一围三"。还有一个解释是：洛书不管怎样摆，不管从哪个角度数，其直线上的和都是一个固定数，而这正是圆的直径的特点。在我国古代圆代表着包容、和谐，同时表明在包容中和谐的图形，是初民模拟一个最基本的平衡体系过程中的产物，也就是通过内部黑（阴）白（阳）的调节，使条条线线都能协调起来，达到一种稳定状态。如果进一步来说，洛书本身是方形的，又是"圆之象"，正是《周髀算经》中所说的"天圆地方"概念的一个投影。整个人类世界包容在这"天圆地方"之中，而"天圆地方"本身就是一个最大的平衡体系。

8.《易经》植物园——困卦与自然的启示

孔子鼓励人学《诗经》，除了可以兴、观、群、怨的大道理外，还可以多认识草木鸟兽之名。《易经》也是一样，卦、爻辞中所引用的动、植物生态，取象精妙，含义深远，令人玩味叹赏不已。

上经卦序的安排，由屯卦（䷂）的新苗出土、蒙卦（䷃）的蔓草丛生，到贲卦（䷕）的花开满院、万紫千红，以及剥卦（䷖）的硕果不食、复卦（䷗）的嘉种入土重生，已充分显示出植物一系列的生命历程。

泰（䷊）、否（䷋）二卦的初爻，爻辞皆以根相牵引，大把大把的茅草丛为象，无论兴利或除害，拔除时都得全盘考量，整体规划。否卦君位的五爻居安思危，强调"系于苞桑"，丛生的桑树根深蒂固，象征领导人必须用心经营基层，民为邦本，本固邦宁。

夬（䷪）、姤（䷫）二卦相连，阴阳之间的互动非常微妙。夬卦居君位的五爻被阴柔的上爻纠缠，若不下定决心斩断情缘，很难昭信于天下。爻辞以苋陆为象，苋陆是一种野菜，又称马齿苋，居阴湿之地，却性喜阳光，一般在夏日清晨开花，过午即急速凋零，就算采摘下来想培养，一离开母株，也会了无生趣、奄奄一息。乡下农家养猪，常采苋菜喂食，不但小猪仔吃后长得快又壮，母猪也能分泌更多乳汁供猪仔吃，故而俗称猪母乳草。

夬卦颠倒来看，正是姤卦，夬卦五爻与上爻间的暧昧关系，和姤卦初爻及二爻的关系相似。姤本有外遇之义，初爻若成功勾搭上二爻，即可汲取阳刚的资源，以壮大成长。姤卦初爻那头饥渴瘦弱的猪，一旦吃了苋菜，就会迅速长成大猪，再难制伏。而苋花虽迷恋阳光，生命却出奇短暂，正象征出轨激情的易逝。耐人寻味的是，苋菜生长的时间约当每年阴历三到五月，正和夬、姤二卦的消息月对应相当，可见《易经》的作者取象完全因应自然。

姤卦居君位的五爻，也受初爻蠢动的影响，颇思据为禁脔，包养独占，爻辞称"以杞包瓜"。枸杞树为低矮灌木，枝条细长有棘刺，层层交错相掩，一些藤蔓类的瓜往往攀附其中，与之形成共生；待瓜熟蒂落之时，由于杞树枝叶的庇荫隔绝了外部的侵扰，其他动物无所染指。一般所谓金屋藏娇、独占花魁，正是此喻所指。

困卦（䷮）三阴三阳交相困，爻辞中也有精彩的描写：初爻困于幽谷中的株木，三爻据于多刺的蒺藜，上爻困于藤蔓般的葛藟。困卦之前为升卦（䷭），有地中生木、幼苗长成大树之象。"升而不已必困"，代表成长过度招致浩劫，从云端跌入谷底，只能困坐于残断的树根基座上，守株待兔，苦思脱困的对策。蒺藜常蔓生于干燥的荒废沙地上，茎平卧，果实繁生有锐刺，若不慎踩到会痛彻心扉。葛藟的嫩枝有卷须，常攀附树枝往上蔓生至树冠。蒺藜和葛藟均象征两性间的不正常关系，情欲纠缠不清，摆脱也很不容易。

大过卦（䷛）上兑为泽，下巽为柔软之木，有泽水淹灭其旁树木之象，象征男女纵欲过度，即为大过。大过卦六爻皆有情色之象：初爻以白茅铺地，野外苟合；二爻枯杨生新芽，五爻枯杨还开花，十足的水性杨花。

大过卦之后为险象环生的坎卦（䷜），坎险之极的上爻真像无间地狱的情景：受极粗的绳索捆绑，丢到长满荆棘丛的坑穴中，长达三年之久而不得解脱。这一切的一切，还是由于本身造业太多所招致的因果报应啊！

易学小教室

四象

四象属于我国传统文化范畴。古人把东、南、西、北四方每一方的七宿想象为四种动物形象，叫作"四象"。

东方七宿，如同飞舞在春天初夏夜空的巨龙，故而称为"东宫苍龙（青龙）"；北方七宿似蛇、龟出现在夏天秋初的夜空，故而称为"北宫玄武"；西方七宿犹猛虎跃出深秋初冬的夜空，故而称为"西宫白虎"；南方七宿像一只展翅飞翔的朱雀，出现在寒冬早春的夜空，故而称为"南宫朱雀"。

青龙 原为古老神话中的东方之神，东方七宿星君四象之一。为二十八宿的东方七宿（角、亢、氐、房、心、尾、箕），其形像龙，位于东方，属木，色青，总称青龙，又名苍龙。其形象见于《道门通教必用集》："东方龙角亢之精，吐云郁气，喊雷发声，飞翔八极，周游四冥，来立吾左。"此外，道教还将其用于炼丹术语，援引《古经》"四神之丹"称："青龙者，东方甲乙木水银也，澄之不清，搅之不浊，近不可取，远不可舍，潜藏变化无尽，故言龙也。"

白虎 原为古老神话中的西方之神，西方七宿星君四象之一。为二十八宿的西方七宿（奎、娄、胃、昴、毕、觜、参），其形像虎，位于西方，属金，色白，总称白虎。至于其形象，《道门通教必用集》云："西方白虎上应觜宿，英英素质，肃肃清音，威慑禽兽，啸动山林，来立吾右。"同时，道教亦将其用于炼丹术语，援引《古经》"四神之丹"称："白虎者，西方庚辛金白金也，得真一之位。《经》云：'子若得一万事毕，淑女之异名，五行感化，至精之所致也。其伏不动，故称之为虎也。'"

朱雀 原为古老神话中的南方之神，南方七宿星君四象之一。为二十八宿的南方七宿（井、鬼、柳、星、张、翼、轸），其形像鸟，位于南方，属火，色赤，总称朱雀，亦名"朱鸟"。至于其形象，《道门通教必用集》云：

"南方朱雀,从禽之长,丹穴化生,碧雷流响,奇彩五色,神仪六象,来导吾前。"同时,道教也将其用于炼丹术语,援引《古经》"四神之丹"称:"朱雀者,南方丙丁火朱砂也,刨液成龙,结气成鸟,其气腾而为天,其质阵而为地,所以为大丹之本也,见火即飞,故得朱崔之称也。"

玄武 原为古老神话中的北方之神,北方七宿星君四象之一。为二十八宿的北方七宿(斗、牛、女、虚、危、室、壁),其形像龟,亦称龟蛇合体,位于北方,属水,色玄,总称"玄武"。其形象载于《道门通教必用集》:"北方玄武,太阴化生,虚危表质,龟蛇台形,盘游九地,统摄万灵,来从吾右。"同时,道教也将其用于炼丹术语,援引《古经》"四神之丹"称:"玄武者,北方壬癸水黑汞也,能柔能刚。《经》云:'上善若水。非铅非锡非众石之类,水乃河东神水,生乎天地之先,至药不可暂舍,能养育万物,故称玄武也。'"

七、《易经》的现代意义

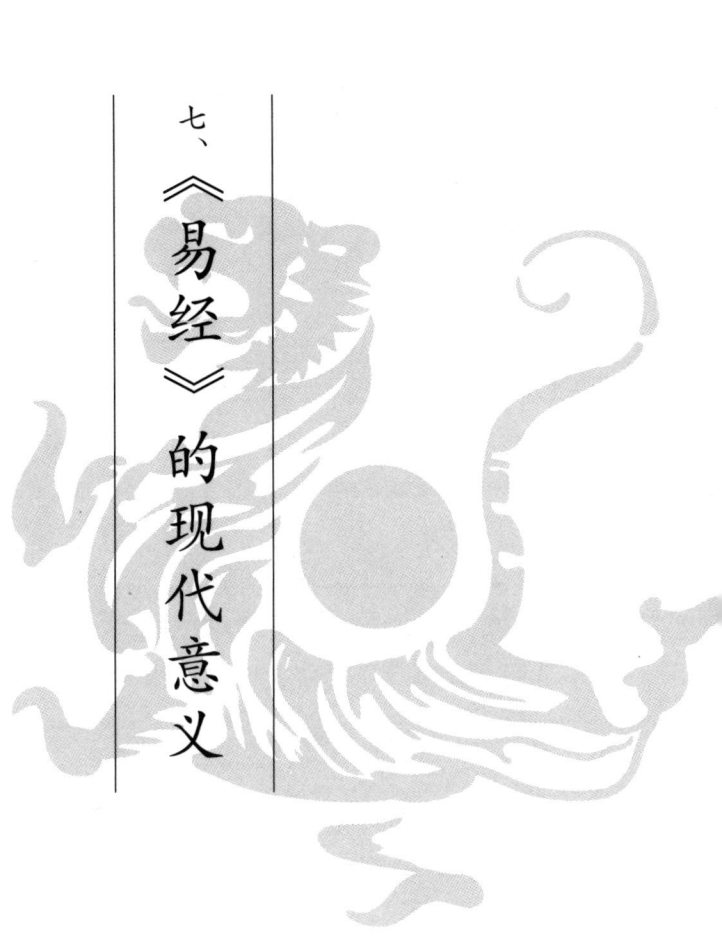

1. 情色易——人之大欲

近些年，我在授《易》课程的最后一堂，会以"好德如好色"为题，讲所谓"情色易"。正规的六十四卦讲解可能太严肃，微言大义许多人也不甚了了，缺课或半途而废的不少。唯独末堂课人气鼎盛，还有呼朋引伴或邀眷参加的，看来饮食男女真是人之大欲，不认真面对不行。

至圣如孔老夫子，亦曾对此发表看法："天地氤氲，万物化醇；男女构精，万物化生。"（《系辞下传》第五章）展现了自然开通的性态度。《易经》基本上就是在处理阴阳互动的问题，爻的符号即象征阳根和女阴，每卦每爻若以情色观点视之，真是头头是道，充满了对人体身心结构的洞识。

泰、否二卦讨论天地交或不交，坤上乾下为泰（☷☰），乾上坤下为否（☰☷），这与交合体位有关。泰极否来，显示欢乐短暂易逝，从高峰急速降到谷底，很长一段时间才慢慢恢复，也完全符合两性的身心反应。泰卦卦辞称"小往大来"，否卦卦辞称"大往小来"，阳大阴小，往来推移互动，说得更是具象；泰卦四爻爻辞言"翩翩"，从高峰滑落那种飘飘欲仙的感觉，可谓跃然纸上。

泰极否来是常态，若想创造连续高潮以增进情趣，就得下斟酌损益的功夫；泰时需惩忿窒欲，才能化否为益，动进不穷。损（☶☱）、益（☴☳）二卦之后，接夬、姤二卦。夬为刚决柔，姤为柔遇刚，又是一体两面、动静相因的精彩过招。夬卦（☱☰）泽上于天，有积久宣泄之象；

姤卦（☰）一阴蠢动于五阳之下，魅力惊人。夬卦卦辞称"不利即戎，利有攸往"，注意戒急用忍；姤卦卦辞称"女壮"，可见一斑。

咸（☱）、恒（☳）二卦分别与损、益二卦相错，代表咸时需损，恒才获益。《杂卦传》称"咸速而恒久"，意指感应虽速，操作需久，才能弥平两性反应的时间差。所以咸卦君位的五爻需力持冷静，而恒卦五爻爻辞称"妇人吉""夫子凶"，三爻甚至直言若不能持久，会承受羞辱。临（☱）、遁（☰）二卦相错，阴阳互动亦强调浸而长，慢慢浸润渗透，才能发展得好，太急了不行。

大壮卦（☳）四阳凌逼二阴，血气方刚，最易冲动，一味强攻猛进，反易折损消耗，也达不到双方喜乐的效果。三爻以发情的公羊为喻，羊角卡在藩篱里，把角碰伤了；上爻更妙，既不能达到目的，也不能抽身后退，只好卡在那里，徐寻对策。想想看，这在说什么？

需卦（☵）虽有需求，不宜躁进，得一步一步来。初爻称"利用恒"，作持久打算；四爻"出自穴"，上爻"入于穴"，又称"有不速之客三人来"，遂满足所需，说得真是露骨。

震卦（☳）主动，为乾父坤母交合、一索得男的长子之象，"震"字上雨下辰，行云布雨还得看时辰，颇有优生考量。初爻震动合宜，爻辞称"笑言哑哑，吉"，显然男女尽欢；上爻再而衰，三而竭，手脚不听使唤，称"震索索""婚媾有言"，伴侣极不满意，冷嘲热讽。

小畜卦（☴）密云不雨，阴阳互动很不和谐，必须培养信心，寻求化解之道。三爻夫妻反目，关系紧张；四爻"有孚"，五爻"有孚挛如"，紧密相拥，合为一体。上爻终于雨散云收，丈夫难以为继，妻子却还意犹未尽，合欢何其不易？

夬卦四爻、姤卦三爻还探讨到同性恋的问题，爻辞皆称："臀无肤，其行次且。""次"是暂时停留、权充住处之意，旅馆即称旅次；"且"字即为勃起的阳具，同志之爱只能选用这种方式。观爻辞之意，似乎担心安全卫生，然断袖之癖自古有之，也不便表态反对。

夬卦、萃卦（☱）的阴阳互动，皆有呼号之辞，涣卦（☴）五爻且称"涣汗其大号"，大声叫喊，热汗淋漓，也是男欢女爱常见的表现。咸卦少男少女初试云雨，六爻全在身体各部位做文章；恒卦老夫老妻，性趣衰退，六爻中身体意象完全不见，只剩下些单调乏味的准则。大过卦（☱）十足情色，癫狂烈爱，伊于胡底。

2. 价值链——企业经营的策略

当代谈竞争力的大师波特（Michael E.Porter）以策略管理的观点，将企业的产销活动分出六个阶段，每个阶段都创造出一定的价值，称作价值链（value chain）。我有位学生将价值链概念与《易经》一卦六爻的模型类比，得到初步的研究成绩。

六爻由下而上、从内卦到外卦，依序对应价值链的六个阶段：初爻处地下之位，为生产要素或原料；二爻居内卦中心，为开发原料的技术知识；三爻为实际的生产制造程序，产品面至此已然完备；四爻进入外卦，为行销管道或物流系统；五爻属君位，对外代表企业品牌，如 IBM、Wal-Mart（沃尔玛）、Coca-Cola（可口可乐）、Microsoft（微软）等；上爻为客户服务，是现代企业重要的致胜关键。

以困卦（䷮）而论，为三阴三阳的结构，二、四、五爻为阳，初、三、上爻为阴，基于阳强阴弱的本质，用价值链的观点分析，可得如下结论：生产技术、行销系统及品牌均强大有实力，但原料供应已缺，影响生产制造，而且客户服务的水平也低弱。这样的公司已陷困境，需谋求转型以求新求变。举例来说，由于石油的蕴藏终将用尽，许多老大显赫的石油公司不得不未雨绸缪，另谋出路。困卦之后为井，井卦（䷯）之后为革（䷰），正点出了未来的经营方向。

井卦开发潜在的新资源，备尝辛苦。三爻的井水水质虽已浚渫改善，仍乏人光顾，故得积极争取有实力者支持，以免暴殄天物；四爻布建行销配送网络，小心准备量产上市；五爻井水喷出，供应广大群众饮用，研发终获成功；上爻提醒管理者勿盖上井盖，以备口渴者夜里不时之需，如此贴心服务，必可确立商誉，才是真正的大功告成。一般全天营业、全年无休的便利商店，以及金融机构的自动提款机等，便是井卦上爻原理的实现。

随卦（☷）内震外兑，内心虽有主张，外表仍和颜悦色，笑脸迎人，借着随时随地的亲切服务，以拉拢客户。随卦上爻展现其卦旨的极致，深得客户欢心，无论转往何处，客户都紧紧相随，企业一旦拥有这样的品牌忠诚度，必定大大成功。

需卦（☷）供应客户所需，虽在计划之外仍竭诚招待，故上爻爻辞称："有不速之客三人来，敬之，终吉。"

最后再看颐卦（☷）。颐卦供养众生，上下二阳爻刚实有力，中间四阴爻虚弱待养，形成一个封闭而自给自足的生态世界。初爻以灵龟为象，自食其力，四爻虎视眈眈，弱肉强食。初爻爻变成剥卦（☷），饱受猛虎剥削；四爻爻变为噬嗑卦（☷），大快朵颐，丝毫不掩饰贪婪的欲望。

在商业世界中，这种掠夺的关系非常普遍，个人或小公司的研发成果，往往被超大型公司收购或骗取，结果强者愈强，弱者愈弱，虽然不平抗告，也无力改善情况。初爻虽为潜在的生产要素，四爻却掌握绵密的行销通路，而四爻之所以无往不利，按颐卦《小象传》的分析，主要是得到上爻的强力支持；上爻代表客户服务，对广大的消费者来讲，只在乎供应的便利无缺，谁管你产销之间的纠葛和矛盾？

3. 危机管理——成败关键点

目前世界政经关系复杂，人心不宁，工作及生活压力甚大，何时会爆发危机很难预料，而2001年"9·11"恐怖攻击事件，更彻底地改变了世人对所谓安全的看法。天下之大，仍可能无处容身，因此，危机处理或扩大延伸成危机防治，已愈来愈受到重视。天有不测风云，人有旦夕祸福，凡事多加小心总不会错。

"机"这个字，在《易经》中通常指极短暂的时间，当机立断、随机应变、见机而作，此间容不得稍事犹豫；机也是形势变化曲线上的转折点，机前机后，会有极大的反差。

《易》卦中最切近危机管理的，应为姤卦（☰），五阳下一阴生，不及时处理，全局都会动摇。"姤"有邂逅之意，代表不期而遇，事先很难料想到。姤卦之前为夬卦（☰），上卦兑为泽，下卦乾为天，泽上于天，象征水量蓄积过多，坝体产生裂缝，可能一溃而决；姤之后为萃卦（☰），代表危机一旦爆发，必须聚精会神调度各方精英，全力防堵化解。危机有瞬间扩大的特性，例如，星星之火，可以燎原，为免引发连锁反应，或一倒全倒的骨牌效应，得在第一时间现场处置，并对全体发出警告。

姤卦卦辞称："女壮，勿用取女。"《大象传》称："天下有风，后以施命诰四方。"《彖传》末则总结："姤之时义大矣哉！"面对危机，充满了戒慎恐惧之情。

姤卦初爻即显露骚动之源，像狂飙的马车、饥渴浮躁的瘦猪、滑溜乱窜的游鱼，需速踩刹车、网住鱼群、圈起瘦猪，以免危机进一步恶化。二爻称"包有鱼，无咎"，四爻称"包无鱼，起凶"；二爻紧接初爻之后，现场果断处理，遂保平安，而四爻时空错位，反应太慢，祸起不救。当然，最好在初爻阶段就能自我克制。姤卦初爻爻辞称"系于金柅，贞吉"，金柅即金属做的刹车器，坚定而灵敏，绝不允许情势失控。

五爻居君位，高瞻远瞩，监控全局，面对初爻的蠢动，并不直接介入，而是调度二爻及四爻的力量加以围堵，设下天罗地网，俟机一举成擒；爻辞称："以杞包瓜，含章，有陨自天。"初爻就像地上蔓生的瓜，顺枝缠绕，五爻则似枝丫错结、上生棘刺的杞树，顺势覆盖，将瓜纳入全面管控的范围。"章"指心知肚明、自有应对的章法结构，"含章"表示韬光养晦、高度自制的忍耐力。口中含着东西，久而自化，既不吐掉，又不吞下，就等瓜熟蒂落之际出手摘除，彻底歼灭。五爻爻变成鼎卦（☷），革故鼎新，代表非常破坏之后，继之以非常建设。

因此，长期从大局来看，姤卦也未必是坏事，处置得宜，危机就是转机，毁灭的另外一面就是创造。姤卦《彖传》称："天地相遇，品物咸章，刚遇中正，天下大行。""含章"成了"咸章"。姤卦六爻全变，其错卦恰为复卦（☷），剥极而复，万象更新！

4. 大易君王论——领导的智慧

《易经》一卦六爻，可用以代表从基层到高层的组织结构，五爻为君位，负责领导统御，爻辞所言即其统治风格，以及在不同情势下的最佳对策。六十四卦中的五爻阴阳各半，分别代表刚健强势或柔和包容的特性，其利弊得失，可见于乾、坤二卦的基本分析。

乾卦五爻称："飞龙在天，利见大人。"强势的领袖精明干练，雄才大略，指挥一切，但需碰到好的执行干部配合，才会相得益彰，产生绩效。不然，极可能刚愎自用、独裁专断，而走上"亢龙有悔"之路。

坤卦五爻称："黄裳，元吉。"黄是中道的象征，温和明亮、厚实包容，古代帝王龙袍尚黄，以示尊贵无比。裳是下衣，不称"黄衣"而称"黄裳"，寓有谦和待下、重视民意之义。此类领袖懂得授权部属参与政务，集合众人之智以解决问题，才能激发创意及干劲，使组织生气勃勃。乾卦六爻不见"吉"字，而坤卦五爻不仅称吉，还多一"元"字，可见柔性领导深受《易经》作者的肯定。君临天下的临卦（䷒）、掌权以推动国家建设的鼎卦（䷱）、国泰民安的泰卦（䷊）、丰功伟业的丰卦（䷶）等，君位皆是阴爻而非阳爻，为柔性领导的显例。

针对权力过度集中，以及强势领导可能造成的弊病，乾卦还提出了"用九，见群龙无首"的终极化解之道——如果社会进步，教育普及，大家都成龙的话，还需要"首"做什么呢？人人自我做主，必要时皆可独当一面，才能将组织的风险降到最低，一旦飞龙出事，人人皆能替补得上，这样就不怕敌人擒贼擒王的斩首攻击。同样，金字塔形官僚层级结构的颠顶笨重，也远不如一体平铺的网状组织来得效率高，反应快。

话说回来，这并非指柔性领导必定优于强势领导统御，而必须视情况而定。例如，屯卦（☳）创业维艰、革卦（☱）挑战当权，都需要胆识俱佳的草莽英雄来带领，这二者的君位都是阳爻而非阴爻。

领袖位据极顶，盱衡大局，一切以组织全体的长期利益为依归，不宜感情用事，更不可掺杂个人利益的考量，所谓政心无情，高处不胜寒的孤寂在所难免。

履卦（☱）各爻在不同层级上履行职责，重视组织伦理与互动的和谐，但处君位的五爻却不然，爻辞称："夬履，贞厉。""夬"同"决"，表示领导人的天职就是作出正确的决策，并坚定不移地贯彻到底，有时难免力排众议，乾纲独断。五爻爻变成睽卦，显示在和乐相处一如家人的组织中，大家长却为人所敬畏，形同孤立。

咸（☱）、兑（☱）二卦颇动感情，但其五爻君位却超级冷静，喜怒不形于色。咸卦六爻以身体取象，五爻"咸其脢"，背脊肉当人体中枢，接收各方信息，却不轻易反应，如此才能无悔。兑卦各爻皆言"兑"，独五爻不言"兑"，而称"孚于剥，有厉"，代表不但不快乐，反而相当痛苦；"兑"也是言说之意，提示领导人应沉默寡言，以免说错话，遭人批评或利用。

艮卦（☶）止欲修行，沉着稳重，表现在君位更是谨言慎行，爻辞称"艮其辅，言有序，悔亡"，代表不随便说，说必中肯。涣卦（☴）人心涣散，亟须领导人登高一呼，巩固团结，五爻爻辞称："涣汗其大号。"该说时绝对严正表态，毫不含糊。

领导人得雍容大度，尽可能包容别人的过失，让人知难而退就好，不必斤斤计较，赶尽杀绝。解卦（☳）五爻解仇怨，即体现这样的境界，爻辞称："君子维有解，有孚于小人。"倘若自己犯错，领袖更要勇于认错，反而赢得众人的尊重。丰卦（☷）五爻称："来章，有庆誉，吉。"日食过去，恢复光明，并不影响大位的威信。

进取高位后，全心实践理想，切勿患得患失，晋卦（☷）五爻称："失得勿恤。"而任满该退时，也要退得漂亮，万勿托词恋栈，遁卦（☷）五爻提醒："嘉遁，贞吉。"

其他各卦君位，善会其意，均有极高的政治智慧，学《易》者宜深入采求。

5. 奇妙的数字——未知的还很多

《易经》的内涵包括理、气、象、数。理是义理，为易学的核心；气较抽象，且卦气的说法不少人疑信参半，或是只接受十二消息卦；象指卦爻符号，确为《易经》的特色；数更神秘，占卜有数，河图、洛书有数，人生冥冥中似有定数，随机闯荡又充满变数。

易占的"大衍之术"，根据历法的原理推衍世事，提出了几个重要的数，如《系辞上传》第九章中所言："大衍之数五十，其用四十有九"，"凡天地之数，五十有五，此所以成变化而行鬼神也"，"十有八变而成卦"。

以蓍草占卜，共用五十根，实际操作时，分分合合演算的为四十九根。详细过程无法在此赘述，但原则上三变决定一爻，十八变遂成一卦。卦中若有可变之爻，则以五十五减去六爻营数的总和，由其差值决定宜变的爻位，再看爻变或卦变，定出最后的吉凶祸福。

革卦在《易经》中排序第四十九，《大象传》称："君子以治历明时。"研究拟定历法，以表明一年中时序的变迁；革命是顺天应人的事业，破旧立新，替天行道，让民众知所依循。同样和历法有关，革卦（䷰）的卦序四十九，与大衍占用的四十九，纯属巧合吗？

鼎卦（䷱）排序第五十，《大象传》称："君子以正位凝命。"大衍之数五十，易占正是为了显示天命，教人正确行事。五十根蓍草取出一根，以象征变化之源的太极，用其他四十九根进行演算，往后十八次变化中，这一根始终不动，就像北辰居其所而众星拱之一样，这就是正位吗？

蛊卦（䷑）排序第十八，本即积久生变之意，十有八变而成卦，跟此有关吗？蛊卦之前为随时变化的随卦（䷐），之后为自由开放、面对治理的临卦（䷒），皆为"元亨利贞"四德俱全，和革卦一样，终而复始，四时更迭。大衍占法中，有四根一组以象征四时的操作程序，看来都与此有关。

丰卦（䷶）排序第五十五，正合天地之数，《大象传》称："君子以折狱致刑。""折狱"是司法审判，"致刑"是依罪量刑，根据天理人情，作出是非善恶的判断。易占的最后结果，爻变、卦变如何，由天地之数决定，道理和此相通。丰卦《彖传》中有言："天地盈虚，与时消息，而况于人乎？况于鬼神乎？"看来不是虚言。

谦卦（䷎）排序第十五，《彖传》中亦大谈天地人鬼神之道。满招损，谦受益，应为宇宙的客观规律，我们做任何事情，都得兼顾人与自然的均衡，以及现实与历史传统的关联。谦卦《大象传》称："君子以裒多益寡，称物平施。"裒为引聚之意，聚多益寡，公平分配，才是化解争端之道。洛书九宫数，或称魔术方阵，纵横斜的三个数字相加，皆为十五，均衡至极，和谦卦卦序的十五亦相呼应。

恒卦（䷟）排序第三十二，恰居六十四卦之中，《大象传》称："君子以立不易方。"恒代表永恒的真理，不会随地域不同而异。恒卦二爻《小象传》称"能久中"，天旋地转，永居其中，恒卦在《杂卦传》重排的卦序中，仍为第三十二卦，真是耐人寻味。

节卦（䷻）排序第六十，恰为一甲子之数，天干地支、二十四节气，符应时序变化，精密至极。《大象传》称："君子以制数度，议德行。"人依时序办事，分寸不失，恰到好处。

节卦《彖传》称"天地节而四时成"，恒卦《彖传》称"四时变化而能久成"，革卦《彖传》称"天地革而四时成"，皆与历法有关。六十、三十二、四十九、十八、十五、五十、五十五，这些神秘奇妙的数字，究竟向人们透露了什么天机？

6. 君子和小人——提升生命的格局

宋儒张载有言:"《易》为君子谋,不为小人谋。"易理、易占都是为有德行、有上进心的人谋划,助其看清形势,明白利害得失,以淬炼提升其解决问题的能力。卦、爻辞中多有但书,必须当事人做到,才会有之后趋吉避凶的结果。一般人妄求祸福、迷信宿命,完全无法和《易经》相应。

《易传》除《序卦》《说卦》二传外,处处言及"君子",以树立和平理性、乐观奋斗的人生态度,《大象传》有五十多卦皆称"君子以",表示在任何处境中都可砥砺修行。

《论语·宪问》中说:"君子上达,小人下达。"意思是说君子自强不息、日趋上进,小人自暴自弃、日趋下流。《易经》经传中,每以阳气上升的力道称君子,阴气下沉的势力为小人,例如,三阳并进的泰卦(☷☰)称"君子道长",三阴沉沦的否卦(☰☷)为"君子道消"。其他十二消息卦涉及阴阳的对立与消长,所以爻辞中多见君子和小人的对比。

最明显的是五阴上剥的剥卦(䷖),上爻硕果仅存,岌岌可危,爻辞称:"君子得舆,小人剥庐。"表示君子德智双全,福缘深厚,广受民众爱戴,仍可绝处逢生;小人多行不义,天地不容,连仅供栖身的茅庐都会被拆除。

观卦(䷓)四阴在下,二阳在上,初爻爻辞称:"童观,小人无咎,君子吝。"一般小民忙于生计，无远大志向，对事情的看法也很幼稚，这也无伤，但君子这样可就不行，必须往上提升。五爻、上爻居高位，爻辞皆称"君子无咎"，负重责大任的人确需高瞻远瞩，才能服众而为人所观仰。

遁卦（䷠）二阴在下，四阳在上，也是阴长阳消之局，四爻面临逼退，是否恋栈亦因人而异，其爻辞云："好遁，君子吉，小人否。"君子拿得起、放得下，退得漂亮，小人则不然。

大壮卦（䷡）四阳在下，二阴在上，为阳长阴消之局，气势虽壮，却不宜恃强猛进。三爻即考验人的修为，其爻辞云："小人用壮，君子用罔。"小人逞强蛮干，结果像公羊角抵触藩篱一样，进退不得，君子冷静克制，有壮而不用，遂免灾咎。

夬卦（䷪）五阳对决一阴，成功在望，《杂卦传》称："君子道长，小人道忧。"夬卦第三爻与上面阴爻相应合，竭力争取和平解决的机会，不战而屈人之兵，才是上上策，爻辞称"君子夬夬"，《小象传》云："终无咎。"决而又决，锲而不舍以达成任务。

乾卦六爻全阳，三爻爻辞称："君子终日乾乾，夕惕若，厉，无咎。"君子整天奋斗，到晚都不休息，唯有这样，才能在激烈的社会竞争中脱颖而出。坤卦六爻全阴，卦辞仍称："君子有攸往，先迷后得主。"不断在尝试错误中摸索前进。

剥卦《象传》中还有句最重要的话："君子尚消息盈虚，天行也。"阴极转阳、剥尽而复，再坏的环境也有重生再造的可能，这是宇宙自然的规律，所以君子永远都不放弃在正道上的努力。

同样，困卦（䷮）山穷水尽，之后仍可能有井（䷯）、革（䷰）二卦的柳暗花明又一村，故而困卦《象传》中强调："险以悦，困而不失其所亨，其唯君子乎！"孔子当年困于陈、蔡，师徒绝粮，子路悻悻然质问："君子亦有穷乎？"孔子回答："君子固穷，小人穷斯滥矣！"（《论语·卫灵公》）其实，小人处困之时多所怨尤，即便倚仗他人之力出困，革故鼎新之际，也不是真正脱胎换骨，与时俱进。革卦上爻爻辞云："君子豹变，小人革面。"革面而未革心，只是见风转舵，随口应和而已。

明夷卦（䷣）世道黑暗，惨酷已极，初爻爻辞称："君子于行，三日不食，主人有言。"落难君子奔波求食，处处遭人冷语讥嘲，也只能强自隐忍。否卦天地闭，贤人隐，无耻小人依附当道，反而获利，故二爻爻辞云："小人吉。"

天道好还，否极转同人（䷌）。否卦卦辞云："不利君子贞。"同人卦卦辞称"利君子贞"，君子又可以依循正道做事，进而团结同志，一起建设更美好的社会，故《象传》称："唯君子为能通天下之志。"

同人卦之后为大有卦（䷍），大家化私为公，富利共享，但积习深重的小人很难办得到，三爻爻辞云："小人弗克。"大有卦之后为谦卦（䷎），为公众服务绩效卓著，尚且谦让不居功，确为美德的典范，卦辞称："亨，君子有终。"三爻《小象传》云："劳谦君子，万民服也。"

小人贪欲好利，很难以道德感化，必须靠法令纠正，不然会姑息养奸，愈来愈难治理。噬嗑卦（䷔）的初爻和上爻，即揭明此义。孔子在《系辞传》中谆谆告诫，提醒为政者不可轻忽法治的重要。

解卦（䷧）处理君子和小人的对待关系，又显现温情的一面，《大象传》云："君子以赦过宥罪。"表示冤家宜解不宜结，得饶人处且饶人。卦中第三爻包袱沉重，窃据高位，正是小人的象征，其他各爻皆针对此爻立论。五爻居全卦君位，取得主导地位后，显现既往不咎、宽大为怀的精神，其爻辞称："君子维有解，吉，有孚于小人。"只要小人知难而退，也就不必过于追究。

《易经》最后两卦为既济、未济，代表所有善恶斗争、君子与小人的恩怨至此摊牌。既济卦（䷾）第三爻明示："小人勿用。"斩断负面的纠缠。未济卦（䷿）第五爻宣称："君子之光，有孚，吉。"文明的光辉永照，止于至善矣！

7. 易学的未来

《说卦传》称："数往者顺，知来者逆，是故易逆数也。"《易经》从画卦创作那天起，就是要面对未来，易占、易象、易理，都希望预测未来、掌握未来。如果说，万事万物都有荣枯盛衰的气运，那么，易学本身的未来发展会是如何？

我曾经为此问占，探测二十一世纪的易学气运，结果得出不变的萃卦（☱）。萃是人文荟萃、出类拔萃之意，《易经》本是精粹绝顶的学问，又是上古贤圣集体创作的结晶，可谓当之无愧。按《易》卦排序，萃卦之前为姤卦（☰），其后为升卦（☷），姤为邂逅，千载难逢的机遇，升为顺势高度成长，看来，易学在21世纪当有惊才绝艳的发展。

思想文化是所谓软权力（soft power），必须和政治、经济、军事等领域的硬权力（hard power）结合，才能扩大影响，发挥其精深奥妙的内涵，孔孟当年周游列国，正是如此存心。《易经》萃卦的卦辞及《象传》中，强调精神理念和物质层面需充分结合，道理讲得很清楚。

我也曾占问二十一世纪中华文化的整体发展，得出丰卦（☳）初爻动。丰是资源丰厚、如日中天之象，初爻动代表刚刚开始丰，方兴未艾，往后尚不可限量。丰卦下卦离明、上卦震动，明以动才能成丰，文明理念配上行动实力，遂成丰功伟业。中华文化底蕴丰厚，但一定得对当世的政经情势产生影响，才能真正造福人群，发扬光大。

整体文化为丰，《易经》为萃，也充分显示《易》为大道之源、群经之王的地位，如何发挥其核心的创造力，以带动整体成长，正是今后研《易》者不可旁贷的责任。

《易经》的神机妙算、决策智慧，自古即被广泛运用于政治、经济及军事领域，其精深义理和世界大同的文化主张，对日趋全球化、却又列强争霸的当今世局，也有正本清源之效。

现代多元化的社会，从政者少，从商者多，企业的经营管理活动很重要，管理人才的训练已成显学。《易经》若与管理结合，有很大的发展空间。

《易经》里还有很多养生保健的智慧，自古即和中医的原理相通，深入钻研，必有更新、更大的突破。今日个人身心的健康，已愈来愈受到重视，易理在未来应可扮演高度启发性的角色。

现代科学最前沿的发展，如混沌、碎形、模糊数学、非线性、复杂等，都与《易经》原理有许多不谋而合之处。"科学易"和"易科学"的研究，可望在未来一放异彩。

孔子在《系辞传》中说，《易经》创作的目的是"开物成务"，易理若充分发扬，可以"通天下之志，定天下之业，断天下之疑"，确实不是虚言，有志者盍兴乎来！

道善人文经典文库
让你能知味的中华经典解读丛书

图书·音视频·讲座
敬请关注

毓老师作品系列

毓老师说论语（修订版）	爱新觉罗·毓鋆讲述
毓老师说中庸	爱新觉罗·毓鋆讲述
毓老师说庄子	爱新觉罗·毓鋆讲述
毓老师说大学	爱新觉罗·毓鋆讲述
毓老师说老子	爱新觉罗·毓鋆讲述
毓老师说易经（全三卷）	爱新觉罗·毓鋆讲述
毓老师说（礼元录）	爱新觉罗·毓鋆讲述
毓老师说吴起太公兵法	爱新觉罗·毓鋆讲述
毓老师说公羊	爱新觉罗·毓鋆讲述
毓老师说春秋繁露（上下册）	爱新觉罗·毓鋆讲述
毓老师说管子	爱新觉罗·毓鋆讲述
毓老师说孙子兵法（修订版）	爱新觉罗·毓鋆讲述
毓老师说易传（修订版）	爱新觉罗·毓鋆讲述
毓老师说人物志（修订版）	爱新觉罗·毓鋆讲述
毓老师说孟子	爱新觉罗·毓鋆讲述
毓老师说诗书礼	爱新觉罗·毓鋆讲述

刘君祖作品系列

易经与现代生活	刘君祖
易经说什么	刘君祖
易经密码全译全解（共九辑）	刘君祖
易断全书（上下）	刘君祖
刘君祖经典讲堂（全十卷）	刘君祖
人物志详解	刘君祖

春秋繁露详解	刘君祖
孙子兵法新解	刘君祖
鬼谷子新解	刘君祖

高怀民作品系列

易经哲学精讲	高怀民
伟大的孕育：易经哲学精讲续篇	高怀民
智慧之巅：先秦哲学与希腊哲学	高怀民
易学史系列（三部）	高怀民

吴怡作品系列

中国哲学史话	张起钧　吴　怡
禅与老庄	吴　怡
逍遥的庄子	吴　怡
易经应该这样用	吴　怡
易经新说——我在美国讲易经	吴　怡
老子新说——我在美国讲老子	吴　怡
庄子新说——我在美国讲庄子	吴　怡
中国哲学关键词50讲（汉英对照）	吴　怡
哲学与人生	吴　怡
禅与人生	吴　怡
整体生命心理学	吴　怡
碧岩录详解	吴　怡
系辞传详解	吴　怡
坛经详解	吴　怡
写给大家的中国哲学史	吴　怡
周易本义全解	吴　怡

许仁图作品系列

一代大儒爱新觉罗·毓鋆	许仁图
说孟子	许仁图
哲人孔子传	许仁图
毓老师讲学记	许仁图
子曰论语（上下册）	许仁图

辛意云作品系列

论语辛说	辛意云
老子辛说	辛意云
国学十六讲	辛意云
美学二十讲	辛意云

其他

易经与中医学	黄绍祖
论语故事	（日）下村湖人
汉字细说	林蓁
新细说黄帝内经	徐芹庭
易经细讲（上下册）	徐芹庭
易经与管理	陈明德
周易话解	刘思白
汉字从头说起	吴宏一
道德经画说	张爽
史记的读法	阮芝生
论语新读法	崔正山
数位易经（上下）	陈文德
资治通鉴的读法	张元
公羊春秋的伦理思维与特质	林义正
《周易》《春秋》的诠释原理与应用	林义正
周易程传全译全解	黄忠天

人与经典文丛

左传	张高评	碧岩录	吴怡
史记	王令樾	论语	林义正
诗经	王令樾	墨子	辛意云
大学	爱新觉罗·毓鋆	韩非子	高柏园
中庸	爱新觉罗·毓鋆	近思录	高柏园
老子	吴怡	管子	王俊彦
庄子	吴怡	传习录	杨祖汉
易经系辞传	吴怡	说文解字	吴宏一
六祖坛经	吴怡	尔雅	卢国屏

孟　子	袁保新	世说新语	尤雅姿
荀　子	周德良	老残游记	李瑞腾
孝　经	庄　兵	文心雕龙	陈秀美
淮南子	陈德和	说　苑	殷善培
唐　诗	吕正惠	闲情偶寄	黄培青
古文观止	王基伦	围炉夜话	霍晋明
四库全书	陈仕华	元人散曲	林淑贞
颜氏家训	周彦文	戏曲故事	郑柏彦
聊斋志异	黄丽卿	楚　辞	吴旻旻
汉　书	宋淑萍	水浒传	林保淳
红楼梦	叶思芬	盐铁论	林聪舜
鬼谷子	刘君祖	抱朴子	郑志明
孙子兵法	刘君祖	列　子	萧振邦
人物志	刘君祖	吕氏春秋	赵中伟
春秋繁露	刘君祖	尚　书	蒋秋华
孔子家语	崔锁江	礼　记	林素玟
明儒学案	周志文	了凡四训	李懿纯
黄帝内经	林文钦	高僧传	李幸玲
指月录	黄连忠	山海经	鹿忆鹿
宋词三百首	侯雅文	东坡志林	曹淑娟
西游记	李志宏		

博学 / 审问 / 慎思 / 明辨 / 笃行
果能此道，虽愚必明，虽柔必强

道
DAOSHAN
善